海野　聡著

奈良時代建築の造営体制と維持管理

吉川弘文館

目次

第Ⅱ部　維持管理の概念と実態

凡例

一、梁行と梁間については、文化財建造物の構造形式の表記のみ梁間を用い、それ以外は梁行を使用した。
二、奈良文化財研究所は奈良国立文化財研究所、独立行政法人文化財研究所奈良文化財研究所、独立行政法人国立文化財機構奈良文化財研究所と組織改編を経てきたが、独立行政法人化後の名称については奈良文化財研究所で統一した。
三、旧字体や異体字は通用の字体に改めた。
四、『続日本紀』は新日本古典文学大系本に拠り、これ以外の史料で特に注記しないものについては、新訂増補国史大系本に拠った。また適宜、写真版などで確認を行った。なお活字本に拠ったものでも、一部、句読点を補った。
五、律令については、それ自体は散逸しているため現存しないが、近年、散逸した『律』や『令集解』・『令義解』をもとに律令を復元・注釈した日本思想大系本が刊行されている。本書では『律』・『令集解』・『令義解』とともに、この成果を活用した。
六、史料中の読点・傍線および記号（①②など）は筆者が補った。

序章　造営体制・維持管理の課題と展望

一　中央と地方における造営

奈良時代には律令制が確立し、制度の整備にともなって、多くの建物が新たに造営された。中央では平城宮のほか、国家の威信をかけて東大寺や西大寺などの諸大寺が造営され、地方では大宰府・国衙・郡衙・駅家などの律令制を支える地方官衙や国分寺など多くの施設が整備された。(1) こうした社会背景のもと、これまで、古代建築について、その技術や革新、意匠と構造、生産体制の研究が行われてきた。

古代建築史、特に奈良時代の建築史の研究は、造営組織の構成、寺院の平面プランの復元や現存遺構の検討、発掘遺構をもとにした復元の大きく三つに分けられ、その数は膨大にあり、成果は改めて述べるまでもない。しかしながら、奈良時代以前の現存遺構が中央に限定されるため、その対象はいずれも中央に集中し、地方については十分に目が向けられてこなかった。

たしかに地方に現存遺構は残らないが、国分寺・地方官衙をはじめ、多くの発掘遺構が検出されており、地方の建築を検討する材料は存在する。そして、これらの発掘遺構に対しては、角田文衛氏・石田茂作氏の国分寺に関する論考や、(2) 近年では山中敏史氏の地方官衙に関する検討など、考古学的なアプローチが試みられている。(3) 加えて考古学では、瓦・土器などの出土遺物を対象に、地方における製作技法や生産体制が指摘されており、中央と地方の技術の共通点や伝播などの検討が活発に行われている。

一方、建築史の立場からの地方建築に関する考察は不足しており、その結果、単純に国分寺や地方官衙などの建物にも中央と同様に完数尺による規格が存在し、中央の技術が在地に伝わったと理解されてきた。しかし地方の発掘遺構をみると、柱筋が通らない遺構や柱間が等間ではない遺構が多数、存在する。これらの発掘遺構は、中央とは全く異なる独自の技術が在地に存在したことを示唆している。本書では、これらの遺構をもとにした建築の形や技術の具体的な比較には至っていないが、その前段として、地方における造営体制や技術の蓄積を明らかにすることで、造営技術に関する中央との異同、地方の独自性や中央と地方の技術伝播といった点を検討する下地としたい。

二　研究背景と問題意識の所在

造営体制を取り巻く状況

中央の技術者や造営体制、すなわち律令制下の造営体制に関しては比較的、文献史料が豊富であり、先行研究においても多くが述べられている。一方、地方における技術者・技術の蓄積については、官営工房や瓦窯など、考古学を中心とした研究を除き、ほとんどみられない。加えて、これらは新造を対象としており、維持管理に対しては、ほぼ未検討である。そのため本書では、地方や維持管理を独自の視座として、論の中心に据えている。しかしながら中央の造営体制に関しても言及しており、既往研究を追認し、さらに深化させた部分があり、これらの先行研究は本論の全般に影響する。個々の章において、適宜、先行研究を記しているが、その全容に触れることが少ないため、ここで紙幅を割き、代表的な先行研究を概観したい。生産組織に関する主な研究には、太田博太郎氏・渡邊保忠氏・福山敏男氏らのものがあげられ、奈良時代の造営組織である造東大寺司や造西大寺司・造宮省・木工寮といった組織の人員構成が解明されている[4]。

太田氏は、奈良時代の木工寮のほか、造宮省や造京司などの令外官にも言及し、古代の建築生産の律令的な枠組みを示し、木工寮の人員構成を述べている。そして大工・少工・長上工・番上工らの技術者のもとで、多くの役夫が造営に従事したことを指摘している。

渡邊氏の研究は生産組織の全容・変遷に踏み込んだもので、律令制度下における造営体制の理想、あるいは全体像を描いている。この中で、中央における造営には、技術者として司工・雇工・様工などの技術者が従事し、これを支える単純労働力として雇夫・仕丁が従事したことを明らかにしている。このうち司工は官に専属の技術者、雇工は官に直接雇用された技術者であった。そして司工は大工・少工・長上工・番上工・未選工と技術的に分けられており、奈良時代の技術者の構成は、大工・少工・長上工などの一部の指導的技術者を頂点としたピラミッド型の構造であったとする。

これに対し福山氏は、「正倉院文書」をもとに、石山寺や法華寺の造営の様子を建築的視点から整理・考察しており、前二者の研究とは異なり、現場の実態に言及している。そして建築生産には材料の確保（木材・石材・屋根材など）、現場までの材料の運搬、現場における建築部位工事（基礎・木部・屋根・壁塗り・彩色・金物など）、現場における単純労働という作業があり、それぞれの作業工程において、司工・雇工・雇夫・仕丁が従事したことを示した。

このように太田氏・渡邊氏が制度的な理想・システムを述べるのに対し、福山氏は現場の実態を描いている。福山氏の指摘には制度的な理想の造営体制にそぐわない現場の実態が垣間みえ、重要な視座であるが、その乖離に関しては十分に言及されていない。しかし、この点こそが規定された造営体制と独立した技術者の活用といった現場における技術者の差配・工夫の実態が表出する部分である。

よって本書では、地方の技術者や造営体制を新たな視点として加えて、造営体制の理想と実態、そして両者の乖離を埋めるための方策を解明したい。また先行研究では十分に言及されてこなかった中央とは異なる造営の体制や技術を検討し、維持管理という視点から、その法制、概念の萌芽、修理体制、管理のための建物の記載方法とその類型化、維持管理の実態を明らかにする。さらに継続的な維持管理という観点から歴史軸における造営体制・技術の連続性といった点に言及したい。

なお本書では、技術を単なる技法ではなく、造営体制の構築や工人の指揮などのマネージメントの面も含めて捉える。これは大規模な造営や大量の造営には、マネージメントも大きく求められる技能であるためである。

維持管理と継続性

新造に対して、維持管理に関する研究はほぼ皆無であるが、これは建築史研究、特に奈良時代の建築史研究において、立柱や上棟といった新築に興味が集中していたことに一因がある。もちろん現存する文化財建造物の修理工事の際には、改造や修理の痕跡に加えて、文献史料をもとに修理履歴の検討はなされているが、社会的な制度、あるいは体制として、どのように建物の維持管理がなされたかという検討は不十分である。しかしながら、京域では、宮殿や大寺院をはじめとする、大規模な建設が行われ、また全国的にも地方官衙・国分寺などが整備されており、現実的な課題として、これらの建物の維持管理は不可避であったはずである。

現に『続日本紀』には修理長官の任官の記述があり、平安時代以降の修理を主目的とした修理職と同じ性格を有した組織、すなわち維持管理の体制が窺える。また地方には国分寺の造営の催促とともに、修理を命じる「太政官符」

が下された。さらに具体的な修理の事例としては、実忠が東大寺大仏殿において、副柱による補強や天井の切上げの改造を行ったことが知られる(5)。

こうした建物の維持管理に関する情報が増加する背景には、建物の構造が掘立柱から礎石建に変化したことによる、建物の長寿命化の影響も窺える。そのため維持管理を取り巻く状況の整理は奈良時代の建築の形を検討するうえでも、有用である。

また維持管理という視点を通して、技術者をみると、新規造営とは異なる状況が窺える。すなわち立柱・上棟は、時間軸でいえば一時的、あるいは瞬間的な事象であるのに対し、維持管理は連続的・継続的な事象である。この違いは技術者の存在形態、すなわち一時派遣と常駐といった問題に展開する。それゆえ維持管理に関する検討は、新規造営ほどの華やかさはないものの、時間軸や技術者の移動の点からみて、奈良時代における技術の存在および保有に深く関わる内容であり、むしろ実態を映す鏡なのである。

研究方法と対象

中央と地方、造営体制、維持管理という視点が、本研究の大きな特徴であり、ともに既往研究の不足する部分である。これらの課題に対し、本論では、律令・『類聚三代格』といった法制史料や六国史・「正倉院文書」などの文献史料をもとに、建物の造営状況、建物の維持管理、造営体制について考察する。こうした検討の過程で、先行研究のような中央主眼ではなく、地方の技術者や造営体制にも目を向け、技術者や労働力、維持管理の方法など、造営を取り巻く枠組みについて、システムの面からアプローチしたい。

もちろん、奈良時代および古代の文献史料は限定的であるため、造営体制を含め、網羅的な解明は不可能であり、パッチワーク的な研究となることは否めない。また文字史料の残存状況により、論証の精度には粗密があり、特に地方に関しては、史料が少なく、中央と比してアウトラインの言及に留まざるをえない。しかし後世の状況や同時代の中央の状況を参照し、これらの材料をキーストーンとすることで、地方の造営体制や維持管理の実態は検討可能であり、ある程度の全体像は提示できよう。社会的な背景を加味することで、地方の建築を単に中央の縮小版と捉えるのではなく、独自性をもった、地方の土着的な要素を浮かび上がらせたい。

三　本書の構成

本書は、奈良時代における造営組織・技術者・労働者を扱った第Ⅰ部（第一～五章）、維持管理の体制や実態を扱った第Ⅱ部（第一～五章）、道具を扱った付章からなる。第Ⅰ・Ⅱ部で、内容は多岐にわたるが、全章を通して中央のみではなく、地方の状況を明らかにするという目的は同じであり、問題意識は共通である。以下、その概要を記す。

第Ⅰ部について

第Ⅰ部では、奈良時代における造営技術の保持方法の一つとして、官による造営体制と官以外の造営技術の蓄積形態として想定される造営技術集団について、その可能性の検討を主たる目的とする。特に木工寮や造東大寺司といった中央の組織はもちろんのことであるが、官から独立した技術者や国司や郡司の造営技術集団などを対象に含め、官以外の組織・技術者・技術集団・労働力を検討したい。

第一章では令外官司である造東大寺司において造営に従事した司工について考察し、その中でも長上工・司工の能力と木工寮の位置づけに加え、司工の能力が個々で異なっており、現場が上部機関である造東大寺司に対して、能力の高い技術者を指名して現場に送るように要請していた事実を通して、造東大寺司の技術者の差配と木工寮による技術者および技術の管理を検討する。

第二章では、奈良時代に存在した、官以外の技術集団である様工を対象に、様工の造営作業における能力や請負契約における主体性について言及し、律令制下における官から独立した、別系統の技術集団の存在とその実態を明らかにする。

第三章では、地方の造営現場における技術者と労働者の実態として、専門技術者ではない百姓の労働期間と地方における技術者、特に国府と郡家の技術者の技術力を検討する。また律令制下における力役と兵役の分化に着目し、軍団兵士による造営従事の実態に言及する。これらの百姓・軍団兵士以外に造営に従事したものとして技術を有した奴婢（以下、技術奴婢とする）の存在が知られるが、この技術奴婢の「家」による保有を通して、奈良時代における造営技術の保持形態の一端を解明したい。

第四章では、律令制度のもとで、臨時の官司として陵墓の造営のために置かれた造山司・山作司・作山陵司に複数回、従事した官人を対象に、任官歴を通して、造営との関係を検討する。その官人の多くは門号氏族であり、七世紀には門号氏族が宮城門を造営し、おのおの門を守衛していた。特に造営能力を有していた門号氏族の中でも、佐伯氏や多治比氏は、八世紀に入っても造営の場において引き続き活躍していた。これらのことを通して、中央における氏族の造営技術集団の保持による技術の保有、さらには郡司や在地豪族による造営や維持管理の様子から、氏族としての造営技術の保有と造営技術集団の保持について考察したい。

第五章では、国分寺伽藍について、造営過程と維持管理という観点から、国分寺伽藍造営の意思表示を天平十二年（七四〇）の七重塔の建設と捉え、そして国分寺伽藍の造営の段階を計画段階（国分寺の経営計画および建設計画、造営のための経済的枠組み作成）、実務段階（国師と在地の協力、実務の遅滞と催促）、完成以降（完成時期、完成後の維持管理）の三つに分類し、その造営過程において、仏教儀礼に必要な機能を知る国師の果たした役割を検討する。

第Ⅱ部について

第Ⅱ部では、先行研究の興味の中心であった新築から目を移し、維持管理という点に焦点をあて、その法的規制・体制・維持管理の概念の萌芽について言及する。これらの維持管理は、第一級建築の新造とは異なる技術によるところが大きく、奈良時代における恒常的・普遍的な技術の存在および保有を映す鏡である。そして、建物の実態を記した資財帳や財産目録にみえる奈良時代の建物の記載方法を通して、当時の建物の類型化の様相を解明し、これらの文献史料の維持管理における使用状況をもとに、その実態に迫りたい。

第一章では、七〜九世紀の文献史料を対象に、律令における枠組みの規定、格式による細則の規定を主に検討し、どのような法的規制によって、維持管理がなされたかという点に言及する。また寺院・神社・官衙という施設ごとに、維持管理の法的な内容の変化を明らかにする。

第二章では、維持管理に対する概念が、いつ生じたのかという点を明らかにし、中央と地方における維持管理システムの構成とその変容に言及する。また未成熟な修理体制の段階における坊城修理・宮殿修理という二つの職務の移譲と組織の変遷の過程を解明する。

第三章では、九世紀以前の建物の記述方法に焦点をあてるが、これには文献史料の性格が大きく関わるため、九世紀までの寺院の資財帳と桑原庄券を対象とする。これまでにも、個々の資財帳の建物に対する指摘はなされてきたが、悉皆的な整理はないため、まず各史料における建物に関する記述方法と助数詞を整理する。そして奈良時代〜九世紀の人々が、建物を管理するうえで、どのように建築形式を類型化していたか、また建築形式が類型化されない建物について、どの部分に着目し、管理・把握・分類していたかという点を検討する。

第四章では、資財帳を通して、現場におけるの維持管理の実態を明らかにする。ただし、多くの資財帳では、維持管理に関する記述が明らかではなく、「宇治院資財帳写」「広隆寺資財交替実録帳」「観世音寺資財帳」に一部、記される程度である。これらの文献史料から維持管理に関する記述を抽出し、維持管理における実見の有無、資財帳の利用、破損部位、修理の実態を明らかにしたい。

第五章では、東大寺庄園である越前国桑原庄の収支決算報告書「桑原庄券」を解読し、地方建築の上部構造を推定し、奈良時代における庄園の経営・維持管理に言及する。身舎と庇の作業分担の可能性や「桑原庄券」における単功と平面規模の関係、価格と平面規模、屋根の形状、葺材・板壁・板敷を比較する。

付章では、木材加工に用いられた大工道具や掘立柱の柱掘方の掘削や地業といった土木作業に用いられた掘削道具の検討を行う。その中で、道具の流通性や保有・製作・借用といった点を通して、道具の保有と技術の保有の関係について考察する。

第Ⅰ・Ⅱ部の成果を受けて、終章では、奈良時代の中央と地方における造営体制の理想と実態に言及したい。組織的な造営体制の整備や技術者の一元的な管理という理想に対し、実態としては官から独立した技術者による造営工程の緩衝材としての有効な機能、そして地方における国司・郡司と造営の関係、特に彼らと技術者・単純労働者の構造を大量生産と分業という点から、技術の保有・偏在・伝播・受容・継承性に関する論を展開したい。

また維持管理についても、法制により理想を窺うことは可能であるが、資財帳における記述方法やその類型と維持管理時における資財帳の利用や庄園の年次報告書の記載を通して、その実態を検討する。特に、実測の有無、破損箇所・維持管理に対する対応、技術者の関与といった現場の実情を重視して、これまでの建築史研究では不足してきた維持管理という建物の「経過」に着目したい。

このように既往の建築史では、いわゆる「高級建築」を対象としており、当時の建物や新規造営のごく一部にスポットをあててきた。これらは各時代における最先端の意匠や技術の解明に大きく貢献してきており、その意義は改めて述べるまでもないが、先端・高級技術以外の普及技術に対する視点や新造という建物の極めて特殊な一時以外の維持管理に対する検討が不足している。本書はこうした先行研究の対象や視座に一石を投じることを一つの目的としている。もちろん、文献史料や現存遺構の遺存状況による制約も大きいが、発掘により、これら以外の普及技術による建物の様相が徐々に明らかになっている。ゆえに、文字資料から想定される造営・維持管理体制の提示・整理という本書の目的は、今後、発掘資料を通して、普及技術によって建てられた建物を検討するうえで、極めて大きな意義があると考える。

四　初出一覧

本書は二〇一三年に東京大学に学位請求論文として提出した『奈良時代の造営体制と建築』（私家版、東京大学学位請求論文、二〇一三年）の前半部分を下敷きとしており、第Ⅰ部および第Ⅱ部第五章については、ここに含まれる内容である。また審査付学術論文や学会口頭発表を中心に公表している。本書をまとめるにあたって、これらの原稿に一部、手を入れているが、公表時の思考を残すことを尊重し、論旨に大幅な変更は加えず、軽微な加筆・校訂に留めている。また終章の一部に、修士論文の内容（二〇〇八年、東京大学、未発表）を含むが、これについては大幅に改編した。以下、初出を記す。

〈第Ⅰ部〉

第二章　「奈良時代における様工の活動と主体性」（『建築史学』五六、二〇一一年）

第三章　「古代日本の地方造営における技術者と労働者について」（『日本建築学会大会学術講演梗概集F―二』二〇〇九年）

「古代日本における軍団兵士の造営従事について」（『日本建築学会近畿支部研究報告集』二〇一〇年）

「奈良時代における造営技術の保持について―技術奴婢の保有を通して―」（『日本建築学会大会学術講演梗概集F―二』二〇一〇年）

第四章　「古代日本の在地における郡司の造営技術集団」（『日本建築学会関東支部審査付論文報告集』六、二〇一一年）

第五章　「国分寺伽藍の造営と維持システムについて」（『日本建築学会計画系論文集』六六〇、二〇一一年）

〈第Ⅱ部〉

第一章　「古代日本における建物の維持管理に関する法的規定」（『日本建築学会計画系論文集』七〇五、二〇一四年）

第二章　「古代日本における建物の維持管理に対する公的概念の萌芽と修理体制」（『日本建築学会計画系論文集』七一三、二〇一五年）

第五章　「越前国桑原庄券に記された地方建築の検討」（『建築史学』五七、二〇一二年）

付　章　「鋤・鍬による掘立柱建物の柱穴の掘削について」（『日本建築学会大会学術講演梗概集F―二』二〇〇八年）

註

（1）　本書では律令制度のもとでの行政区分として、京外を「地方」として定義し、国府などをこれに含む。これに対して「在地」は郡司層以下の人々や郡衙・集落などの各地域に根ざした社会を指し、国府域は含めない。

（2）角田文衛編『国分寺の研究』考古学研究会、一九三八年（角田文衛「国分寺の設置」など）、角田文衛編『新修国分寺の研究』吉川弘文館、一九八六〜一九九七年、石田茂作『東大寺と国分寺』至文堂、一九五九年。

（3）山中敏史『古代地方官衙遺跡の研究』塙書房、一九九四年。このほか『古代の官衙遺跡』Ⅰ遺構編、奈良文化財研究所、二〇〇三年、『古代の官衙遺跡』Ⅱ遺物・遺跡編、奈良文化財研究所、二〇〇四年など。

（4）太田博太郎「上代の営繕官制」『日本建築学会研究報告』六、一九五〇年（『日本建築の特質』岩波書店、一九八三年所収）、同「造寺司と木工寮」（『日本建築史序説　増補第二版』彰国社、一九八九年所収）、渡邊保忠「律令的建築生産組織」『新訂　建築学大系』四—Ⅰ　日本建築史、彰国社、一九六八年、同「日本における古代的建築生産構造とその中世への発展過程について」『建築雑誌』六七—七八八、一九五二年（ともに『日本建築生産組織に関する研究　一九五九』明現社、二〇〇四年所収）、福山敏男「奈良時代に於ける法華寺の造営」および「奈良時代に於ける石山寺の造営」『日本建築史の研究』桑名文星堂、一九四三年（綜芸舎、一九八〇年再版）ほか。

（5）拙稿にて、創建東大寺大仏殿の構造補強について検討している（海野聡「東大寺創建大仏殿に関する復原私案—組物・裳階と構造補強—」『文化財論叢Ⅳ』奈良文化財研究所、二〇一二年）。

第Ⅰ部　造営体制の理想と実態

第一章　司工の能力とその支配

一　はじめに

奈良時代には律令制度が成熟し、多くの建物が新たに生み出された。中央では東大寺や西大寺などの諸大寺や平城宮が造営され、地方では大宰府・国衙・郡衙・駅家などの律令制度を支える地方官衙、各国の国分寺など多くの施設が整備された。

中央における造営には、技術者として司工[1]・雇工[2]・様工[3]などが従事し、単純労働力として雇夫[4]・仕丁[5]が従事したことが知られている。この技術者のうち、司工は官に専属の技術者、雇工は官に直接雇用された技術者であった。技術者の中には様工のように司工や雇工以外の官に属さない技術者も存在した[6]。さらに司工には大工・少工・長上工・番上工・未選工と技術的な段階があった[7]。

渡邊保忠氏は木工寮の技術陣の構成や令外官司である造寺司と各官司の組織の特質を検討し、司工は大工・少工・長上工・番上工に区分され、以下のように役割が異なったとする。大工と少工には各一人が置かれ、その関係は頭と助との関係に似ており、技術上の中枢的な統括者であった。大工と少工は主に本部組織に参画して、設計と技術上の高次の指導を行い、マネージメント能力を備え（渡邊氏は「アーキテクト的機能」としている。ここでは設計やマネージメントを含む、技術統括・マネージメント能力とする）、さらに重要な造営においては直接現場を指導したとする。長上工は各現場における技術上の責任者・監督者とし、番上工を指揮する立場であり、本来、常に諸司に勤務する技術者であった。これに対し、番上工は番を分けて一定の期間を交代に勤務していた。(8) これらの奈良時代の技術者の構成は、大工・少工・長上工などの一部の技術者を頂点としたピラミッド型の構造（図1）をしていたとする。(9)

このように先行研究が述べるように大工・少工・長上工などの能力は、造営の全体を把握し、番上工を指揮する能力であろうが、下部技術者であった番上工の能力は均一であったのであろうか。奈良時代の文献史料は少ないが、令外官司である造東大寺司の史料(10)は、ある程度、残っており、検討することができる。

なお本章でいう能力とは、造営過程の作業である設計・選地・監理・加工に必要な能力とし、(11) またストックとは、技術者を配下に置き、必要に応じて、各造営現場に差配することのできる管理体制のこととする。

先行研究

造東大寺司に関する先行研究は数多く存在するため、以下、その代表的なものを内容ごとに、建築関係、技術者・労働力編成関係、政治・経済・組織関係の三つに分類して簡潔に列記する。

建築に関わる先行研究には以下のものがある。福山敏男氏は造東大寺司の石山寺・法華寺造営に関する文書の整理を行い、特に石山寺造営時の各現場における役割について述べている。(12) これに対して、太田博太郎氏は全

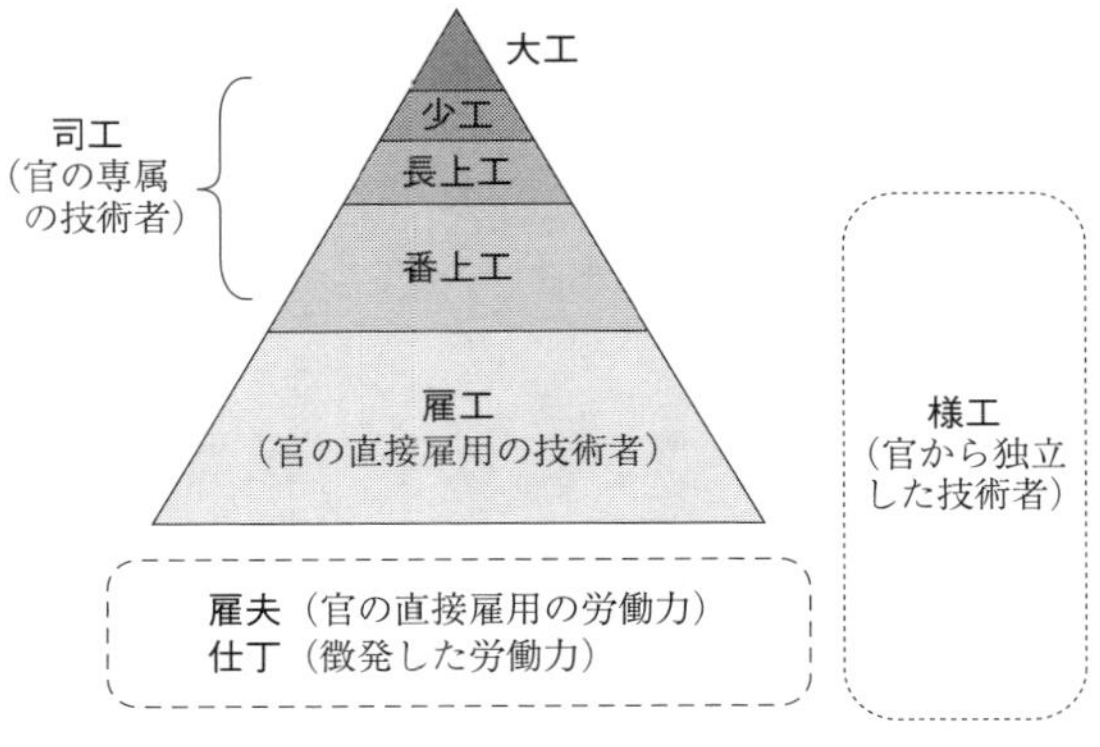

図1　技術者と単純労働者のピラミッド模式図（筆者作成）

体の概要把握を目指し、造寺司の工の人数・賃金を指摘している。(13)渡邊保忠氏の研究については前述の通りである。

このように福山氏は史料整理という点で大きな成果をあげているが、技術者の体制の解明には至っていない。太田氏による造寺司の工の人数・賃金という概要の把握は重要であるが、個々の現場に対する検証や作業内容への踏み込みは少ない。渡邊氏も技術者の体制と作業の全体像の提示に留まっており、個別の事例に対する文献史料の検討には補強の余地がある。

次に本章と関連の深い、ピラミッドの下部を構成する技術者・労働力に関する先行研究には以下のものがあげられる。竹内理三氏は技術者の内訳と造寺司内の将領・雑工・仕丁・雇夫の労働力の割合について述べている。(14)しかし、太田氏と同様、造営全体の労働力の把握という傾向が強い。田中嗣人氏は大仏を鋳造した国中連公麻呂を通して、造仏に携わった技術者を検討している。(15)他の先行研究とは異なり、奈良時代の技術について個々の技術者を通じて論述した点は評価できるが、その対象が仏師国中連公麻呂であり、建築に対する指摘は不足している。筒井迪夫氏は山作所からの材の運搬に関する労働力に関して述べている。(16)流通は造営に深く関与する実務作業であり、この点に対する着目は重要であるが、あくまで造営の一部分に過ぎず、また杣における作材作業にも造営現場に比べ、高い加工技術が求められないと考えられる。これらに対し、浅香年木氏や清水善三氏は技術者個人と技術集団について言及し、その役割や技術の伝播を検討した点で一線を画している。

浅香氏は八世紀における七世紀以前の技術者の役割について、「八世紀中葉における各官営工房においては、全般的に前代の技術世襲集団の占める比重が縮小の傾向にあり、とくに造東大寺司に代表される令外の官営工房において、その比重が著しい低下を示している」とし、八世紀中葉には前代の技術者世襲集団の役割は著しく低下したとする。(17)

清水氏は造東大寺司の画工に着目し、「造東大寺司では、つねに行動をともにする特定の技術集団の成立、いい換えると、上級技術者を中核とする師弟関係の成立という事実は指摘しがたい」とし、造東大寺司における技術の向上や伝播には否定的である。(18)

これらの技術者の集団の存在への言及は、技術の保持の点から非常に有用であるが、前代の技術集団の役割の低下や造東大寺司内での技術の伝播の否定という点は個別の事例をもとにした検討が必要であろう。

最後に本章とは関連が薄いが、政治・経済・組織に関する先行研究には以下があげられ、造東大寺司の先行研究はこの点に関するものが多い。山本榮吾氏は造東大寺司任官者の経歴をまとめている。(19)井上薫氏は造東大寺司および下部組織の「所」の構成員を検討し、造東大寺司四等官の年表を作成している。(20)岸俊男氏は造東大寺司と藤原仲麻呂の政治的関係を指摘している。(21)吉田孝氏(22)と栄原永遠男氏(23)は、ともに造東大寺司の経済と市の関係を検討し、流通経済を解明している。近藤有宜氏は造東大寺司と西大寺造営組織の関係に着目し、造西大寺司成立以前における造東大寺司の関与を指摘している。(24)これらの六氏の研究は造営官司の作業実態や組織による技術者支配という観点とは、若干、異なるため、提示に留めたい。

研究目的

このように造東大寺司内の技術者の割合や技術の向上を指摘した先行研究は存在するが、実際に司工の能力には、どの程度の差が存在したのであろうか。また番上工の能力は均一であったのであろうか。番上工の能力の検討は、木工寮と現場の関係（技術者のストック）の明確化、造営の進行にかかわるマネージメント方法の解明、個別の造営状況の理解の三点において意義深い。加えてこの検討は、官の造営組織における、技術者の把握や管理を通じて、奈良時代の技術がどこに、どのようにストックされていたかという点を解明するために必要不可欠な要素である。官による技術管理やストック方法は、第I部第二章以降で検討する官以外の技術者の実態や氏族による造営技術の保持を考察するベースとなり、古代の文献史学・建築史学の再構築を図るうえで重要である。

なお司工のうち、大工・少工は猪名部百世や益田縄手を中心に、先行研究で多く述べられているため割愛し[25]、長上工・番上工を検討する。実際に番上工の能力は均一ではなく、それぞれの能力に応じて功銭が支払われていたことが知られ[26]、官の専属技術者であった番上工の能力にも差があった可能性は十分に考えられる。本章では先行研究と重複する部分もあるが、「正倉院文書」に記された石山寺の造営に関する文献史料をもとに、改めて司工の能力、造東大寺司による技術者の差配、さらには木工寮による技術者のストックを検討したい。

二　司工の能力

長上工

長上工は律令官制のもとで、官営工房に常勤し、配下の番上工や雇工などを指揮した技術官人である[27]。次の天平宝字六年（七六二）の史料のように、長上工は一つの現場に留まらず、巡回して木工の技術指導を行った。

「山作所作物雑工散役帳」（天平宝字六年正月三十日『大日本古文書』編年五ノ七七）

　長上七人教二廻木工等作物一

この現場の巡回および技術指導は長上工の重要な職能であろう。以下、長上工の巡回技術指導について、長上工の所属官司に着目して、その実情を検討しよう。

『続日本紀』天平勝宝三年（七五一）正月戊戌（十四日）条

　天皇幸二東大寺一。授二木工寮長上正六位上神礒部国麻呂外従五位下一。

東大寺の造営において、神議部国麻呂は長上工として貢献したが、その所属は造東大寺司ではなく、木工寮のままであった。同様に東大寺造営に貢献した猪名部百世の所属も木工寮のままであった。[28]しかし次の史料に記されるように、木工寮以外の官司における長上工の存在も確認できる。

「造東大寺司上日帳」（天平宝字三年『大日本古文書』編年四ノ三九七）

長上正六位上路虫麻呂

正六位下土部七忍

「造東大寺司上日帳」は出勤簿で、次官の高麗朝臣大山以下、官人の名前が並ぶが、ここに長上工である路虫麻呂と土部七忍の名が記されていることから、木工寮の長上工であった猪名部百世や神議部国麻呂とは異なり、彼らは造東大寺司の長上工とみられる。天平宝字三年（七五九）頃は大仏殿の装飾や大仏殿院造営の時期であり、[29]この二人はこれらの造営に関与した可能性が高い。

長上工が別の機関に出向したことについては、船木宿奈万呂の造石山院所における活躍が知られている。福山敏男氏によると、長上工船木宿奈万呂は番上工・雇夫・仕丁を差配し、各山作所における作材作業から足庭作における完成まで、全造営過程を検校・指導したとする。[30]この能力は、現場における技術的最高責任者としてのものであり、技術統括・マネージメント能力を示している。[31]

加えて、船木宿奈万呂は造石山院所において様工力部広万呂の要求を保証する署名を行っており、マネージメント能力を発揮していた。[32]すなわち様工という官に従属していない技術者の要求する条件を保証し、造石山院所において技術者を統括する能力を果たしたことを史料が裏付けており、これは長上工の総合マネージメント能力を示す具体例である。

渡来系技術者

さて、大工・少工・長上工・番上工といった司工の枠組みとは、一線を画す内容であるが、ここで長上工を通じて渡来系技術者の役割について検討しよう。浅香年木氏は技術者全体に占める渡来人の割合低下をもって、渡来系技術者の役割が著しく低下したと指摘する。[33]しかし渡来系氏族である秦氏の技術者の活躍は、次の史料のように秦倉人呰主は造宮省の長上工、秦姓綱麻呂は造東大寺司の工手であったことから確認できる。

『続日本紀』神護景雲三年（七六九）十一月壬午（十八日）条

（前略）造宮長上正七位下秦倉人呰主。造東大寺工手従七位下秦姓綱麻呂。賜二姓秦忌寸一。

秦氏の造営面における活躍は、後述の秦九月の例からも知られるが、特に秦倉人呰主のように、長上工として活躍した点は、秦氏の技術者の造営能力の高さ、すなわち、単なる下部技術者にはない、技術統括・マネージメント能力の保有を示している。また秦氏の高い技術は、平安京への遷都造営時における技術面での貢献にも表れている。[34]このことからも、八世紀、あるいは奈良時代において、秦氏の技術者は、長上工という技術指導を行う立場として、その能力を発揮したことが窺える。

このように長上工の秦倉人呰主や大工の猪名部百世など、渡来系の一部氏族の技術者は、八世紀においても造営面で技術統括・マネージメント能力を有し、指導的役割を果たしていた。浅香氏の渡来系技術者の役割が著しく低下したという指摘は、渡来人以外の工匠の増加による割合の低下が一因と考えられる。[35]むしろ技術者全体に占める渡来系技術者の数的な割合は低下しても、依然として一部の渡来系技術者は技巧とともに技術統括・マネージメント能力、現場の把握能力を有し、これらの能力をもとに技術指導を行う立場にあり、彼らの造営技術面における役割は重要であったと評価できるのである。

番上工

ピラミッドの下部を構成する番上工が、大工・少工・長上工の有した特別な能力（技術統括・マネージメント能力）を有したとは考えにくいが、それ以外の能力（加工などの手元や運搬に関する能力）は一定のレベルであったのであろうか。以下、①〜③の史料を通して、番上工の能力の差、さらには管理する側の技術者の能力の把握という面から技術者のストックについて検討する。

史料①「造石山寺所解」（天平宝字六年正月二十三日『大日本古文書』編年十五ノ一四一）

造石山寺所解　申二請雑物等一事

一木工丈部真犬　県主石敷　領秦足人

右人等、雖レ有二其身一於レ物作不レ能、仍請レ替如レ件。但替随二到来一、正身者将レ進二上之一。其間作物可レ怠レ之。（後略）

史料①によると、木工の丈部真犬・県主石敷と領の秦足人が造石山院所にいたが、十分な作業を行えず、代替の技術者を求めた。このことは造石山院所にいた木工のすべてが十分な能力を有したのではなく、造石山院所の現場は木工の能力に対して不満を抱いており、造東大寺司に代替の木工を求めたことを示している。

史料②「牒」（天平宝字六年二月『大日本古文書』編年十五ノ一五〇）

牒　造寺司政所　請木工五人

山子相若无者佐伯佐留　川瀬田使若无者勾羊　秦九月　他田小豊　勾猪万呂

右、自レ先雖レ有二木工五人一、不レ得二事成一。是以為レ令レ作二安居堂一、上件工等早速令レ向。事有二期限一、以勿レ延レ日。

今具状、以牒。

天平宝字二月《ママ》

史料②には安居堂造営のために、山子相・川瀬田使・秦九月・他田小豊・勾猪万呂らの木工五人の派遣を要請したことが記される。さらに山子相がいなければ佐伯佐留、川瀬田使がいなければ勾羊を代わりに派遣するように求めた。このように造寺司に木工を求める際に特定の技術者を指名し、指名した技術者がいない場合の代替の技術者まで指名したのである。

史料③「造石山院所解」（天平宝字六年七月十日『大日本古文書』編年十五ノ二二二）

造石山院所解　申二造物並請物等一事

（中略）

一請二画師一　雀部浄人　若不レ有者尾張太万呂

右上楯万呂等欵云、依レ無三人之彩二色物一、日可二延廻一。若有二件人許給事一、今十箇日間可下奉二彩色一畢上。但彼雇役功、日毎充二四十文一給耳者。今依二申状一、此実行事大進、画師少乏、仍申送如レ件。

天平宝字六年七月十〔九〕日下

史料③によると、菩薩彩色を行っていた画師上楯万呂らがいうことには、画師が不足しているため彩色が遅れているが、画師雀部浄人が参加すれば一〇日間で終わるであろうとして、造東大寺司に対して派遣要請を願い出た。そして、もし画師雀部浄人不在の場合には、尾張太万呂の派遣を要請したことが記される。

このように史料①～③は、造石山院所による造東大寺司に対する特定の木工や画工の派遣要請を示している。史料①では、木工の能力不足によって作業が進まないことを理由に、特定の技術者を求め、史料②では要望する技術者がいなかった場合の代替の技術者まで指名しており、現場側として、有能な技術者を求めたことがわかる。そして史料③では特定の技術者を用いた場合の具体的な作業日数の見積りを併記して、名指しで技術者を要請し、さらに代替の技術者まで指名したことから、作業日数に技術者の個人の能力が大きく影響したことが窺える。すなわち、これらの史料は、技術者ごとに能力に差があったことの傍証であり、造石山院所が特定の技術者を指名していることから、現場側は有能な技術者を認識していたと判断できるのである。

史料の制約により、単純に一般化することはできないが、少なくとも、石山の造営現場では番上工の能力には差があり、現場側が技術者各人の能力を把握していた。そのため現場側としても作業進度を見積りつつ、それに必要となる有能な技術者を名指しで要望したのである。

三　司工の支配

1　造東大寺司の司工支配

これまで技術者の能力には差が存在すること、それを現場側が認識しており、造東大寺司に対して特定の技術者を要請したことについて述べてきた。再び史料①〜③を通して、技術者の差配の実態について検討しよう。

史料①で造東大寺司に対して、別の技術者に替えるように要請したということから、造東大寺司が技術者を差配できたと考えられる。少なくとも、造石山院所は造東大寺司に訴えることで、この問題の解決を図ろうとしたのであるから、造東大寺司は造石山院所に技術者を派遣できたと判断できる。

史料②には七人の名が記されるが、他田小豊・秦九月は「造石山院所労劇帳」（天平宝字六年八月二十七日『大日本古文書』編年五ノ二七二）によると造東大寺司に所属していた番上工である。また勾猪万呂は同じ「造石山院所労劇帳」

(『大日本古文書』編年五ノ二七二)に「木工散位寮従八位下」と記され、造東大寺司や木工寮ではなく、散位寮に所属した飛驒国の技術者である。この後に三人が実際に造石山院所に派遣されたことは「石山院禄物班給注文」(天平宝字六年三月二十一日『大日本古文書』編年五ノ一四五)等から確認できる。なお残り四人の所属は不明である。[36]

もちろん、散位寮の所属者が一時的に造東大寺司に派遣されていたと考えられるが、造東大寺司が技術者を間接的であれ、要請という方法により、派遣可能であったのである。言い換えれば、実質的には造東大寺司が散位寮という他の官司の技術者の利用が可能であったことを史料②は示している。

史料③には、造石山院所が雀部浄人を指名し、雀部浄人がいない場合には尾張太万呂を要請したことが記され、彩色にかかる作業日数の見積りと功銭を併記していた。

雀部浄人は東大寺大仏殿の天井板および須理板の彩色や庇絵の堺花の彩色にも従事しており[37]、その画師としての能力の高さが窺える。また尾張太万呂も同じく画師で、律宗厨子の彩色に従事したことが知られる[38]。史料①と同様に、史料③の場合も、造石山院所は技術者不足を造東大寺司に訴えることで解決しようとした。

このように史料①〜③は、現場が造東大寺司に対して技術者を要請し、造東大寺司が技術者を差配するという手順を示している。特に史料②③では、特定の技術者を指名しており、技術能力に応じた管理体制あるいは、技術者の把握の一端を示している。そして間接的であれ、実質的には造東大寺司は造東大寺司に所属する者のみに限らず、散位寮に所属する技術者も差配可能であった。少なくとも造石山院所は、造東大寺司が散位寮の技術者を差配できると見込んで、技術者要請の解文を送った、つまり造東大寺司が実質的に散位寮の技術者を動かすことができると認識したうえで、要請したと考えられる。

このほか、次の史料からも造東大寺司と造石山院所の関係が読み取れる。

「石山院牒」（天平宝字六年五月十四日『大日本古文書』編年十五ノ二〇五）

石山院牒　木工所

〈一行脱〉

木工丸部小公　上日七

右人、以二先日一返向已訖。但運二己私物一、請二彼暇日一於院退来。此依レ有二僧房板作敷事一。便頃日間留令二役使一。乞察二此状一、欲レ預二彼例一。今顕二注状一、幷副二上日一、即附二小公一、返赴如レ件。以牒。

天平宝字六年五月十四日案主下

主典安都宿祢奈良

この「石山院牒」によると、木工丸部小公は石山の作業場の任を離れ、その後に暇日、すなわち休暇をとって、私物を取るために石山へ赴いたが、その際に僧房の板を敷く作業に七日間、従事させられた。

この時、丸部小公は石山の造営現場を離れて上部機関である造東大寺司に戻っていた。それにもかかわらず、安都宿祢雄足の認可のもと、石山の造営に従事する必要のない丸部小公に作業を行わせており、ここで安都宿祢雄足による造石山院所を越える権限の行使が窺える。史料④にあるように、別当であった安都宿祢雄足は一定の技術者の差配の権限を有していたにもかかわらず、「石山院牒」の末尾に造東大寺司「主典」と署名していることから、この権限は造東大寺司主典によるものであろう。

史料④「造寺司牒」（天平宝字六年正月二十九日『大日本古文書』編年五ノ七六）

造寺司牒　造石山寺所

（中略）

一領玉作子綿　木工士師嶋井

右、暫充二相模国司一、而今聞便留二彼寺一、其自二彼所一請二人物一、随レ請皆充、而留二件人等一、理不レ可レ然、今依レ合、別当必有レ可レ充レ任、宜察二此状一、早速令レ向。（後略）

これらの造東大寺司による技術者差配には、通常、史料①〜③のように、現場が造東大寺司に技術者の要請を行って、その後、造東大寺司が技術者を差配するという手順を踏んだ。しかし造東大寺司主典であった安都宿祢雄足の認可のもと、一時的とはいえ、すでに離任した、休暇中の技術者を急に使役した事実は、造東大寺司が技術者をかなり自由に動かせたことの一端を示している。

2　造東大寺司と他の官司

前項において、造東大寺司による散位寮の官人である勾猪万呂の差配（史料②）を指摘したが、造東大寺司による他官司の官人差配について、再び、史料④を検討しよう。

造東大寺司は造石山院所にいた領の玉作子綿と木工士師嶋井の相模国への出向を企画した[39]。しかし、実際には出向していなかったために、早急に派遣するよう求めた。玉作子綿は「造石山院所解」（天平宝字六年七月二十五日『大日本古文書』十五ノ二三一）によると元々、右大舎人寮の官人である[40]。玉作子綿は現場を監督する領であるため、技術者ではなく事務官人であるが、現場に関係の深い人物として、造東大寺司による官人差配の検討に加える。

この史料は大舎人寮という他の官司の官人を造寺司（造東大寺司）が派遣可能であったことを示している。そして造石山院所にいた二人の相模国への派遣の際には、造東大寺司が差配した。つまり造東大寺司は下部組織である造石山院所の官人を差配可能であったのである。なお、この地方への技術者派遣は、中央の技術者を地方に派遣することで、中央と地方の技術交流の機会が存在したことを示す好例である。

このように散位寮や大舎人寮などの組織が、所属官人を他の官司に就任させることは、本来の職務であり、史料②④のように、これらの組織は実際に勾猪万呂や玉作子綿を他官司である造東大寺司に派遣し、その下部組織である造石山院所において活動させていた。さらに史料④には造東大寺司による大舎人寮の官人である玉作子綿の相模国への派遣の企画が記されていることから、造東大寺司が実質的に他の官司の官人を動かすことが可能であったと判断できるのである。

3　造東大寺司から他官司への要請

造東大寺司には他官司の官人が従事しており、造東大寺司がその官人を実質的に差配できたことは前項で述べた通りであるが、どのような文書手続きの経緯を経て、要請したのであろうか。この点の考察を通して、造東大寺司と他の官司の関係について検討する。

次の「造東大寺司牒案」から、造東大寺司と他の官司、木工寮との関係を窺い知ることができる。

史料⑤「造東大寺司牒案」（天平宝字四年七月十二日『大日本古文書』編年十四ノ四〇八）

造東（大）寺司牒　造法花司㆑寺木工寮

轆（請）　轤師（工）二人

右、為㆓七（引）々御斎会経軸㆒。件人等切要。仍所㆑請如㆑件。今具状。以牒。

天平宝字四年七月十二日　主典安都宿祢

判官御杖連

この史料⑤は案文であるため、書き込みがみられ、その内容は造東大寺司が造法華寺司に対して轆轤工を要請したものであった。宛所である造法華寺司の下に木工寮と書き込まれ、木工寮にも同様の内容を送ろうとしたとみられる。ここで造東大寺司が必要とした轆轤工が二人以上であり、木工寮にも、さらに轆轤工を要請したとも史料⑤は解釈でき、この場合、木工寮が技術者を留保、すなわちストックしていたこととなる。

十川陽一氏はこの書き込みについて、轆轤工がもともと木工寮の官人で造法華寺司に出向しており、そこからさらに造東大寺司に借り出され、同内容の牒を木工寮にも発給した可能性を指摘している。(41)十川氏の解釈の場合でも、木工寮が技術者をストックしていたこととなる。なお造法華寺司の轆轤工が木工寮と無関係の官人で、木工寮への文書が技術者の要請文書ではなかったと解釈した場合には、木工寮への文書は令外官司同士の技術者の異動について木工寮に報告する文書となる。この解釈でも木工寮が他官司の技術者を管理していたこととなる。

このようにいずれの解釈の場合にも、史料⑤は造東大寺司が他官司に轆轤工を求めた文書であり、木工寮による技術者のストックを示していると考えられる。また木工寮に対して技術者の異動の報告がなされた可能性もある。では史料②④の勾猪万呂や玉作子綿など、他官司に対して官人の異動を要請する場合にはどのような手続きが取られたのであろうか。史料⑤も絡めつつ、この点を検討しよう。

造石山院所が異動させる官人の所属する大舎人寮や散位寮に対して、史料②④とは別に文書を送ったのか、史料②④を造東大寺司が受け取ったのちに、造東大寺司から大舎人寮や散位寮に直接、要請したのか、史料②④を造東大寺司が受け取ったのちに造東大寺司から木工寮に送り、木工寮から大舎人寮や散位寮に要請したのかについては史料から直接、判断することはできないが、以下の三点から文書の経緯を推察できる。

①木工寮から他寮への文書は「移」を送る必要がある。寮司が他省およびその被管の官司に「移」を送付する場合

には、直接、相手先に送付できず、あらかじめ所管の省（木工寮は宮内省、散位寮は式部省、大舎人寮は中務省の所管）に「移」の送付を要請する「解」を送付して、許可を得たのちに所管の省から相手先の所管の省に送付する規定となっていた。[42] そのため、木工寮を通した場合、宮内省や送付先の省の許可を得る必要があり、事務処理に時間がかかるため、工事遅滞を解消するための技術者要請という文書の性格を考慮すると、木工寮を通して他の官司に送付したとは考えにくい。

②造東大寺司は省クラスの令外官司であり、さらに直接、木工寮と上下関係はない。そのため寮クラスの官司に対して造東大寺司は直接「牒」を送ることが可能である。実際に木工寮に対して造東大寺司から直接、文書を送ろうとしたことを史料⑤が示している。

③造東大寺司から造法華寺司に直接、令外官同士のやり取りとして「牒」を送る案文（史料⑤）が存在する。特に工事の遅滞のために他官司にまで技術者を要請したという緊急性を考慮すると、木工寮を通す「移」では事務処理に時間がかかるため、造東大寺司から直接、他寮に送付した可能性が高く、造東大寺司が他の官司に官人を要請した際には、直接、相手の官司に対して文書を送付したと推察できる。ただし造法華寺司に轆轤工を要請した事例のように（史料⑤）、技術者の異動に関して木工寮に別途報告した可能性も考えられる。

四　技術と技術者のストック機関としての木工寮

造東大寺司が技術者の異動に大きく関与していたことが判明し、史料⑤のように技術者の異動について、木工寮に対する報告が窺われた。では木工寮はどのような存在であったのであろうか。木工寮の性格について長山泰孝氏は次

の三点をあげている。(43)

一　土木建築を担当するだけではなく、予算作成や労働力・物品の見積りを立てる会計官司的性格を有した。

二　このような性格は、長官人事の傾向から宝亀以前に特に強い。

三　八世紀の木工に猪名部や倭漢系などの七世紀以前に活躍した氏族がみえることや、木工寮が神事に供する器物の製作などにあたったことから、大化以前からの内廷的な官司が木工寮の前身として想定できる。

奈良時代において、木工寮が主体となって実務に関わった例はみられず、令外官司が実務主体であった理由として、長山氏は三をあげて、木工寮が内廷的な官司であるため、巨大かつ多量の造営規模に対応できなかったとする。

たしかに史料から確認する限り、木工寮は直接、造営に関与していない。では木工寮はどのような性格の組織であったのであろうか。木工寮が直営したのではなく、技術者をストックしていた可能性について、以下の五つの点から検討する。

①『令集解』職員令木工寮条の古記によると、木工寮はもともと技術者を集めることを目的とした機関であった。(44)

②『続日本紀』によると八世紀末の段階で木工寮に技術者が優先的に配され、木工寮がその技術者をストックし、(45)『令集解』職員令木工寮条の跡記(46)には、木工寮ではなく各国が採材を行ったことが記される。

③一部の長上工は木工寮所属のまま現場で技術指導を行った。

④造東大寺司が木工寮に対して技術者の要請を行った可能性がある。

⑤造法華寺司から造東大寺司に技術者を異動させる際に、木工寮にも同内容の文書を送付しようとしたと推察できる（史料⑤）。

まず①は当初、木工寮が技術者のストックを目的としていたことを示している。営繕令7解巧作条に記されるように、中央が地方から有能な技術者の情報を集めていたことを考慮すると(47)、そのストック機関の役割を木工寮が担った可能性は十分にあろう。

さらに②については、造宮省の廃止時に優先的に木工寮に技術者を配属することを指示したことから、やはりこの時期には木工寮が技術者をストックする役割を担っていたと推察される。なお、この史料の記述について、渡邊保忠氏は木工寮の質的な強化とするが(48)、八世紀には木工寮が直接、実務を行っていないことを考慮すると、この時点では木工寮の質的な強化というより、木工寮の一元的な技術者ストックによる技術力の掌握という性格が強い。

また木工寮ではなく各国による採材は、木工寮が実務を行っていないことを示しているのではないだろうか。長山氏は、「木工寮が用うべきものを、あらかじめ前年に太政官に申送するという『営繕令』の文をうけて、だから木工寮は必要数を申告あるいは要求するだけで、みずから伐採にあたることはないのだという法理論を述べたにすぎず、実際には木工寮自身が現地で伐木の監督にあたることも多かったと思われる」と指摘する(49)。この指摘のように現場における伐木の監督は、大工益田縄手が造石山院所や石山の山作所に検校に出向いたことからも窺える(50)。このように木工寮は実務作業自体ではなく、主に検校・監督等の職務を有していたと考えられる。

③の木工寮に所属したままの他の造営官司に対する長上工の派遣は、大工・少工・長上工などの一部の重要な技術者を特定の一つの官司に出向させるのではなく、木工寮が主要な技術者を管理していたことの一端を示していると考えられる。大工益田縄手が造石山院所や石山の山作所を巡回していたように、長上工もさまざまな令外官司を巡回した可能性もあろう。

④の木工寮に対する技術者要請について検討しよう。木工寮から造東大寺司に対する長上工神磯部国麻呂の派遣についてはは前に触れたが、その際に、造東大寺司から木工寮に対して派遣の要請を行った可能性がある。これを示す直

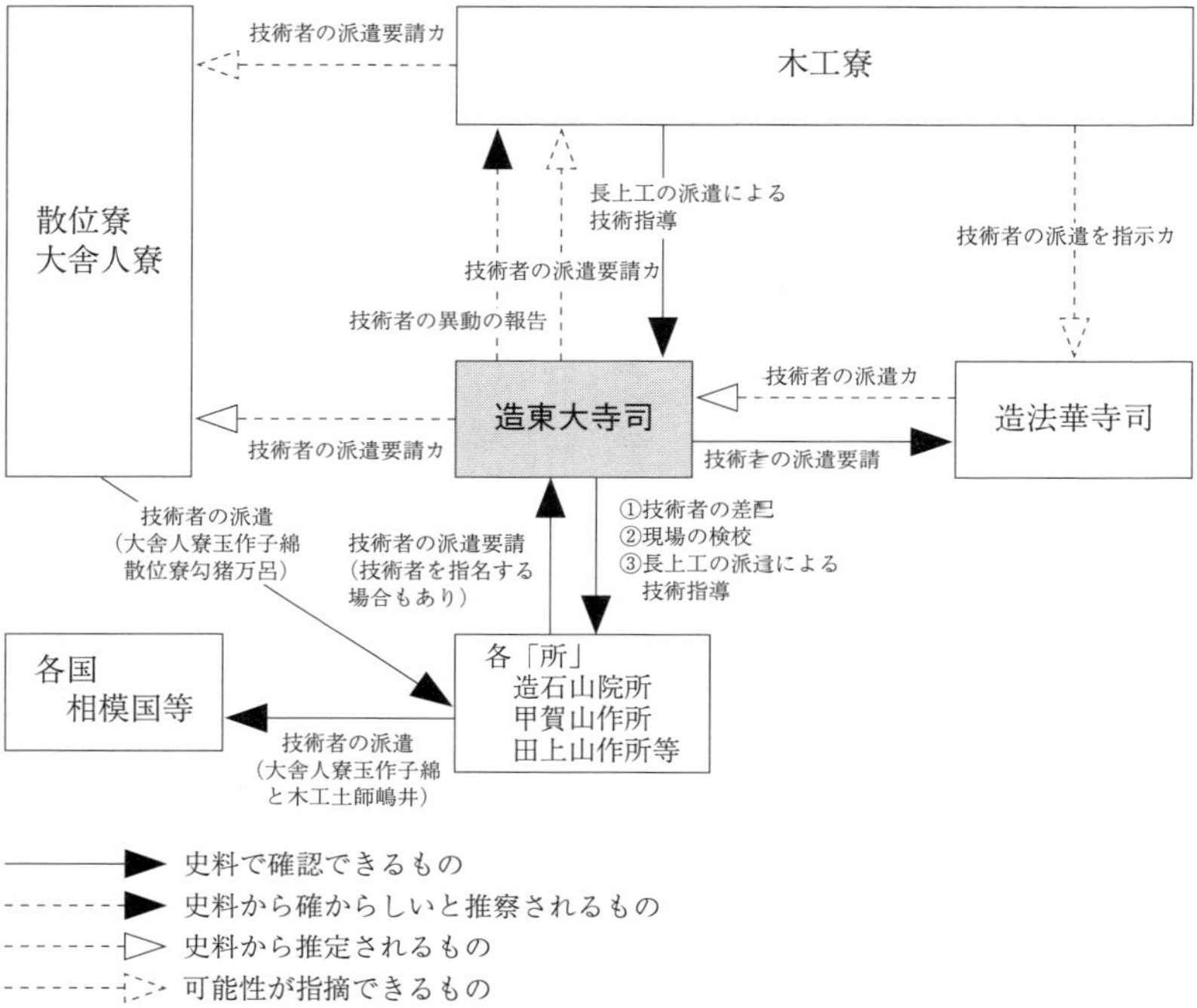

図２　造東大寺司と他の官司の官人差配の関係図（筆者作成）

接の史料はみられないため、木工寮の指示による派遣の可能性もあるが、技術者を必要とする造石山院所が造東大寺司に対して技術者の派遣要請をしたように、技術者を必要とする造東大寺司が木工寮に対して要請し、木工寮が技術者を派遣したと考える方が妥当である。木工寮が実務を行わなかったにもかかわらず、木工寮が技術者を派遣できたことから、木工寮に技術者がストックされていたと判断できるのである。

最後の⑤については、前項で史料⑤について検討したように、造東大寺司が造法華寺司に技術者を要請した際に、同一の内容の文書を木工寮にも送付しようとした。このことから、木工寮も轆轤工を保有していた、もしくは轆轤工の異動の木工寮に対する報告により、木工寮が技術者を把握・管理していた可能性が高い。いずれにせよ、木工寮による技術者の管理が窺える。

これまで述べてきた造東大寺司と木工寮等の他官司との関係を図示したものが図2である。[51]

このように木工寮は技術者をストックする機関で、行政機関としての性格が強く、実務に関しては令外官司が行っていた。ただし、八世紀中頃には造営事業が多く、木工寮以外の他寮に技術者を求めるほど技術者が不足していたことから、木工寮のほとんどの技術者が出向しており、実際には寮内に技術者を留保できず、[52]木工寮の役割は技術者の管理・差配に留まったと考えられる。[53]このように八世紀における木工寮の役割は現場における直接の作業ではなく、技術者のストックであったのである。

五　ま　と　め

本章では文献史料を用いて、造東大寺司を中心に、司工の能力、造東大寺司による技術者の差配、さらには木工寮による技術者の管理について検討し、以下の五点を明らかにした。

㈠　八世紀においても秦氏や猪名部氏などの一部の渡来系氏族の技術者は依然として造営面で貢献しており、技術指導を行う立場にあった。特に秦氏は造宮省・造東大寺司において技術者として貢献し姓を賜り、秦倉人呰主は長上工として活躍した。

㈡　雇工と同様に、司工の能力は、個々人で異なっていた。そして現場は各人の能力を把握しており、上部機関である造東大寺司に対して能力の高い技術者を指名して現場に送るように要請した。

㈢　現場が求めた技術者は、必ずしも造東大寺司に限らず、造法華寺司・散位寮・大舎人寮に所属していた。造東大寺司が造法華寺司に轆轤工を求めた際には、直接、造法華寺司に対して技術者の異動を要請し、同様に大舎人寮・散位寮の官人を求めた際にも、造東大寺司から直接、要請した可能性が高い。官人の異動については中央の官司間のみではなく、領の玉作子綿（大舎人寮）と木工土師嶋井を相模国に派遣した例もみられた。これらのことから造東大寺司が官人を実質的に差配していたことが判明した。

(四)　造石山院所別当であった安都宿祢雄足の認可のもと、すでに石山の現場を離れた技術者に対して、僧房の床を敷く作業に従事させた。その際には、造東大寺司主典としての権限を用いたと考えられた。すなわち造東大寺司は技術者を現場に差配するだけではなく、実情に合わせて現場でかなり自由に動かすことができたのである。

(五)　造東大寺司が造法華寺司に轆轤工を求めた際には、同内容の文書を木工寮に送ろうとしていた。これは木工寮も轆轤工を保持しており、この轆轤工を求めた可能性と、造法華寺司から造東大寺司への轆轤工の異動を木工寮に報告しようとした可能性の二つが考えられた。どちらの場合も、この文書から木工寮は技術者をストック（管理も含む）していたと推察できる。また木工寮が元来、技術者を集める機関であったことや造宮省を廃止した際に、優先的に技術者を確保していることなどは、木工寮が技術者および技術を管理していた機関であったことを示している。

これらの検討を通じて、奈良時代において、木工寮の技術者ストックが官による技術保持の形態であり、実務は造東大寺司によって遂行され、実務を行う造東大寺司が、かなり自由に技術者を差配できたという造営を取り巻く状況が明らかになった。そして奈良時代の技術の保持形態として、技術者を集団として保有するということが重要かつ有効な手段であることが窺えた。このように官は技術者を確保することで、技術の一元的な管理という理想を目指したのであろうが、現実に支配できたかという実態については、次章以降で検討したい。

註

（1）『国史大辞典』造寺司（ぞうじし）の項によると、造寺司およびその下部組織に所属する専属工のこと。

（2）『国史大辞典』雇夫（こふ）の項によると、古代に功直と食料を支給されて官司などの労役に従った技術者のこと。

（3）『国史大辞典』様工（ようこう）の項によると、手実を提出して、請負的に仕事を行う雇工のこと。

（4）『国史大辞典』雇夫（こふ）の項によると、古代に功直と食料を支給されて官司などの労役に従った人夫のこと。太田博太郎氏は雇夫も仕丁と同様に労働条件が厳しい賃金労働者であったとする（「上代の営繕官制」『日本建築学会研究報告』六、一九五〇年〈『日本建築の特質』岩波書店、一九八三年所収〉）。

（5）『国史大辞典』仕丁（しちょう）の項によると、古代の労役の一種で、里（五〇戸）ごとに二人の割合で徴発された。仕丁の労働条件は厳しかったとみられ、逃亡する仕丁は多かった。

（6）第Ⅰ部第二章参照。

（7）『国史大辞典』造寺司（ぞうじし）の項。

（8）渡邊保忠「律令的建築生産組織」『新訂 建築学大系』四―Ⅰ 日本建築史、彰国社、一九六八年（『日本建築生産組織に関する研究 一九五九』明現社、二〇〇四年所収）。

（9）渡邊保忠「日本における古代的建築生産構造とその中世への発展過程について」『建築雑誌』六七―七八八、一九五二年（『日本建築生産組織に関する研究 一九五九』〈註(8)前掲書〉所収）。

（10）『国史大辞典』造東大寺司（ぞうとうだいじし）の項によると、造東大寺司は八世紀後半に東大寺の造営と写経事業を担当した令外官司で、営繕部門の前身は天平十六年（七四四）初見の「金光明寺造仏所」である。同十七年の平城遷都にともなって平城京東辺に移された大仏の建立を担当し、同二〇年七月までには造東大寺司に改称した。造東大寺司には四等官が置かれ、その四等官は長官一人、次官一人、判官四人、主典四人で、その相当位階は司でありながらも省に准ずる規模であった。また臨時の出先営繕機関として造石山院所・造香山薬師寺所、資材調達機関として甲賀山作所・田上山作所・高嶋山作所・泉津木屋所などを擁した。

（11）技術統括・マネージメント能力も能力に含まれる。また能力に勤勉さにともなう作業スピードが含まれる可能性も考えられるが、この点の史料からの判断は困難であるため、本章ではこの点を除外して検討する。

（12）福山敏男「奈良時代に於ける法華寺の造営」および「奈良時代に於ける石山寺の造営」『日本建築史の研究』桑名文星堂、一九四三年（綜芸舎、一九八〇年再版）。
（13）太田博太郎「上代の営繕官制」（註（4）前掲論文）および「造寺司と木工寮」（『日本建築の特質』註（4）前掲書）（『日本建築史序説　増補第二版』彰国社、一九八九年所収）。
（14）竹内理三「造寺司の社会経済史的考察―造東大寺司を中心として―」『宗教研究』新一〇―二・四、一九三三年（『日本上代寺院経済史の研究』角川書店、一九九九年所収）。
（15）田中嗣人「造東大寺司造仏所と国中連公麻呂」『日本古代仏師の研究』吉川弘文館、一九八三年。
（16）筒井迪夫「奈良時代における山作所の管理と労働組織」『東京大学農学部演習林報告』四八、一九五五年。
（17）浅香年木「手工業における律令制成立の一様相」『北陸史学』七、一九五八年（『日本古代手工業史の研究』法政大学出版局、一九七一年所収）。
（18）清水善三「造東大寺司における工人組織について」『仏教芸術』五五、一九六四年、同「平安時代初期における工人組織についての一考察」『南都仏教』一九、一九六六年。
（19）山本榮吾「奈良時代造東大寺司官人の補任（上）―造東大寺司の基礎研究―」『大和文化研究』二―六、一九五四年および「奈良時代造東大寺司官人の補任（下）―造東大寺司の基礎研究―」『大和文化研究』三―一、一九五五年。
（20）井上薫「造東大寺司の経営」『奈良朝仏教史の研究』吉川弘文館、一九六六年。
（21）岸俊男「東大寺をめぐる政治的情勢―藤原仲麻呂と造東大寺司を中心に―」『ヒストリア』一五、一九五六年（『日本古代政治史研究』塙書房、一九六六年所収）。
（22）吉田孝「律令時代の交易」『日本経済史大系』一　古代、東京大学出版会、一九六五年（『律令国家と古代の社会』岩波書店、一九八三年所収）。
（23）栄原永遠男「奈良時代の流通経済」『史林』五五―四、一九七二年（『奈良時代流通経済史の研究』塙書房、一九九二年所収）。
（24）近藤有宜「西大寺の造営と造東大寺司」『美術史研究』四四、二〇〇六年。
（25）福山敏男「石山寺・保良宮と良弁」『南都仏教』三一、一九七三年（『寺院建築の研究』中、中央公論美術出版、一九八二

年所収）、河本敦夫「造東大寺司の組織―民衆との協調―」『天平芸術の創造力』黎明書房、一九四九年。

猪名部氏は古代の部民の一つで、『日本書紀』応神天皇三十一年条に新羅より貢進された「能匠」を始祖とするとあり、雄略紀に猪名部御田や真根が木工として斧を用いて楼閣を造ったことが記される。八世紀の猪名部氏には百世だけではなく、興福寺造仏所木工猪名部多婆理らがおり、木工としての技術を伝えた（『国史大辞典』猪名部〈いなべ〉の項）。

益田縄手は越前国足羽郡出身の奈良時代の工匠で、東大寺や西大寺の建築に携わり、奈良時代の工匠として最高位である従五位上まで進んだ（『国史大辞典』益田縄手〈ますだのなわて〉の項）。

（26）「符」（天平宝字六年正月二十四日『大日本古文書』編年十五ノ一四三）。

符　山作領玉作子綿等所

（中略）

一雇工即充事　上手廿文　中十九文　下十八文已下十六文已上（後略）

雇工に対する支払いについて、上級者は二〇文、中級者は一九文、下級者は一六文以上一八文以下としており、雇工の能力に応じて功銭に差を設けており、その能力差を官の側が認識していた。

（27）『国史大辞典』長上工（ちょうじょうこう）の項。なお将領については、渡邊保忠氏によると事務官人で、大規模な工事において仕丁や雇夫等の労働を監督し、工事の進捗を促す役で、長上工が技術的監督指導者であり、あくまで工事進捗度に関わる催促の現場員であるとする（註(8)前掲論文）。

（28）「造東大寺司解」（天平宝宇二年二月二十八日『大日本古文書』編年四ノ二九三）。

（29）天平宝字四年（七六〇）七月頃には大仏殿院や講堂は完成したとされる（太田博太郎「東大寺の歴史」『奈良六大寺大観』九、東大寺一、岩波書店、一九七〇年）。

（30）福山敏男「奈良時代に於ける石山寺の造営」（註(12)前掲論文）。

（31）註(8)前掲論文。

（32）第Ⅰ部第二章参照。請負の内容を要求する主体性は様工力部広万呂にあったが、船木宿奈万呂がその妥当性を保証した。つまり船木宿奈万呂は労働力の見積りが可能であったと考えられ、この能力はマネージメント能力の一部であろう。

（33）註(17)前掲論文。

(34) 遷都の造営における秦氏の活躍については諸説みられる。
喜田貞吉氏は秦氏が全国各地の工事に従事し、財を成したことに触れ、経済的な寄付、山背北部地方の秦氏の勢力、藤原種継との関係から遷都時における秦氏の貢献を指摘する（喜田貞吉「長岡京」『帝都』日本学術普及会、一九一五年〈『都城の研究』喜田貞吉著作集 五、平凡社、一九七九年所収〉）。

大石良材氏は「秦氏の都城経営の際の財的な寄与が、実際には宮城の宮垣や院垣の築造という形をとって行われた」としており、宮城の造営に深く関わっていることが述べられている。さらに宮垣築造にあたり、労働力をそのまま直接、宮垣築造に投入できるわけがなく、技術者の指導によって、その労働を再編成しなければならず、その築造にあたっていた秦氏には、その経験が積み重ねられていたとしている（大石良材「秦氏の宮城垣築造」『古代文化』九―六、一九六二年）。

井上満郎氏も同様に秦氏が造都に際して、経済的な支援だけでなく秦島麻呂・宅守がともに宮城の垣の造営に関わっていることからも技術的な支援を推定している（井上満郎「秦氏の宮都造営」『古代の日本と東アジア』二〇八頁、小学館、一九九一年）。

これに対して村井康彦氏は「秦氏の協力が不可欠という喜田氏の説は秦氏を過大評価している」として、「造都における財政面を担当した実務官人」であったとしており、造営への直接的な関与を否定している（村井康彦『日本の宮都』季刊論叢 日本文化 九、一三一頁、角川書店、一九七八年）。

しかし、秦氏の造営への技術的関与を否定する村井康彦氏の説は、やや説得力に欠ける。その反証の根拠として、次の秦氏と葛野川の造営に関する史料があげられる。

『政事要略』交替雑事（溝池堰堤）
秦氏本系帳云。造二葛野大堰一。於二天下一誰有二比撿一。是秦氏率二催種類一所レ造二構之一。昔秦昭王。塞二堰洪河一通二溝澮一。開レ田万頃。秦富数倍。所レ謂鄭白之沃二衣食一之原者也。今大井堰様。則習レ彼所レ造。

この「秦氏本系帳」は秦氏の功績を記した史料であるため、天下に比肩する者がないという表現は誇張であろうが、大井堰の「様」を造る際に、秦氏の業績である葛野大堰を参考としていることが記され、技術的評価をしていることからも、秦氏は土木造営に関する一定以上の技術をたしかに有していたと判断できる。また、この記述が葛野川の治水工事における経済面での支援のみを指すとすると、他にも有力な貴族が多く存在していたことから、経済面で比肩する者がないという記述はにわかに理解しがたい。むしろこの史料中であえて「様」という実務に近い内容が記述される点からみて、比肩する者がないのは造営に関する技術と考えられる。このように秦氏の協力には、もちろん経済面もあろうが、大部分は技術面での貢献であろう。

(35) 八世紀に渡来系以外の技術者が増加したことを示す直接の史料はみられないが、『令集解』職員令木工寮条の古記に、技術者を集めることが記されている。また営繕令7解巧作条にあるように、国司は地方の特殊技能者を調査し、民部省に報告することが定められた。これらの規定によって地方の技術者を中央に集める体制が確立し、渡来系以外の技術者が増加したと考えられる。

(36) 『国史大辞典』散位（さんい）の項によると、日本では官職を有しない有位をすべて散位と呼ぶ。大宝令より始まり、内外・文武の区別があり、五位以上は散位寮に長上し、六位以下は在京の場合は散位寮に、在外の場合は国衙に分番上下した。のちに定数を定め、五位以上は臨時の各使にあてられ、六位以下は各司の雑用に使われた。

(37) 『日本古代人名辞典』三、雀部浄人の項。

(38) 『日本古代人名辞典』一、尾張大万呂の項。

(39) 玉作子綿や土師嶋井の出自が相模国であった場合、特殊な事例の可能性もあるが、この特殊性を示す史料上の根拠はない。なお、この場合にも造東大寺司が技術者を差配したことは事実である。また相模国ではなく、中央にあった相模国司邸に派遣された可能性も推定できるが、国司が現地に赴任しない遥任は、平安時代以降にはみられる状況で、奈良時代の国司の多くは現地に赴任したため、この可能性は低い。

(40) 『国史大辞典』大舎人寮（おおとねりりょう）の項によると、大舎人寮は官人供給の役を担っており、大舎人は寮で養成され、他の官司に就任した。

(41) 十川陽一「八世紀の木工寮と木工支配」『日本歴史』七一四、二〇〇七年（『日本古代の国家と造営事業』吉川弘文館、二〇一二年所収）。なお、同氏は同論文の中で、木工寮は天皇に近い「内廷的」な面を有しつつも、文書行政や実務に特化した「外廷的」官司としての性格が強いことを指摘している。本章では政治的支配ではなく、技術者のストックによる技術保持という側面に焦点をあてるため、十川氏とは異なる視点から、木工寮の施術者ストックについて論じたい。

(42) 『国史大辞典』移（い）の項。

（43）長山泰孝「木工寮の性格と造営事業」『律令負担体系の研究』塙書房、一九七六年。
（44）『令集解』職員令木工寮条の古記には、木工寮は貴賤を問わず、工を知る人物を集めることとしている。
（45）『続日本紀』延暦元年（七八二）四月癸亥（十一日）条
（前略）今者宮室堪レ居。服翫足レ用。仏廟云畢。銭価既賤。宜下且罷二造宮勅旨二省。法花鋳銭両司一。以充二府庫之宝一。以崇中簡易之化上。但造宮勅旨雑色匠手。随二其才幹一。隷二於木工内蔵等寮一。余者各配二本司一。

このように造宮省を廃止した際に、木工寮と内蔵寮に優先的に技術者を配属した。このことからも木工寮がもともと技術者をストックしていたと推察される。

さらに『令集解』賦役令丁匠赴役条の古記には、集めてきた木工は木工寮に、鍛師は鍛冶司に配すると解釈を加えており、木工寮は木工をストックしていたと推断される。

こうした技術者の木工寮への編入としては、承和元年（八三四）正月二十九日付の「太政官符」（『類聚三代格』所収）には瓦工従八位上模作子鳥を木工寮の長上工に取り立てたことが知られる。
（46）然則此司不二自採レ木。仰二所レ出之国一令レ採耳。
（47）国司が特殊技能者を調査し、民部省へ報告することが規定されている（『律令』日本思想大系 新装版、岩波書店、一九九四年）。報告先が民部省である点は、民部省が民政を掌る役所のためと考えられる。
（48）註（8）前掲論文。
（49）註（43）前掲論文。
（50）天平宝字四年（七六〇）五月四日頃に、大工益田縄手が石山に滞在していたことが知られる（「石山院解」『大日本古文書』編年十五ノ一九九、「司牒」『大日本古文書』編年十五ノ二〇一）。河本敦夫氏は、この際に、山作所に行き、直接、現場を検校したとする（註（25）前掲論文）。
（51）「史料から確からしいと推定されるもの」は案文という形で史料が残っているもの（史料⑤）であり、「史料から推定されるもの」は、史料は存在しないが、技術者が派遣されたという結果から推定されるもの（史料④にともなう技術者の派遣）と技術者要請を行った文書が存在し、その後、それにともなって技術者が派遣されたと推定されるもの（史料⑤にともなう造法華寺司から造東大寺司への派遣）である。

（52）木工寮内に留まった技術者は、木工寮が材の見積りや予算請求を行うために必要な能力（マネージメント能力）を有したと考えられる。このことは神礒部国麻呂のように技術統括・マネージメント能力を有していた長上工が他官司に所属を移していなかったことからも窺える。
（53）律令制定時には、平時の造営を想定していたが、実際には一時的に新規造営が木工寮の許容作業量を超えるほど大量であったため、木工寮が実務を行うことができなかったのであろう。

第二章　様工の活動と主体性

一　はじめに

奈良時代の中央における寺院造営には、技術者として司工[1]・雇工[2]・様工が従事し、単純労働力として雇夫[3]・仕丁[4]といった人々が従事した。このうち、司工は官に専属した技術者、雇工は官に直接、雇用された技術者であった。律令制度のもとで、これらの技術者が集められ、造営組織が設置された。この造営組織とは、造東大寺司や造西大寺司・造宮省・木工寮といった組織である。これらの組織については太田博太郎氏・福山敏男氏・渡邊保忠氏らの先行研究があり、官における造営組織の人員構成が解明されている[5]。この官の技術者や造営組織に関しては、第Ⅰ部第一章で述べた通りである。これに対し、様工が官の造寺事業に従事したことは「正倉院文書」などによって知られるが、この様工とは、一体どのような存在なのであろうか。様工に関する先行研究としては福山氏・直木孝次郎氏・浅香年木氏・米倉久子氏による論考が存在する。以下、その研究内容および経緯について整理して述べよう。

福山氏は天平宝字五年（七六一）、同六年における石山寺造営の際の様工は、日雇技術者とともに雇工に含まれるとする。そして様工が作材に従事したことを指摘し、請負技術者であった可能性を指摘している[6]。ここでいう請負とは、あらかじめ定めた功銭と食料で、責任をもって造営作業を行うことである。これを受けて直木氏[7]・浅香氏[8]が様工についてさらに詳細に述べている。

直木氏は、様工に対する功銭の支払時期に着目し、様工に対する食料は雇工と同時に支給されたが、功銭は完成後にまとめて支払われるものであったことを指摘した。そして作業完了の確認後に功銭が支給されたことを根拠として、様工が請負技術者であったとしている。

また「謹解」（天平宝字六年三月十日『大日本古文書』編年十五ノ三五八）に羽栗大山・同黒麻呂・猪使広成の三人の名があがる。その中でも大山が一〇人近い様工を率いていることを例にあげて、様工が工人グループを形成し、一つのグループに長く留まるのではなく、ある程度自由にグループを移動していたとしている。そして彼らの功銭がグループの長に支払われたことから、様工は非常に弱い立場にあり、その様工の多くは浮浪出身であったのではないかと推定している。[9]

浅香氏は、「様」の主たる意味である「形制法式」[10]に加え、「請負契約」というもう一つの用法を指摘した。この請負契約を示すという点は福山説・直木説と共通する。「甲賀山作物雑工散役帳」（天平宝字六年二月五日『大日本古文書』編年五ノ八五）と「石院務所解」（天平宝字六年十一月三十日『大日本古文書』編年十五ノ二四八）を比較すると、山作所から造石山院所への報告では、様工と日雇技術者の区別がなされていたが、造石山院所から造東大寺司への報告では区別されず、様工の存在は造東大寺司には認められなかった。このことから浅香氏はこの様工を国家権力と在地の手工業生産との直接的な接触の場に限って表れる非公式な用法であると述べている。そして様工が工匠集団を形成し、その長が功銭などの分配を主導し、利潤を獲得したとしている。さらに浅香氏は様工の雇用には、請負者と下級官人の人格的な縁故関係が重要な役割を果たしたと指摘し、様工を自主的な就労形態や専業化を指向する集団として評価している。[11]

浅香氏の研究を受けて、米倉氏は様工の雇用形態を再検討し、それぞれ羽栗大山・力部広万呂・倉古万呂を長とする三つのグループが作業を行ったことを指摘する。そして様工の作業期間の推定、様工集団の内部構成について検討し、その結果として、浅香氏の述べる利潤の獲得や専業化の指向について疑問を呈している(12)。

先行研究が指摘するように、様工が請負技術者であったことは首肯できる。しかし、これらの先行研究では、様工の造営作業における能力や請負契約における主体性についての検討が不足しており、加えて造石山院所という中央の造営組織の検討に留まっており、地方における様工に対する言及がない。

建築史の分野においても、官の技術者や組織に関する研究は前述のように存在するが、官以外の技術者に関する研究は、福山氏の様工に関する研究以降、十分に行われていない。また同氏の研究においても地方の技術者に関する検討はほとんど行われていない(13)。

よって本章では、制約された史料から判断できる範囲で、中央については様工力部広万呂、地方については越前国桑原庄における様工の例を通して、中央と地方における様工、官と様工の関係および様工の作業内容と主体性について検討する。

二　中央の様工

1　様工の作業内容

請負技術者であった様工に関する記述は、正史『続日本紀』にはみられず、石山における造営に関する「正倉院文書」にみられる。これらの中で、様工力部広万呂によって記された次の六つの史料を通して、官と様工の請負条件について検討する。

史料①「様工力部広麻呂解」（天平宝字六年三月三日『大日本古文書』編年五ノ一三六）

謹解　申㆓請檜皮葺様㆒事

合単功一十六人　功銭百六十文　米三斗二升　塩三合二勺

滑海藻二斤　酢滓三合二勺

右、応㆑葺㆓三間僧房一宇㆒功料食、所㆑請如㆑件。以解。

　　天平宝字六年三月三日様工力部広万呂

史料②「様工力部広麻呂解」（天平宝字六年四月二日『大日本古文書』編年五ノ二〇五）

謹解　申㆓請仏殿檜皮様㆒事

仏殿中墨　功八十人　銭八百文　米一斛六斗　塩三升二合

右、仏殿半墨中将㆓檜皮葺㆒功食、所㆑請如㆑件。以解。

　　天平宝字六年四月二日様工力部広万呂

史料③「様工力部広麻呂解」（天平宝字六年四月十三日『大日本古文書』編年五ノ二一四）

謹解　申㆘請葺㆓僧房㆒檜皮様㆖事

僧房一宇　功十八人　銭一百八十文　米三斗六升　塩七合二勺

右僧房一宇、将㆑葺㆓檜皮㆒功食、所㆑請如㆑件。以解。

　　天平宝字六年四月十三日様工力部広万呂

史料④「葺工力部広麻呂等解」（天平宝字六年四月十八日『大日本古文書』編年五ノ二一六）

謹解　申下請葺二僧房一檜皮様上事　一僧房者
僧房一宇　功三十人　銭三百文　米六斗　塩一升二合
右僧房一宇、将レ葺二檜皮一功幷食料、所レ請如レ件。以解。
天平宝字六年四月十八日
葺工力部広万呂
塗工秦広万呂
証者長上船木宿奈万呂
領品治

史料⑤「葺工力部広麻呂解」（天平宝字六年四月二十四日『大日本古文書』編年五ノ二三〇）

謹解　申下請葺二檜皮一様上事「第二房」
僧房一宇　功十八人　銭一百八十文　米三斗六升
塩七合二勺　醤滓一升　酢滓四合
右、件僧房将レ葺二檜皮一功幷食料、所レ請如レ件。
天平宝字六年四月二十四日力部広万呂
証者丸部小公

史料⑥「葺工力部広麻呂等解」（天平宝字六年四月十八日『大日本古文書』編年五ノ二一五）

一請二塗様一事講師房　壁幷裏塗料

講師房一宇　功二十七人　銭二百七十文　米五斗四升　塩一升八勺
右件僧房、将レ塗功幷食料、所レ請如レ件。以解。
天平宝字六年四月十八日
葺工力部広万呂
塗工秦広万呂
証者長上船木宿奈万呂
領品治

史料①〜⑥は力部広万呂が造石山院所に対して、作業の請負を願い出たものである。史料①によると、力部広万呂が三間の大きさの僧房の檜皮葺を、単功一六人[14]、功銭一六〇文（単功一人あたり一〇文、以下同様）、米三斗二升（二升）、塩三合二勺（二勺）、滑海藻[15]二斤（二両）、酢滓[16]三合二勺（二勺）で請負うことを願い出た。同様に史料②〜⑥にも請負条件が記される。史料②には、仏殿の檜皮葺の一部[17]を単功八〇人、功銭八〇〇文（一〇文）、米一斛六斗（二升）、塩三升二合（四勺）、史料③には僧房の檜皮葺を単功一八人、功銭一八〇文（一〇文）、米三斗六升（二升）、塩七合二勺（四勺）、史料④には僧房の檜皮葺を単功三〇人、功銭三〇〇文（一〇文）、米六斗（二升）、塩一升二合（四勺）、史料⑤には「第二房」の僧房の檜皮葺を単功一八人、功銭一八〇文（一〇文）、米三斗六升（二升）、塩七合二勺（四勺）、醬滓[18]一升、酢滓四合で、史料⑥には講師房の壁塗りを単功二七人　功銭二七〇文（一〇文）　米五斗四升（二升）、塩一升八勺（四勺）で請負うという条件が記される。これらの様工の条件を官の側が保証するために、史料④や⑥のように造東大寺司長上工である船木宿奈万呂や領の品治や史料⑤のように番上工の丸部小公といった官人が連署した。

史料①〜⑤は檜皮葺に関する記述であるが、史料⑥のみ講師房の壁塗りに関する記述である。この史料⑥の講師房の壁塗りについては、葺工力部広万呂と塗工秦広万呂が一緒に造石山院所に願い出たが、「造石山院所銭用帳」（天平宝字六年『大日本古文書』編年五ノ三五五）の支払いは、次のように記される。

右塗二講師房一宇壁一様秦広万呂功。且下給レ件。

講師房の壁塗りの請負に対する功銭は、葺工力部広万呂ではなく、塗工であった秦広万呂に支払われた。このことから実際の壁塗り作業は塗工であった秦広万呂によって行われたと考えられる。これは様工の作業がある程度、分業化・専業化していたことを示す一例である。

このように「僧房や仏殿の檜皮葺」「講師房の壁塗り」といった様工の行った作業について、請負条件が明示されていた。このほか、請負条件は不明であるが、様工が歩廊の造営を請負ったことが次の史料に記される。

「相摶漕運功銭米注文」（天平宝字六年九月九日『大日本古文書』編年五ノ二七八）

且充二歩廊作様工幷堀棄土雇工一功食料六貫附二坂田案主一

この史料のように、様工の請負った作業は、「僧房や仏殿の檜皮葺」「講師房の壁塗り」といった、軸部以外の分担作業のみではなく、「歩廊の造営」といった木工に関わる作業もみられる[19]。つまり様工の作業は、夫のような単純労働のみではなく、技術を必要とする作業であったと判断される。ただし、史料から確認できる様工の木工作業は歩廊という付属的な建物に限られており、仏殿・僧房などの伽藍主要建物への関与は確認できない[20]。では様工への功銭の支払いはどのように行われたのであろうか。次の仏堂の檜皮葺を請負った際の記述から、功銭の支払いをみてみよう。

「造石山院所銭用帳」（天平宝字六年『大日本古文書』編年十五ノ四四一）

一貫一百文葺二仏堂一宇檜皮一様工等功（三百文羽栗大山功 八百文力部広万呂功）

このように、仏堂に檜皮を葺く作業の請負契約の功銭は、様工個々人に対して個別に支払われたのではなく、羽栗大山と力部広万呂の二人に支給された。加えて、この支払額は、様工の単功あたりの額と比べて、非常に多い(21)。よってこの功銭は個人の労働に対する報酬ではなく、羽栗大山と力部広万呂の二人が様工という技術集団の代表として受け取ったと考えられる。

様工による技術集団の形成は、史料①~⑤から判断できる作業にかかった日数と単功の関係からも窺える。史料①と同日付の「造石山寺所食物用帳」(天平宝字六年『大日本古文書』編年五ノ五)に申請額通りに食料が支給され、三月八日付の「造石山院所銭用帳」(天平宝字六年『大日本古文書』編年五ノ三五五)では、力部広万呂による功銭一六〇文の受け取りが確認できる。同様に他の史料②~⑤の作業においても、表1のようにすべて申請額どおりに功銭が支払われた。

さらに史料①と功銭の支払い日から僧房一宇の檜皮葺の作業は三月三日以降に開始され、様工が功銭を受け取った八日には終了していたことが確認できる。米倉久子氏は、手実提出日を作業開始日、功銭支給日を作業終了日とし、三月三日を作業開始日、三月八日を作業終了日とする。そして六日間にわたって作業し、六日間で単功一六人となり、日ごとに単功の人数を変えたとする。その内訳は以下の通りで、史料①では、二人で六日間、一人で四日間の単功で計一六人、史料②では、六人で一二日間、一人で八日間の単功で計八〇人、史料③では、四人で四日間、一人で二日間の単功で計一八人、史料④では、五人で六日間の単功で計三〇人、史料⑤では、四人で四日間、一人で二日間の単功で計一八人とする(22)。しかし日ごとに作業員の人数を細かく変更したという米倉氏の推定には疑問がある。むしろ手実の内容の確認、作業終了を確認する時間の必要性を鑑みると、手実提出日の翌日が作業開始日、功銭支給日の前日が作業終了日であったと考えられる。事実、表1のように、力部広万呂が作業を行った史料①~⑤において、手実提

表1　様工の作業期間と単功

	作業内容	右：作業開始日 左：手実提出日	右：作業終了日 左：功銭支給日	日数	単功	実働人数
史料①	三間僧房一宇の檜皮葺	三月四日 三月三日(『大日古』編年五ノ一三六)	三月七日 三月八日(『大日古』編年五ノ三五五)	四日	一六人	四人
史料②	仏堂の半分の檜皮葺	四月三日 四月二日(『大日古』編年五ノ二〇五)	四月十二日 四月十三日(『大日古』編年十五ノ三六二)	一〇日	八〇人	八人
史料③	僧房一宇の檜皮葺	四月十四日 四月十三日(『大日古』編年十五ノ二一四)	四月十六日 四月十七日(『大日古』編年十五ノ三六二)	三日	一八人	六人
史料④	僧房一宇の檜皮葺	四月十九日 四月十八日(『大日古』五編年ノ二一六)	四月二十四日ヵ※1 四月二十七日(『大日古』編年五ノ三六一)	八日※2	三〇人	六人
史料⑤	僧房一宇の檜皮葺	四月二十五日 四月二十四日(『大日古』編年五ノ二三〇)	四月二十六日 四月二十七日(『大日古』編年五ノ三六一)		一八人	

註（　）は典拠、『大日古』は『大日本古文書』を示す。※1：史料⑤が四月二十四日に提出されていることを根拠に、米倉氏推定。※2：史料④と⑤の作業の功銭はあわせて支払われており、作業もあわせて行ったと考えると、四月十九日から二十六日までの八日間となる。

出日の翌日を作業開始日、功銭支給日の前日を作業終了日とすると、一日ごとの実働人数が完数となる。(23) これより、手実提出日の翌日が作業開始日、功銭支給日の前日が作業終了日であった蓋然性が高い。もちろん、各日の単功については推定の域を出ないが、いずれの場合にも、複数人による労働は認められる。

このように功銭の支払いの対象が様工の長にのみ限定されたこと、一日に働いていた様工が複数人であることの二点は、様工による技術集団の形成を強く示している。これらのことからも、様工の実働人数は複数であり、様工の単独ではない、集団としての活動が確認できるのである。

2　様工の主体性

では様工とは、官が指示した作業を、官が定めた功銭に基づいて請負う技術集団であったのだろうか。再び史料①～⑥について検討を加えよう。

これらの史料①～⑥は、すべて力部広万呂が作業の分担を請負うために、食料と功銭の条件を造石山院所に申請した解文である。なかでも、史料④と⑥には、その条件を保証する官の側の人物として、長上工の船木宿奈万呂と領の品治、史料⑤には番上工の丸部小公の名が記された。

この史料①～⑥は、官の条件提示に基づく様工に対する作業の分担ではなく、様工力部広万呂による主体的な請負作業の条件提示を示している。様工である力部広万呂が主体となって請負作業の条件を提示したということは、つまり様工の作業に必要な労働力の見積り、技術者の食料や功銭といった予算作成の能力を示しているのである。もちろん官の側が請負条件を提示した可能性もあるが、文書が形式上とはいえ「解」の形式で様工から造石山院所に提出された点を考慮すると、官が条件を提示して様工に請負わせたとは考えにくい。もし官が主導して請負条件を作成したとすると、わざわざ様工が主体的に書く形式である解とする必要はない(24)。

そして様工が他の集団よりも優先的に仕事を獲得するために、様工自身の提示した条件が妥当であったことを官の技術者であった長上工の船木宿奈万呂、領の品治、番上工の丸部小工らによる保証を得ることで官の信頼を期したのである(25)。

史料④のように僧房の檜皮葺に塗工である秦広麻呂が署名し、史料⑥のように講師房の壁塗りに葺工である力部広万呂が署名した点から、両者が互いに署名しあうことによって、官の側の信頼を得ようとする意図が読み取れる。官が主導で様工に請負わせたとすると、両者の作業内容が異なるため、葺工と塗工が互いに署名する必要はない。むしろ、官の側は同じ作業を行う工人に連署させ、作業自体を連帯保証とした方が都合がよい。よって連署のある解は、官の主導による作成というよりは、様工が主体となって作成した、官の信頼を得るための手段と判断されるのである。

このように力部広万呂の史料①〜⑥について検討すると、官人の署名や葺工と塗工の連名による申請は、様工が主体となって官の側の信頼を得ようとしたことを示している。すべての解に官人が連署したのではないからこそ、官人が連署した様工の文書の信頼性が向上したのである。もちろん官の側としても請負の形態をとることで、造営の遅滞による追加費用を抑えることができ、両者の利害は一致した。

さらに史料②に記される仏殿の檜皮葺について、様工羽栗大山が造石山院所に請負を申し出た次の史料を通して、官の信頼を得ようとする様工の努力について検討しよう[26]。

史料⑦「羽栗大山等解」（天平宝字六年四月二十四日『大日本古文書』編年五ノ一六一）

謹解　申㆓請仏殿檜皮葺料様功食㆒事

仏殿一宇五間在㆓四方庇㆒　作葺功百四十人　銭一貫二百文且給

米二斛四料　塩四升八合

右、羽栗大山等衆五人同レ心奉レ葺、若有㆓一人欠㆒者、残等人必作成、仍具状、以解。

天平宝字六年三月廿六日□羽栗大山

丸マ万呂　物マ万呂

額田万呂

且下給黒米一斛　塩二升　酢滓二升　銭三百文
（別筆）
主典安都宿祢　下道主

ここでは五間四面庇の仏殿の檜皮葺について、単功一四〇人、功銭一貫二〇〇文、米二斛四料、塩四升八合の条件で請負うことが記される。さらに請負条件の記述に羽栗大山ら五人は心を同じくしており、もし欠員が生じた場合には、他の四人が必ず行うということを付け加えることで官の側の信頼を得ようとした。こういった欠員の際の連帯保証に関する記述は、力部広万呂の文書にはみられず、これは羽栗大山の集団が官から仕事を請負うために用いた手法といえる。このことは様工が他の様工集団よりも優先的に仕事を請負うために知恵を絞っていたこと、つまり様工が主体性をもって文書の作成に関与したことを示している。そして別筆で仏殿の檜皮葺を力部広万呂と分担した（史料②による申請）ため、功銭や食料が要求から減らされたことが記され、安都宿祢雄足（造東大寺司主典兼造石山院所別当）と下道主（領）が署名した。

このように様工は官から命じられた仕事を請負ったのではなく、様工自らが労働力の見積りや食料の予算作成を行い、請負条件を主体的に提示して造石山院所に解文を送付した。その条件に関して、力部広万呂は官の技術者による保証を得ることや塗工である秦広万呂と連署することで、羽栗大山は他の様工と連帯責任を記すことで、他の様工集団よりも信頼できることを官の側にアピールした。つまり様工は官に従属した技術者であったのではなく、官から独立した技術者であり、主体性をもって官の信頼を得るためにさまざまな手段を講じたのである。

三　地方の様工

1　桑原庄券について

これまで述べてきたように、中央における様工は造営の一部を分担し、請負う存在であった。では地方における様工はどのような存在であったのであろうか(27)。また中央において、様工が歩廊の造営を行った例がみられたが、様工の能力は造営の一部を分担する程度で、建物一棟を造営する能力はなかったのであろうか。この点について、東大寺庄園であった桑原庄における様工の板倉造営を通して検討したい。

桑原庄は越前国坂井郡にあった東大寺領の庄園で、天平勝宝七歳（七五五）に大伴宿祢麻呂(28)から坂井郡堀江郷の地を買得して成立した(29)。この越前国桑原庄については、その経営状態を示す四つの史料が存在する。通常、「桑原庄券」と称される天平勝宝七歳五月三日付の「越前国使等解(30)」、天平勝宝八歳二月一日付の「越前国田使解(31)」、天平勝宝九歳二月一日付の「越前国田使解(32)」、天平宝字元年（七五七）十一月十二日付の「越前国使解(33)」の四つの史料である。以下、それぞれ「桑原庄券」第一から第四とする。年ごとに田使(34)が庄園の所有する寺地・稲・建物、購入した物、修理費用を検校し、「桑原庄券」はその内容を記載した文書で、庄園経営の収支決算報告書であった。この「桑原庄券」第一の様工に関する記述を通して、地方の様工について検討する。

2　様工の作業内容

「桑原庄券」には八棟の建物が記され、[35]板倉以外の建物は移築や修理が非技術者である雇夫によって行われ、次の記述のように、唯一、板倉のみが技術者である様工によって新たに造られた。

板倉一間長一丈八尺 広一丈六尺　高一丈二尺

右一物様工等功食充給未㆓作畢㆒。

このように様工に対して功銭と食料が給付されたが、この時点では板倉の造営は完了していなかった。なお天平宝字元年の「桑原庄券」第四には穎稲二〇〇〇束を板倉に収納すると記されることから、遅くともこの時期までに板倉は完成していた。この桑原庄の板倉を造営した様工について、中央における様工の先行研究および前項における考察をもとに検討したい。その際には、以下、桑原庄においても様工は請負技術者であったのか、予算と様工の関係、様工の作業内容の三点が問題となる。

まず、桑原庄における様工が中央と同様に、請負技術者であったかについて検討しよう。桑原庄の場合、板倉以外の建物の移築や修理の際には、夫すなわち雇夫の功を数えた。新造の板倉のみ「右の一物、様工ら功食を充て給うも未だ作り畢らず」と記されるように、様工が功銭を受け取っていながら板倉が完成していなかった。食米は一日単位で支給されるものであり、その支給の完了から予定の造営期間は超過していたのである。そして予定の期間を過ぎたにもかかわらず、造営が終了していないこと、さらに完成後に支払うはずの功銭をすでに支払ったことを問題視した。造営期間の延長にもかかわらず、「桑原庄券」に新たな食米や功銭の支給がみられない[36]ことから、「桑原庄券」に記される様工も、中央と同様に、あらかじめ定めた功銭によって造営を請負った請負技術者であったといえる。

次に予算と様工の関係をみると、様工に支払った功食については、造営が未完であるにもかかわらず、天平勝宝七歳の収支決算報告書である「桑原庄券」第一に記載された。そして「桑原庄券」には遅延した造営期間に対する追加の食料や功銭の記述は一切なされていない。これは様工の費用が、あくまで見積もられた仕事に対して予算が定まっていたことを示しており、造営の遅延という想定外の事態となっても、予算変更が認められなかった。地方においても請負とすることで追加予算の不安がなくなるというメリットを発注側が享受したのである。

　このように造営の遅延によって、新たに功銭や食料が必要となっても、発注側は様工の予算変更は認めず、功銭の支払いは基本的に造営終了後と定めていた。このことは、地方の様工も中央と同様に請負技術者としての性格が強かったことを示しているのである。そして発注側には様工を用いることで、造営の遅滞による予算の追加について悩む必要がなくなるという利点があった。

　では様工は板倉の造営においてどのような作業を行ったのであろうか。板倉の新造に支出した費用をもとに考察しよう。板倉の造営に支払われた費用は労働に関わる費用のみである。石山寺のように聖武天皇発願で国家事業として造営した寺院であっても、造営の材料を他所に求める際には購入した(37)。しかし「桑原庄券」には材の購入に関する記述は一切みられない。前述のように「桑原庄券」は建物の購入費用や道具の購入費用を詳細に記した収支決済報告書であるため、桑原庄の板倉造営の際にも、材を購入したのであれば、その内容が記載されるはずである。つまり「桑原庄券」に記載されていないことから、この板倉造営の材は他所から購入や施入されたとは考えられず、庄園内から調達された可能性が高い。

　また板倉について「桑原庄券」第一には次のように記され、板倉の材は庄園内から調達されたことが窺える。

　　板倉一間「可」　運「造」作工幷夫三百五十人　功充三百五十束人別一束

　板倉は新造であって移築ではないため、この「運ぶ」と記される点は、切り出した材を運んだことを示しているとみられ、ここからも板倉の新造の際には他所から購入した材ではなく、庄園内から集め運んだ材が用いられたと考えられる。また「造」という注記は、工による材の運搬に加え、板倉の新造のための加工作業および現地での施工作業への従事を示している。

以上、二つの理由から板倉の新造に用いられた材は桑原庄の中で調達され、その材の調達については、様工が石山寺の造営において作材を行っていたのと同様に、(38)桑原庄においても様工が材の伐採や作材作業を行ったと考えられる。

様工の作業内容が多岐にわたり、作業量が多いことは、板倉新造の単功が「桑原庄券」に記される他の建物に比べて突出する点に表れている。(39)この理由としては移築や修理に比べて新造には多くの材が必要となり、板倉を新造した様工には、施工作業のほかに材の伐採と作材作業が加わって作業量が増えたために、単功が突出したと考えられる。そして板倉という八世紀以前から存在した倉庫建築は様工のみで造営可能であったのである。(40)

ここで地方における様工の木工作業の内容を通して、様工の技術の独自性について検討しよう。まず採材には、地域の杣についての把握が必要であり、伐採後の作材には一定の木材加工技術が要求される。特に板倉の場合、柱・梁などの軸部に加え、壁を板で構成するため、多くの板材を作る技術が必要となる。その後、材の建設現場までの運搬、さらには現地における掘立柱穴もしくは礎石据付穴の縄張りおよび掘削、材の組上げ、細部加工、屋根葺と多くの作業がある。板倉造営において様工は、A材料の確保、B現場までの材料の運搬、C現場における建築部位工事、D現場における単純労働という一連の作業をすべて行っており、(41)様工はこれらの技術を有していたと推断されるのである。

このように中央における様工の建設作業は力部広万呂の葺工や秦広万呂の塗工のように、ある程度、分業化・専業化していた可能性があるのに対し、(42)地方の様工は一連の建設作業の行程を担えたのである。地方には中央のように専業化した技術者が不在であったために、様工が一連の作業をすべて行った可能性は十分に考えられるが、総合的な造営技術は、地方における様工の技術の独自性の一端を示しているといえよう。

四　まとめ

これまでの奈良時代の技術者に関する研究対象は、官に所属した司工や官に直接雇用された雇工に集中していたが、これら官に従属した技術者以外に、様工という技術者が存在した。

中央の様工である力部広万呂に関する史料を通して、様工は単に命じられた仕事を請負うだけではなく、事務作業である労働力の見積りや食料の予算作成を行い、自ら条件を提示したことが判明した。そして様工が請負条件の保証人として長上工・領・番上工ら官の技術者に連署を求めた点や、様工同士で連帯保証した点から、様工が主体性をもって官の信頼を得ようと知恵を絞ったことが明らかになった。

また様工の功銭は、様工の代表として羽栗大山と力部広万呂の二人に支払われており、功銭がこの二人にのみ支払われたこと、一日に作業する様工の数が複数であることから、様工による技術集団の形成が推察された。その中でも特に羽栗大山や力部広万呂は様工の請負条件を提示し、技術集団の代表として功銭を受け取ったことから、様工の首長的存在であったと考えられる。

地方の様工については、「桑原庄券」を通して、桑原庄においても様工が用いられ、その様工が板倉を新造したことが明らかになった。板倉新造の際には、予定期間内に造営が終了していなくても様工に対して功銭を支払ったことが問題となり、さらに造営の遅延にともなう予算の追加はみられなかった。これは様工の造営事業には予算が定められており、作業の進度に関わらず予算変更がなかったことを示している。つまり中央と同様に、桑原庄においても様工は日雇いの技術者ではなく、板倉新造をあらかじめ定まった功銭で請負う技術者であったのである。そして桑原庄の側は、様工を用いることで、造営に遅滞という事態となっても、追加予算が必要ないというメリットを享受した。

さらに材の入手方法について検討することで、様工の造営能力について検討した。板倉の新造には大量の材が必要となるが、桑原庄以外からの購入の記述が収支決算報告書である「桑原庄券」にみられないこと、さらに板倉は新造であるにもかかわらず「運」の文字が記されることから、板倉の材は桑原庄内で調達された可能性が高いといえる。そして様工が板倉の材の伐採および作材を行ったと考えられる。つまり様工は、材の伐採・作材・運搬、板倉の施工作業という造営に関わる一連の作業を行うことのできる技術者であったのである。

このように中央・地方のいずれにおいても、様工は官の技術者ではなく、官に従属しない請負技術者であった。浅香年木氏が指摘するような、専業化を指向する技術集団という評価は過大であるが、様工は官から独立して、主体性をもち、官と請負契約を交わした技術集団であったことはほぼ間違いない。この様工の存在は、律令制下において官が技術者を一元的に管理していたのではなく、官以外にも一定以上の技術を保持した技術集団が存在したことを示しているのである。(43)

様工の系譜としては、官による編成から漏れた七世紀以来の技術者や技術を有した奴が様工に転身したなどさまざまな可能性がある。また中央における様工は主たる技術者ではなかったことを指摘したが、地方における様工は、国府などの官の技術者に対してどのような位置づけであったのであろうか。さらに様工が「タメシ」と読まれる「様」「型」に関する独自の技術を保有し、仕事を請負うために「タメシ」を作成し、その技術を様工集団の内部のみで受け継いでいた可能性も考えられる。こうした点は、現状、想定に留まざるを得ないが、今後、木材の荷札木簡や出土建築部材の墨書などの発掘資料の増加による解明が期待される。

註

（1）『国史大辞典』造寺司（ぞうじし）の項によると、造寺司およびその下部組織に所属する専属工のこと。

（2）『国史大辞典』雇夫（こふ）の項によると、古代に功直と食料を支給されて官司などの労役に従った技術者のこと。

（3）『国史大辞典』雇夫（こふ）の項によると、古代に功直と食料を支給されて官司などの労役に従った人夫のこと。太田博太郎氏は雇夫も仕丁と同様に労働条件が厳しい賃金労働者であったとする（「上代の営繕官制」『日本建築学会研究報告』六、一九五〇年〈『日本建築の特質』岩波書店、一九八三年所収〉）。

（4）『国史大辞典』仕丁（しちょう）の項によると、古代の労役の一種で、里（五〇戸）ごとに二人の割合で徴発された。仕丁の労働条件は厳しかったとみられ、逃亡する仕丁は多かった。

（5）福山敏男「奈良時代に於ける興福寺西金堂の造営」および「奈良時代に於ける法華寺の造営」および「奈良時代に於ける石山寺の造営」『日本建築史の研究』桑名文星堂、一九四三年（綜芸舎、一九八〇年再版）、太田博太郎「上代の営繕官制」（註(3)前掲論文）、「造寺司と木工寮」『日本建築史序説　増補第二版』彰国社、一九八九年所収）、渡邊保忠「律令的建築生産組織」『新訂　建築学大系』四―Ⅰ　日本建築史、彰国社、一九六八年（『日本建築生産組織に関する研究　一九五九』明現社、二〇〇四年所収）など。

先行研究によって、建築生産にはA材料の確保（木材・石材・屋根材など）、B現場までの材料の運搬、C現場における建築部位工事（基礎・木部・屋根・壁塗り・彩色・金物など）、D現場における単純労働という作業があり、石山寺と法華寺の造営の例を通してそれぞれの作業に司工・雇工・雇夫・仕丁が従事したことが明らかにされている。

Aの作業のうち、木材の確保には、司工・雇工・雇夫・仕丁が従事し、石材の採取には雇工・仕丁・雇夫が従事した。Bの作業のうち、檜皮・雑材・残材の運搬は雑役とされ、雇夫や仕丁によって行われ、石材の運搬は雇工によって行われた。Cのうち、壁の下塗り、土掘りといった作業は雇夫や仕丁によって行われ、壁の上塗り、板敷・檜皮葺・釘の作製といった作業は司工や雇工によって行われた。Dの作業のうち、斧や手斧の修理には司工が従事し、足場造営や雑務労役には雇夫や仕丁が従事した。これに対し、様工はAの檜皮の採取、Bの木材の運搬、Cの建築部位工事である檜皮葺を請負った。

（6）福山敏男「奈良時代に於ける石山寺の造営」（註(5)前掲論文）三七七～三七九頁。

（7）直木孝次郎「様工に関する一考察」『続日本紀研究』九の二、一九六二年、同「様工と浮浪」『続日本紀研究』一〇の二・

三、一九六三年（『奈良時代史の諸問題』塙書房、一九六八年所収）。

（8）浅香年木「様工とその長に関する一考察」『史元』五、一九六七年（『日本古代手工業史の研究』法政大学出版局、一九七一年所収）。

（9）『国史大辞典』浮浪（ふろう）の項によると、律令制下、本籍地を離れて不法に他所に流浪し在住している行為、状態をいう。八世紀初期の和銅・養老期には、課役を忌避する浮浪の発生が重大問題となり、霊亀元年（七一五）、逗留三ヵ月以上の浮浪人に対し、調庸輸納の確保と浮浪の抑止が行われた。この浮浪人の実態は多様で、その階層も王臣寺社の庄に寄住し、駆使されるものから私出挙と私営田を経営する層に至るまで一様ではなかった。

浮浪以外にも、技術を有した奴の存在が確認でき（天平十八年七月十一日「近江国司解」『大日本古文書』編年二ノ五二二、天平勝宝二年二月二十四日「官奴司解」『大日本古文書』編年三ノ三五九、天平六年「写経所用度帳」『大日本古文書』編年七ノ三五、天平十三年「写経行事給銭注文」『大日本古文書』編年七ノ五一一など）、直木孝次郎氏が指摘するように、様工が浮浪集団であったとは限らず、技術を有した奴を集めて様工集団とした可能性がある。

なお第Ⅰ部第三章において「国分寺大工家」に置われた奴を通して、技術を有した奴について検討している。

（10）「タメシ」と呼ばれる「型」については、櫛木謙周氏が、外国の新技術の吸収、地方への技術伝播、地方の生産（技術の掌握・管理の三点について述べている（「律令制下における技術の伝播と変容に関する試論」『歴史学研究』五一八、一九八三年）。

（11）註（8）前掲論文。また縁故関係については櫛木謙周氏も、同様の理解を示している（「律令制人民支配と労働力編成」『日本古代労働力編成の研究』塙書房、一九九六年）。

（12）米倉久子「様工試論—羽栗大山等の仕事を中心に—」『福岡大学大学院論集』二六—一、一九九四年。

（13）第Ⅰ部第三章参照。

（14）『国史大辞典』単功（たんこう）の項によると、一人一日の労働のこと。諸種の造営工事・物品製作などに要する延べ人数を単功何人と記す。

（15）『日本国語大辞典』滑海藻（まなかし）の項によると、海藻（あらめ〈荒布〉）の異名とする。

（16）『日本国語大辞典』酢滓（かすず）の項によると、酒粕からつくった食酢のこと。

(17) 仏殿の檜皮葺については、後述のように羽栗大山らの様工も請負を求め（天平宝字六年三月二十五日「山作所告朔解」『大日本古文書』編年五ノ一四八）、最終的には力部広万呂と分担することとなった（天平宝字七年「造石山院所銭用帳」『大日本古文書』編年十五ノ四四一）。

(18) 滓醤（かすびしお）は、「糟醤」と同義で、「カスの多少交った醬」とする（関根真隆『奈良朝食生活の研究』一九六～一九八頁、吉川弘文館、一九六九年）。

(19) 「正倉院文書」の記述から、木工・塗工のほか、土工や桴工、材木の伐採などの作業を行った様工が知られている。

(20) このことから様工の木工作業のレベルは、伽藍主要建物の造営を任せるに値するレベルではなく、付属的な建物の造営程度であると官の側は認識していた可能性や、主要建物については身分的制約から直接官の技術者が行う必要があると判断されていた可能性が考えられる。ただし、史料②⑦に記されるように、仏殿の檜皮葺に様工が関与したことから、身分的制約とする根拠は薄い。

(21) 「造甲賀山作所解」（天平宝字六年『大日本古文書』編年五ノ八五）に記されるように、単功人別十五、六文程度、史料④に記された屋根の檜皮葺の作業では人別一〇文である。そのため三〇〇文、八〇〇文といった額は羽栗大山や力部広万呂個人の功銭ではなく、様工の代表として受け取ったと考えられる。

(22) 註(12)前掲論文。日ごとに人数を変えた場合、その内訳については多数の可能性があり、この単功内訳は一案に過ぎず、妥当性が高いとは言い難い。

(23) 史料⑤と⑥の功銭は合わせて支給されており、作業も合わせて行ったと考えると、日数は四月十九日から二十六日までの八日間となる。その単功は合わせて四八人となり、一日あたりの作業員は六人となる。

(24) 官が請負条件を作成し、様工に対して送付した符があったと仮定することは可能であるが、これについては史料上、確認できない。

(25) 史料④～⑥と同様に史料①～③については、「解」の文書形式であるにもかかわらず、官の側の証人が記されていないことから、「解」における証人の連署が一般的とはいえず、史料④～⑥の官人の連署は特別であるといえる。

(26) 羽栗大山は檜皮葺の申請以外に、檜皮採取の請負申請をしたことが「雑材幷檜皮和炭等納帳」（天平宝字六年『大日本古文書』編年五ノ三九）、「羽栗臣大山等解」（天平宝字六年『大日本古文書』編年五ノ一三九）などに記されている。

(27) 中央における様工集団が地方に移動して活動した可能性も考えられるが、これを裏付ける史料はみられず、中央と地方の様工は別の集団と考えられる。

(28) 大伴宿祢麻呂についての詳細は不明であるが、岸俊男氏は「おそらく天平勝宝六年正月七日孝謙天皇が東院に御し、五位已上を饗宴した時、「勅」により正五位下多治比真人家主とともに御前に召され、とくに四位の当色を賜い、四位に列せられ、従四位下を授けられた大伴宿禰麻呂その人であろう」としている。(岸俊男「越前国東大寺領荘園の経営」『史林』三五―二、一九五二年〈『日本古代政治史研究』塙書房、一九六六年所収〉)。

この大伴宿祢麻呂は天平六年(七三四)正月十七日に正六位上から外従五位下に昇り、天平十年閏七月七日に右京亮に任じられ、天平十八年四月二十二日に従五位下、天平勝宝六年(七五四)正月七日に従四位下に至り、天平宝字三年(七五九)十二月七日に卒したことが『続日本紀』に記されている。

(29) 『国史大辞典』桑原荘(くわばらのしょう)の項。

(30) 『大日本古文書』編年四ノ五二。

(31) 『大日本古文書』編年四ノ一一一。

(32) 『大日本古文書』編年四ノ二一九。

(33) 『大日本古文書』家分け十八―二ノ一四九。

(34) 『日本国語大辞典』田司(でんし)の項によると、令制で、畿内の宮内省直営田(官田)の営農のため派遣される臨時の使者のこと。

(35) 「桑原庄券」第二に記される八棟の建物は以下の通りである。

板屋一間長三丈六尺　広二丈八尺　以レ板作レ壁板敷
草葺板敷東屋一間長三丈三尺五寸　広一丈七尺六寸　前後在レ庇
板倉一間長一丈八高一丈二尺　広一丈六尺
板葺屋一間長三丈一尺五寸　広一丈七尺
草葺真屋一間長二丈三尺　広一丈六尺
草葺東屋一間長二丈七尺　広一丈五尺

草葺東屋一間長三丈 広一丈五尺
板屋一間長二丈 広一丈三尺

それぞれ、「板屋」および「板葺屋」と記される板葺の建物が三棟、うち一棟は板壁板敷、「草葺東屋」と記される草葺の寄棟造もしくは入母屋造の建物二棟、「草葺板敷東屋」と記される、板敷で前後に庇が付く草葺の寄棟造もしくは入母屋造の建物一棟、「草葺真屋」と記される草葺の切妻造の建物一棟、「板倉」と記される倉一棟である。八世紀の地方の建物の多くは掘立柱であったことが発掘成果によって判明しており、「板倉」以外の「屋」である七棟は側柱建物で掘立柱であったと考えられる。

「板倉」については、平面に加え、高さの寸法が記されており、高床の総柱建物と推察される。板倉について植木久氏は「この名称は、壁体が板材であったところからつけられたものと思われるが、その構造は、柱に彫り込んだ縦溝に横板をはめ込みしたもの」と復元している（「発掘遺構からみた倉庫建築の構造とその変遷―飛鳥・奈良時代を中心に―」『古代の稲倉と村落・郷里の支配』奈良国立文化財研究所、一九九八年）。しかしこの指摘の後半部分については検討の余地があり、登呂遺跡の高床倉庫のように、両端に凹状のくぼみをもった板を井籠組として壁を構成した可能性（関野克『登呂』毎日新聞、一九五四年）や胡桃館遺跡の埋没建物のように板校倉といわれる横板を相欠きとして、井籠組にして壁を構成した可能性（『胡桃館遺跡埋没建物部材調査報告書』奈良文化財研究所、二〇〇八年）も考えられる。特に前者の技術は奈良時代よりも前の時代から存在することが確認できる。板倉の形状の詳細を明らかにすることは困難であるが、この「桑原庄券」にみられる板倉の造営技術は様工の独自の技術であった可能性がある。

(36) 造営の遅延の際に、雇夫や雇工に対して法定の功銭が追加支給された。実際に「甲賀山作物雑工散役帳」（天平宝字六年『大日本古文書』編年五ノ八五）などに記されるように、雇工は造営が完了していなくとも功銭を受け取った。「桑原庄券」は収支決算報告書であるため、様工に対する追加の食米や功銭が支給されれば、記載されると考えられる。

(37) 「高島山作所解」（天平宝字六年『大日本古文書』編年五ノ七二）および「雑材并檜皮和炭等納帳」（天平宝字六年『大日本古文書』編年五ノ三九）。

(38) 福山敏男「奈良時代に於ける石山寺の造営」（註(5)前掲論文）。

(39) 「桑原庄券」第一に記される造営と修理は八つの事業で、この単功は合計九七四人である。その内訳は板倉の新造三五〇人、草葺東屋の移築二〇〇人、板葺屋の移築一六〇人、庇二間を付けるための六〇人、東屋の修理一〇〇人、真屋の修理四〇人、東屋の修理五〇人、垣の造営一四人である。

(40) 様工に板倉の新造を任せることとした理由の一つとして、板倉が歩廊と同様に主要建物ではないことが考えられる。

(41) 中央の造営において司工・雇工・仕丁・雇夫がそれぞれA〜Dの作業に従事したことについては註(5)参照。

(42) 前述のように、史料⑥のように講師房の壁塗りの申請に葺工である力部広万呂が署名したが、実際の功銭は塗工である秦広万呂に支払われたことは(天平宝字六年「造石山院所銭用帳」『大日本古文書』編年五ノ三五五)、中央における様工の建設作業の一部が分業化・専業化していたことを示す一例である。

(43) 板倉のように七世紀から存在する付属的建物については、様工が設計を行った可能性がある。

第三章　技術者と労働力

一　はじめに

奈良時代には律令制度が確立し、この体制のもと、中央では司工・雇工・様工[1]が造営に従事しており、そのうち様工は地方においても造営に従事していた。地方では、中央と同様に国府・郡衙・国分寺をはじめとする多くの建物が造営された。この地方の造営には多くの技術者や労働者が必要であり、六国史・『類聚国史』『日本紀略』『類聚三代格』・律令といった文献史料に、その従事が記されている。中央の技術者の概要については、第一・二章で述べた通りであるが、地方の技術者はどのような技術レベルで、どこに集められていたのであろうか。この点を解明したい。

また井上薫氏[2]・岸俊男氏[3]によると、中央において造宮省の四等官には軍事と関係の深い者が任じられており、軍事と造営の関係が深いことが指摘されている。中央と同様に、地方では百姓以外の労働力として軍団兵士が用いられたことが文献史料に散見し、地方においても軍事と造営の関係が窺える。これらを踏まえ、軍団兵士と百姓の造営に関する技術の差異の可能性について検討する。

さらに技術者や百姓・軍団兵士以外に、奈良時代には奴婢[4]が存在し、この奴婢の中にも技術を有したものが存在したことが文献史料から知られる。これらの奴婢と技術に関する先行研究はあるが、本章では建築に関係の深い奴婢を対象として、再度、文献史料を解読し、技術を有した奴婢（以下、技術奴婢とする）の保有による造営技術保持の可能性について考察したい。

二　地方の技術者

中央と同じく、地方にも様工が存在し、その請負契約による造営従事については第Ⅰ部第二章で述べた通りであるが、奈良時代の造営の全体量からみると、様工は一部を担っていたに過ぎない。そのため様工以外にも、地方の造営を支えるために、国府や郡衙に官の技術者が存在したことが推察される。この点について検討しよう。

平城宮や長岡京で出土した木簡には「国名＋工」(5)（以下、便宜的に国工とする）という記述や、「郡工」(6)「里工」(7)といった記述が確認できる。この国工は国府の技術者を示すと考えられ、「郡工」や「里工」は郡家付近や里における工という技術者の存在を示している。これらの地方の技術者の実態とその技術レベルについて検討しよう。

次の『類聚国史』には、白丁の吉弥侯部奥家という個人の造営における活躍が記される。白丁とは無位無官の公民、つまり百姓である。律令国家への寄進である知識や軍功による白丁の叙位はあるが、それ以外の叙位は特殊な事例である。

『類聚国史』天長五年（八二八）七月丙申（十三日）条

肥前国人白丁吉弥侯部奥家叙二少初位上一。奥家、既染二皇風一、能順二教令一、志同二平民一、動赴二公役一、修二造官舎及池溝道橋等一、未レ有二懈倦一。加以、国司入部之日、送迎有レ礼、進退無レ過。野心既忘、善行可レ嘉。

この叙位の理由について検討すると、「能順二教令一」という律令国家への忠誠心の高さがその一因であろう。しかしこの史料では、官舎・池・溝・道・橋などの修理に赴いたことが、国司の郡内巡行時の送迎よりも前に記述されており、律令国家への忠誠を如実に表す国司の送迎以上に造営における活躍が顕著であったことが窺える。ここから吉弥侯部奥家は営繕令7解巧作条に記されるような地方の技術者[8]で、地方の造営において活躍した可能性が考えられる[9]。九世紀後半になると駅家の修理の際に、技術者である工が用いられたことが次の貞観十八年（八七六）三月十三日付の「太政官符」に記される。この史料をもとに地方技術者の技術レベルを検討しよう。

「太政官符」（貞観十八年三月十三日『類聚三代格』所収）

応㆘筑前国嶋門駅家付㆓当国㆒令㆗修理㆖事

右参議権帥従三位在原朝臣行平起請偁。件駅家。在㆓筑前国遠賀郡東㆒。去㆓大宰府㆒二日程。去㆓肥後国㆒七日程。承前之例。令㆔肥後国加㆓修理㆒。令㆔筑前国供㆓駅具㆒。因㆑茲肥後工夫常苦㆓於長途㆒。筑前主守不㆑憂㆓其破損㆒。望請。以㆓件駅家㆒付㆓筑前国㆒。永令㆓修理㆒者。右大臣宣。奉㆑勅。依㆑請。

嶋門駅は大宰府から二日、肥後国府から七日の距離に位置し[10]、肥後国が管理していたが、肥後の工夫が嶋門駅の遠路に苦労していたため、より近い筑前国に嶋門駅を管理させた。さて、ここで修理にあたった工とはどのような技術者なのであろうか。

他所より技術者が来たことから、もちろん駅家には修理できるだけの技術を有した技術者は常駐していなかったと判断される。また駅家の多くは郡家の近傍に存在するため、ここに記される工が近郊の郡家の技術者であれば[11]、肥後国府からの長い行程に苦しむことはない。ここでは大宰府と肥後国府を比較し、より近い筑前国に維持管理させることで、問題を解決しようとしたことから、この工は国府付近の技術者で、木簡に確認できる国工と推察される。そして以下の点から、この国府付近の技術者は、郡家の技術者よりも高い技術を有していたと考えられる。

第一に嶋門駅近くの郡家付近の技術者（「郡工」）ではなく、国府や大宰府の工を求めたことから、国府や大宰府には、駅家の修理に派遣可能な技術者がストックされており、これらの技術者は郡家の技術者よりも高い技術を有していたとみられる。

さらに駅家は国司の郡内巡行や行幸の際に用いられる重要な施設であり、次の『日本後紀』の記述のように、一部の駅家は外国使節の目に触れるため、特に労力をかけることが求められた。このように駅家の修理の重要性から、百姓や郡家の技術者ではなく、国府の技術者（国工）が必要であったと考えられる。

『日本後紀』大同元年（八〇六）五月丁丑（十四日）条

勅。備後。安芸。周防。長門等国駅館。本備二蕃客一。瓦葺粉壁。頃年百姓疲弊。修造難レ堪。或蕃客入朝者。便従二海路一。其破損者。農閑修理。但長門国駅者。近臨二海辺一。為レ人所レ見。宜二特加レ労。勿レ減二前制一。其新造者。待二定様一造レ之。

もちろん、これらの駅家に限定される特殊な事情、あるいは西日本に限定されるものである可能性もあるが、古代の官道および駅家の重要性をみるに、修理に対する配慮は妥当で、一定の技術力が求められたのであろう。

また大宰府には中央との技術交流が文献史料から確認でき、造東大寺司の銅工であった宗形石麻呂が、大宰府の造営に従事したことが知られる(12)。これと同様の中央の技術者の地方への派遣としては、第Ⅰ部第一章で指摘したように、相模国司のもとに技術者が派遣されており、彼らも国府に滞在したと考えられる。つまり大宰府や国府の技術者には、中央の技術者と直に技術交流する機会が存在した。こうした状況は、地方において、国府の技術者のレベルが相対的に高かったという推定を補強する。すなわち地方においては、国府に技術力の拠点が窺えるのである。

史料の制約により事例は少ないが、地方の技術者の状況をみると、国・郡・里に技術者が存在し、彼らの一部が中央において造営に従事していたこと、地方においても技術者が造営に従事し、その功績が高く評価されていたこと、郡家の技術者に比べて、国府の工が高い技術を有していたということの三つが推察されるのである。

第Ⅰ部第四章で述べる郡司の造営技術集団は、これらの地方の技術者によって構成されていたと考えられる。さらに「郡工」や「里工」といった技術者の一部は中央の造営に従事しており、「里工」が平城宮第一次大極殿院の東西楼とみられる高殿の材を加工する作業に従事した例も確認できる。傍証ではあるが、こうした事例から、地方の技術者も一定の技術水準を有していたと判断できるのである。

三　百姓の労働力

七世紀末から九世紀までの間に、六国史・『類聚国史』『日本紀略』『類聚三代格』・律令といった文献史料には、地方における百姓の造営従事に関する記述がある。これらをまとめたものが次の表2である。これらの多くは土木作業であるが、建物の造営に従事した例もみられる。もちろん、単純労働力が主であるが、百姓がどの程度の技術を有していたかについて検討しよう。

弘仁二年（八一一）九月二十三日付や弘仁三年五月三日付の「太政官符」によると、神戸百姓という神社の維持管理の任を課された人々が、神社の修理にあたり、修理を行わない場合には杖による一〇〇回打ちという罰を神戸百姓に下すように定められた。

「太政官符」（弘仁二年九月二十三日『類聚三代格』所収）

応㆑令㆔神戸百姓修㆓理神社㆒事

右奉　レ勅。諸国神戸例多二課丁一。供レ神之外。不レ赴二公役一。宜下役二其身一修二理神社一。随レ破且修莫上レ致二大損一。国司毎レ年巡検修造。若不二遵改一更致二緩怠一者。随レ状科レ祓。

「太政官符」（弘仁三年五月三日『類聚三代格』所収）

応下無レ封神社令中祢宜祝等修理上事

右有レ封之社応レ令下神戸百姓修造上之状。下知已訖。至二于件社一未レ有二処分一。今被二大納言正三位藤原朝臣園人宣一偁。奉　レ勅。宜丁仰二諸国一自レ今以後令丙件等人永加乙修造甲。毎レ有二小破一随即修レ之。不レ得下延怠令上レ致二大破一。国司毎レ年屢加二巡検一。若祢宜祝等不レ勤二修理一。令レ致二破損一者。並従二解却一。其有位者即追二位記一。白丁者決二杖一百一。国司不レ存二検校一。有レ致二破壊一者。遷替之日拘二其解由一。但遭二風火非常等損一。難二輒修造一者。言上聴レ裁。

これらの史料には、神戸百姓による神社の修理が定められており、専従性や専門性はともかくとして、神戸百姓が修理に対する一定の能力を有していたことは確かであろう。しかしこの神戸百姓が一般の百姓とは異なる、特別な技術者の可能性もある。そのため神戸百姓以外の百姓の造営への関与について、別の文献史料から検討しよう。

延暦十年（七九一）二月十二日付の「太政官符」によると、九世紀初頭には一般百姓が地方官衙の官舎や正倉の修理に従事するように定められた。

「太政官符」（延暦十年二月十二日『類聚三代格』所収）

応レ造二倉庫一事

右被二右大臣宣一偁。奉　レ勅。如レ聞。諸国倉庫。犬牙相接。縦一倉失レ火。百庫共被二焚焼一。於レ事商量。理不レ合レ然。今欲レ改二旧倉一。恐労二百姓一。自今以後。新造二倉庫一。各相去必須二十丈已上一。地有二寛狭一随レ便議置。但旧倉者修理之日亦宜二改造一。

表2　六国史・『類聚国史』『類聚三代格』・律令にみえる主な百姓の造営従事

和暦	西暦	月日	事柄
持統天皇六年	六九二	三月十七日	神郡や伊賀・伊勢・志摩の行宮を造る役夫の調役を免除する(『日本書紀』)
持統天皇六年	六九二	三月二十九日	近江・美濃・尾張・三河・遠江の行宮を造る役夫の調役を免除する(『日本書紀』)
大宝元年	七〇一	八月三日	白丁の中で技術の高いものを国司は中央に報告せよ(営繕令7)
			津・橋・道路は九月半ば以降に修理し、破損の場合は人夫をもって修理せよ(営繕令7)
天平神護二年	七六六	四月七日	東国の百姓に力役で陸奥の城柵を修理させている(『続日本紀』)
延暦十年	七九一	二月十二日	古い倉の改築時には、百姓が労働する(『類聚三代格』『続日本紀』)
延暦十九年	八〇〇	十月四日	正倉を百姓が皆で修理するが、六月は食料が乏しく大変である(『類聚三代格』弘仁二年〈八一一〉九月二十四日)
延暦十九年	八〇〇	十月四日	葛野川の堤の修理のために山城・大和・河内・摂津・近江・丹波などの国の百姓一万人を徴発する(『日本紀略』)
大同元年	八〇六	五月十四日	備後・安芸・周防・長門の駅家は百姓が疲れているために修理できない。農閑期に修理せよ(『日本後紀』)
弘仁二年	八一一	九月二十三日	神戸百姓に神社の修理の任を課す(『類聚三代格』)
弘仁二年	八一一	九月二十四日	官舎を修理する時には、百姓が労働し、大破に至らないようにせよ(『類聚三代格』)
弘仁三年	八一二	五月三日	神戸百姓に神社の修理の任を課す。直さなければ白丁は杖一〇〇回打ちとする(『日本後紀』『類聚三代格』『貞観交替式』弘仁三年五月四日)
弘仁四年	八一三	九月二十三日	官舎の破損は百姓の徭をもって修理せよ(『貞観交替式』承和八年〈八四一〉十月十九日)
弘仁五年	八一四	六月二十三日	国司の館を造り百姓が造営で疲弊する(『類聚三代格』)
弘仁十一年	八二〇	七月一日	堰が破損するも百姓が疲弊し、修理できない。小破は農繁期・農閑期にかかわらず、すぐに修理せよ(『類聚三代格』)
弘仁十四年	八二三	二月二十一日	百姓が減少したことにより官舎の破壊が多い(『類聚三代格』)
天長二年	八二五	正月二十一日	摂津国で国府の移転を行いたいが、百姓が疲弊しているため実行できない(『続日本後紀』承和十一年〈八四四〉十月九日)
天長三年	八二六	五月三日	百姓が堤防を直す(『類聚三代格』元慶三年〈八七九〉七月九日)
天長五年	八二八	七月十三日	官舎・治水・道・橋を修造した肥前国の白丁吉弥侯部奥家に少初位上の位階を与える(『類聚国史』)

天長十年	八三三	十二月一日	神戸百姓がかって賀茂大神を奉り、賀茂神社の東に岡本堂を建立した（『続日本後紀』）
承和二年	八三五	十一月二十五日	摂津国で国府の移転を行いたいが、百姓が疲弊しているため実行できない（『続日本後紀』承和十一年十月九日）
承和八年	八四一	十月十九日	官舎・治水・神社・国分寺の修理には雑徭の百姓を使う（『貞観交替式』）
承和九年	八四二	八月十五日	大宰府の官舎の破損が多いので浮浪の百姓を用いて修理する（『続日本後紀』）
貞観十年	八六八	六月二十八日	神戸百姓に神社の修理の任を課す（『類聚三代格』）
貞観十八年	八七六	三月十三日	筑前国嶋門駅家の修理を肥後国の工夫が行っていた。それを筑前国の責務とする（『類聚三代格』）
元慶七年	八八三	十一月五日	野宮を造る工や夫などの人数を減らす（『三代実録』）

ここで古い倉を改めて新築することが百姓の負担となると記述することから、百姓は新築にも従事したことがわかり、修理だけでなく、倉を新造することのできる程度の技術を有していたと判断できる。もちろん、全体の作業を統べる技術者は必要であり、第二章で指摘したように、様工による一連の造営とは異なり、手元や単純作業を主とするのであろう。そのため、ここでいう技術とは、造営に関する総合的な技術ではなく、限定的な加工技術を中心とするものと考えられる。

次の弘仁二年九月二十四日付の「太政官符」は、正倉を含めた官舎の修理に、百姓とみられる人々が造営に関与したことが記される。

「太政官符」（弘仁二年九月二十四日『類聚三代格』所収）

応修理官舎事

右検二案内一。太政官去延暦十九年十月三日下二五畿内七道諸国一符偁。得二東海道問民苦使式部大丞正六位上行紀朝臣広浜等解一偁。上総国諸郡百姓款云。計帳之時狩二追人夫一修二理正倉一。男女老少皆悉赴レ役。而時当二六月一。食物絶乏。空レ腹馳駆。無レ糧陟レ旬。望請。当二此之時一被レ給二公糧一者。依問二国司一申云。百姓之憂事寔灼然者。今下二

彼国一符侢。破壊尤甚。須レ功数多者。宜下先申二用度一依レ請給上レ糧。但少々破壊。功少事閑。及除二夏月一外。並不レ在二給限一。諸国承知准レ此行レ之者。而諸国所レ行多違二此旨一。或不レ修二少損一。終成二大破一。至二于修理一多用二正税一。或一屋之損。一倉之破。聊所二修造一無レ不レ用レ糧。如レ此之弊不レ可二勝言一。今右大臣宣。奉　レ勅。自今以後。宜二停レ給レ糧。所レ損之物随且令レ修。不レ得下怠致二大破一更尽中公糧上。但有二非常損一者言上聴レ裁。

前半部分では、「男女老少」が人夫として正倉の修理に従事し、この時期が六月にあたることから食料が乏しいという窮状を訴えている。同じ「太政官符」の後半で、百姓と出ていることから「男女老少」を「百姓」と捉えて差し支えない。つまり、この記述も百姓による官舎の修理を示しており、やはり百姓が正倉の修理を担うだけの技術を有していたと判断される。

百姓の造営技術を窺うことのできる史料は少ないが、前項でも一部触れた、『日本後紀』の駅家の修理に関する記述について検討しよう。これによると中央は百姓の本分である農業を疎かにしないために農閑期に修理することを求めた。

『日本後紀』大同元年（八〇六）五月丁丑（十四日）条

勅。備後。安芸。周防。長門等国駅館。本備二蕃客一。瓦葺粉壁。頃年百姓疲弊。修造難レ堪。或蕃客入朝者。便従二海路一。其破損者。農閑修理。但長門国駅者。近臨二海辺一。為レ人所レ見。宜二特加レ労。勿レ減二前制一。其新造者。待二定様一造レ之。

この「勅」が示すように、駅家の破損について、百姓の疲弊を修理の困難の原因とし、修理にあたっては百姓の本業である農業に支障をきたさないように、造営の時期を農閑期とした。こうした記述からみて、百姓は専業の建築技術者ではないにもかかわらず、実際には農業を圧迫するほどの長期間、造営に従事していたと推定される。

これらの官舎や正倉の修理における百姓の使役は、国司や郡司の雑徭による徴発権に基づくが[13]、次の「太政官符」では、頻繁に行われる国司の館の造営が百姓の苦労の種となるため、国司の館を新築せずに、修理して使用することが求められた。

「太政官符」（弘仁五年六月二十三日『類聚三代格』所収）

禁㆓制国司任㆑意造㆒㆑館事

右太政官去四月二十六日下㆓五畿内諸国㆒符偁。検㆓天平十年五月二十八日格㆒偁。国司任㆑意改㆓造館舎㆒。儻有㆓一人病死㆒。諱悪不㆑肯㆓居住㆒。自今以後。不㆑得㆚除㆘載㆓国図㆒進上㆖之外輒擅移造㆙。但随㆑壊修理耳者。而諸国之吏未㆑有㆓循行㆒。或妄稱㆓祟咎㆒避遷無㆑定。或輒随㆓情願㆒改造弥繁。百姓労擾莫㆑不㆑由㆑此。今被㆓右大臣宣㆒偁。奉㆑勅。宜㆓更下知令㆑慎㆓将来㆒。自今以後。国司之館附㆓官舎帳㆒毎㆑年令㆑進。随㆑破修理一依㆓先格㆒。若有㆘廃㆓其本館㆒。更営㆓他処㆒。及増㆓構屋宇㆒。令㆖㆑致㆓民患㆒者。科㆓違勅罪㆒。官僚知而不㆑糺。並与同罪。

この「太政官符」に引用された天平十年（七三八）五月二十八日付の格によると、国司が国司館を意に任せて造営していた。一人の病死があると、居住に適さないとしていたものを、国図に載せて、中央に報告するものを除き、場所を移して造営することを禁じ、破損に応じて修理することとした。そして国司館を廃して他所に移し、建物を増やして百姓の負担を増やした場合には、違勅罪を科すこととした。ここにも造営が百姓の負担となっている状況が確認できる。

これらの『日本後紀』や「太政官符」の記述は、本業の農業が疎かになるほど、百姓が多く徴用され、造営に従事していたという地方の実態を示しているのである。

このように地方の造営現場では、専門技術者ではない百姓が多数、労働力として従事しており、一部の百姓は本業の農業に支障が出るほど造営に従事させられていた。ただし中央における雇夫の恒常的な造営従事とは異なり、地方の百姓は、基本的には主に農閑期の一時的な造営に従事するのみであり、造営に従事する期間が中央とは大きく異なっていた。これは中央と地方の技術水準差の一因であろう。

四　軍団兵士の造営従事

1　兵役と力役

奈良時代には、造営と軍事の関係が密接で、兵士が造営に従事することも珍しくなかった。兵役は大和王権以来、力役の一部に含まれていたため、造営と軍事を考えるうえで、力役、すなわち造営と兵役の関係が重要である。そのため、まず在地における兵役と力役の関係について、先行研究を概観しよう。

直木孝次郎氏によると、大化の改新直後、当初の政府の力は強大ではなかったため、中央政府が国造などの地方豪族の軍事力を取り上げて、各地域に軍団を設置できる状況ではなかった。その後、飛鳥浄御原令成立まで、兵役は歳役や雑徭などの他の力役と分離していなかったが、持統天皇三年（六八九）の飛鳥浄御原令の規定によって、雑徭とともに、力役から分離・独立したとしている(14)。

長山泰孝氏は、京における歳役について、歳役・兵役などが分化し、体制化された時、それらに属さない一切の労役が雑徭として一括されたとする。つまり雑徭自体は、他の徭役体系の内容によって規制されるもので、たとえば歳役は、飛鳥浄御原令の成立したときには実役であったが、大宝律令時には、物品による納入と物による雇役となる。

また成立期の雑徭は、大宝律令成立後の雑徭に比べて、中央政府の運営に関係の深い、より公的な性格を有しており、対照的に治水や造営などの人民の生活に直接、関わりをもつ労役は、それがそれ自体いかに重要な労役であっても、私的な労役として除外され、国造の族長的支配のもとに行われており、実態は大宝令以後も兵役と労役の分化は十分に進んでいなかったと述べる(15)。

吉田孝氏は、雑徭と郡司などの在地豪族の支配力の低下の関係について述べている。雑徭は在地首長が独自に徴発する労役とは異なり、ミユキの系譜をひく、朝廷のための労役であり、飛鳥浄御原令によって体制化した。その後、大宝令施行とともに国司の職務や権限が拡大され、天平期には国司を中心とした律令国家の枠組みが確立し、在地豪族が独自に徴発してきた労役は雑徭に組み込まれたとし、この変化を郡司の支配力の衰退と関連付けている(16)。

飛鳥浄御原令によって初めて兵制が確立したという直木説に異論はないが、これは体制上、この時期に兵役と力役が分化したという指摘であり、在地における実態を表してはいない。長山氏は、兵役と力役の未分化という実態を示しているものの、その指摘の中心は体制の変遷である。吉田氏の論じているところは、体制上の雑徭の形態の提示に留まっており、在地の実情を表しているとはいえない。

体制から実態に踏み込んで検討したものとして、井上薫氏の中央の造営現場に関する論考があり、造宮省の造営現場では衛士が働いていたと指摘している。その概略は以下の通りである。衛士の定員は左・右衛士府に各八〇〇人であり、右衛士府からの食料請求文書によると定員の八〇〇人に近い七九一人である。これに対して、左衛士府からの食料請求文書は存在しない。その一方で、造宮省からの食料請求文書による人数は七九五人で、左衛士府の人数と近い。これより造宮省からの文書を左衛士府の衛士の食料請求文書と考え、このことから実際の造営省の作業にあたったのは左衛士府の衛士であると推定している(17)。この井上氏の指摘は、当時の過大な造営量を鑑みても、妥当であろう。

このように中央の現場においては、軍事に関わる衛士の造営従事が確認できるが、在地における軍団兵士はどうであったのであろうか。令制の軍団では、有位者は兵士になる必要がなく、兵士は一般の正丁から選ばれる。在地における軍団の崩壊はすでに指摘されており、中央において、衛士が軍事以外の造営に従事したのと同様に、軍団兵士も造営に従事したのではないだろうか。

軍団幹部には在地豪族や有力者が多かったが、軍団の財源は国司の統括下にあり[18]、その結果、財源を握る国司が実質的に軍団兵士を支配していた。軍団兵士が軍事訓練に励まずに、国司によって私用の雑役に使役させられたため、軍団として用をなさず、蝦夷における抵抗の激しい桓武朝の延暦十一年（七九二）に陸奥・出羽・佐渡・大宰府を除いた諸国の軍団を廃止しており[19]、軍団は崩壊していたことが知られる。

雑徭の面からみると、成立期の雑徭に在地に関わるものが含まれない点は、在地に関わる徴発権を在地豪族が保持し、彼らが在地技術を蓄積していたことと関係があろう。つまり八世紀に国司が徴発権を有していた状況とは異なり、国司が地方に常駐しない飛鳥浄御原令の時点では、在地豪族が労働力や技術者を徴発し、彼らおよびその技術集団が造営していたと推察されるのである。大宝律令成立以降に雑徭に正倉・官舎の修理を含めた在地関係の労役が含まれる点は、国分寺の造営における郡司層に対する協力と同様に[20]、在地の技術の存在を中央が認識し、遂行能力を認めた結果とみられる。つまり八世紀に入り、体制上、技術者や労働力の徴発権は在地豪族から国司へと移ったが、依然として、実態としては在地の労働力と技術者によって、在地の造営は支えられていたのである。

2　軍団兵士の造営

次に軍団兵士による造営従事の実例を検討しよう。まず『続日本紀』に軍団兵士による宮殿造営への従事が確認できる。

『続日本紀』天平宝字七年（七六三）正月戊午（十五日）条

詔曰。如聞。去天平宝字五年。五穀不レ登。飢饉者衆。宜下其五年以前公私債負。貧窮不レ堪レ備二償公物一者。咸従中原免上。私物者除レ利収レ本。又役二使造宮一。左右京。五畿内及近江国兵士等。宝字六年田租並免レ之。

この記述は、左右京・五畿内・近江の兵士を用いて宮殿の造営を行い、その造営従事が大きな負担であるため、天平宝字六年の田租が免除されたことが記される。このように奈良時代には、前述の衛士のみならず、京外の軍団兵士も造営に従事していた。

これらの事実を踏まえて、地方における兵士の造営について、六国史・『類聚三代格』・律令をもとに、軍事と造営の実態について検討しよう。『日本書紀』天武天皇元年（六七二）六月丁亥（二十七日）条によると、壬申の乱当時、大海人皇子が行軍する際に野上において、行宮造営の必要に迫られた。行軍中という非常時であるため、当然、行軍していた兵士が行宮造営にあたったと思われる。

また軍防令53城隍条(21)には、城柵の堀が崩れた場合の修理について定められている。

軍防令53城隍条

凡城隍崩頽者。役二兵士一修理。若兵士少者。聴レ役二随近人夫一。遂二閑月一修理。其崩頽過多。交闕二守固一者。随即修理。役訖。具録申二太政官一。所レ役人夫。皆不レ得レ過二十日一。

城柵の堀が崩れた場合の修理は兵士の基本的な任務として、『軍防令』によって課された。体制上、兵役と力役が分化したはずである大宝令において、堀の修理という造営に関わる労働が軍団兵士に課されたという点で、一見、体制上の不備のように思われるが、これは城柵の堀の修理が軍団の運営の内部に存在するもので、兵役に含まれる造営の一部と解釈できよう。ただし、この『軍防令』では、兵士による労働力では不足する場合には、近隣の人夫の使役を規定した。すなわち、本来、兵役に含まれる城柵の修理の不足分を付近の人夫で補うことを定めており、『軍防令』においても兵役と力役の混同がみられるのである。これは体制上においても、実態と同様に、兵役と力役の分化は不十分であったことを示している。

さらに軍防令39軍団置鼓条(22)では、兵士に対して十月以降に倉庫の破損の修理を行うことが定められており、この十月以降という時期は、百姓の造営期間と同じく、農閑期とみられる。

軍防令39軍団置鼓条

凡軍団。各置㆓鼓二面。大角二口。少角四口㆒。通用㆓兵士㆒。分番教習。倉庫損壊須㆓修理㆒者。十月以後。聴㆑役㆓兵士㆒。

武器や防具などを収納する倉庫の修理は、城柵の堀の修理と同様に、軍事に深く関わっており、兵役の一部と捉えられる。そして修理の時期として農閑期とみられる十月以降と時期を示した点は、百姓の使役の例と同じく、農業に対する配慮が認められる。

このように兵役の中に土木や建築の造営が含まれており、これらの造営の実務技術が軍団には存在したと考えられる。そして雑徭による一般白丁のような一時的な造営への関与ではなく、恒常的な造営従事と職務としての造営技術の必要性によって軍団兵士には白丁よりも豊富な造営経験の蓄積の素地があったのである。

さらに次の『三代実録』の記事から、城柵における兵士の造営従事が確認できる。

『三代実録』元慶三年（八七九）三月壬辰（二日）条

（前略）又当国形勢、地迫㆓北陸㆒、秋天多㆑雪。当㆓此之時㆒、営蹂難㆑恃。不㆑如㆘選㆓練士卒㆒、修㆓造城柵㆒、相㆗待春風等之来上。臣等用二古老之言一、選二諸国当士之軍一。為二上兵一者一千人、分二配官人一、令二其労賜一。但当士之卒、縁レ无二甲冑一、不レ能二輒進一。交雑二諸国之軍一、令レ増二兵衆之勢一。其中国下兵衆之勢其中国下兵担夫、役二立柵之事一、還二向本国一。此事由趣、上奏先畢。凡当国可レ有二兵士鎮兵千六百五十人一。而承前国司、无レ置二一人一。今計二諸国見留之兵一、未レ及二当土例兵之数一。臣等定二城下一之後、殊廻二方略一、此待二隣兵一。作二為城柵一、軍士得レ休、国内无レ慮。（後略）

ここでの城柵が城の柵を指すか、それとも東北の対蝦夷政策の一環としての城柵という軍事施設そのものを指すかは不明である。城柵という軍事施設であれば、建物の造営が行われる可能性が高いが、柵が囲繞施設を指す場合は、高い木材加工技術が必要であるとは限らない。そのため、より複雑な木工技術が求められる建物の造営の事例とはい い切れないが、実際に兵士が造営に従事した事例の一つである。[23]

こうした軍事以外の造営従事の結果、軍団兵士が軍事的に期待できないことから、八世紀後半には郡司層や富豪層の子弟を中心に、諸役を免除した武芸に優れた健児による軍団の構築を目指した。[24]しかし次の『続日本後紀』に記されるように、この健児も造営に従事していた。さらに兵士や下兵に倣うとすることから、軍団兵士は恒常的に造営に関わっており、技術を習得する機会が存在したと推察される。

『続日本後紀』承和十年（八四三）四月丁丑（十九日）条

（前略）陸奥鎮守将軍従五位下御春朝臣浜主言。健士元勲位人也。既脱二調庸一。亦無二課役一。承前之例。撰二其武芸一特号二健士一。給レ糧免レ租。結レ番直戍。而勲位悉尽。無二人充行一。仍任二格旨一。差二行白丁一。全給二公糧一。兼免二調庸一。人同役異也。請射下健士。准二兵士下兵一。同令レ役レ修二理城隍一。許レ之。

以上の事例は、城柵や城柵の堀、あるいは武器や防具を収納する倉庫など、軍事行為に関係の深い造営であり、いわば、広義の兵役に含まれる造営である。そのため、次に、兵役以外の力役による兵士の造営従事について検討しよう。次の営繕令16近大水条(25)では、治水工事などの土木作業において、急を要し、人員が不足する際には、軍団兵士の使役を認めている。

営繕令16近大水条

凡近二大水一。有二堤防一之処。国郡司。以レ時検行。若須二修理一。毎二秋収訖一。量二功多少一。自レ近及レ遠。差二人夫一修理。若暴水汎溢。毀二壊堤防一。交為二人患一者。先即修営。不レ拘二時限一。応レ役二五百人以上一者。且役且申。若要急者。軍団兵士。亦得二通役一。所レ役不レ得レ過二五日一。

この『営繕令』では、その労働には五日という日数の制限が設けられたが、これは軍団兵士には基本的に訓練による軍事力の向上が求められたことに起因する。そしてこの史料から、体制上は兵役と力役を分化した状態であるはずが、体制上も、未分化であったことが確認できるのである。また緊急時には造営の労働力として軍団兵士が期待されており、造営技術が軍団に蓄積されていたと考えられる。

さらに大少毅という軍の関係者の建築作業に対する関与を、次の『続日本紀』の記述に確認できる。

『続日本紀』養老元年（七一七）二月辛卯（二十日）条

河内摂津二国。并造行宮司及専当郡司大少毅等。賜レ禄各有レ差。即日還レ宮。

行幸の際に、郡司や地方の軍団の大毅や少毅が行宮の造営にあたっており、その成果として褒美を賜った。もちろん、行幸の際の警護や供奉に対する褒賞とも考えられるが、造行宮司と併記されることから、軍団の大毅や少毅も行宮の造営に関与したと考えられる。ただし彼らが実際の労働にあたったとは考えにくく、彼らが監督し、支配下の兵士が行宮造営の実務にあたったのであろう。このように実態としては兵役と力役は必ずしも分化していなかったのである。

さらに、兵役と力役の未分化は天平勝宝五年（七五三）十月二十一日付の「太政官符」からも窺える。

「太政官符」（天平勝宝五年十月二十一日『類聚三代格』所収）

禁㆔断兵士差㆓科雑役㆒事

右奉㆑勅。国司違㆑法。苦㆓役私業㆒。悉棄㆓弓箭㆒。還執㆓鉏鍬㆒。自今以後。若有㆓犯者㆒。解㆓却見任㆒。永不㆓選用㆒。其番上兵士集㆓国府㆒日。国司次官已上。□教習□止節度。兼撃㆑剣弄㆑槍。発㆑弩抛㆑石。

在地の軍団兵士が武器を取っての訓練にいそしまず、かわりに鋤や鍬をとって国司の私業に使役させられた。[26] 国司の私業には、国司の任務である勧農にあたる治水事業や正倉官舎の修理などの労役は含まれないため、この私業は国司の私有の田畑の耕作や国司の館の造営などとみられる。なお前述のように、国司の館の造営は民の患いとなることから、弘仁五年（八一四）六月二十三日付の「太政官符」で禁じられている。[27] これも兵士による造営従事の事態を示している。

このように軍団兵士が経済的に国司の支配下に置かれた状況下では、在地豪族の徴発に加えて、国司の私業のための徴発が重なっており、兵役と力役が明確には分化していなかったのであろう。つまり実態は国司が軍団の財政を統括していたため、軍団兵士に対し、労役に従事することを強要できる状況であり、多くの造営に従事した結果、ある程度の造営技術が軍団には蓄積されていたと考えられるのである。

五　技術奴婢の保有

1　文献史料の再検討

文献史料には奴婢に関する記述が多く確認でき、なかには奴婢による技術の保有を示す記述が先行研究でも指摘されている。この技術を保持した奴婢（技術奴婢）に関して、再度、文献史料を検討しよう。

まず次の戸令36造官戸籍条[28]には、技術奴婢の扱いの基本的な方針が記される。

戸令36造官戸籍条

凡官戸奴婢。毎ㇾ年正月。本司色別。各造二籍二通一。一通送二太政官一。一通留二本司一。有二工能一者。色別具注。

「工能有らば、色別に具に注せよ」とあり、「工能」があれば、その種類ごとに悉く記すよう規定した。この『戸令』について『令義解』造官戸籍条には「工は工匠なり。能は書筭の類なり」とあり、工は技術、能は書や算術を示すとする。これは奴婢の中にも技術保持者が存在し、その技術を官がすべて把握して、利用しようと画策したことを示している。また捕亡令8捉逃亡条[29]に次のように記される。

捕亡令8捉逃亡条

凡捉二獲逃亡奴婢一。限二五日内一。送二随近官司一。案検知ㇾ実。平ㇾ価。依ㇾ令徴賞。其捉人欲三径送二本主一者。任之。若送二官司一。見無二本主一。其合ㇾ賞者。十日内。且令二捉人送一ㇾ食。若捉人不ㇾ合二酬賞一。及十日外主不ㇾ至。並官給ㇾ糧。随ㇾ能固役。

この「能に随いて固役せよ」と規定される「能」とは、『令義解』捉逃亡条によると「能は才能なり」とあり、能力のことを指すとし、『令義解』造官戸籍条のように書や算術のみに限定せず、技術を含むと考えられる。このように逃亡した奴婢を捕らえた場合には、その技術に応じて、労役に従事させることが令で規定された。

多岐にわたる奴婢の能力については、直木孝次郎氏の指摘があり、優れた技術・技能を有した奴婢が官の大寺に存在し、その中で造営技術を保持した奴婢に関する文献史料をあげている(30)。では奴婢の造営技術とはどのように評価されていたのであろうか。この点を明らかにするため、造営に関係の深い技術奴婢について、改めて検討しよう。

「官奴司解」(『大日本古文書』編年三ノ三五九)には奴婢の名前が列挙される。この中の「吉万呂」「諸国」「文万呂」「倉人万呂」「黒万呂」と奴の名前が列挙された後ろに「知二木工一」と記され、奴婢の中に木材の加工技術を有した者が存在した。木工は造営技術の一端であり、戸令36造官戸籍条で規定したように、官による木工に長けた奴婢の把握を示している。

次に薬師寺の造営に関与した奴婢について検討しよう。

『続日本紀』神護景雲元年(七六七)三月癸亥(十四日)条

幸二薬師寺一。捨二調綿一万屯。商布一千段一。賜二長上工以下奴婢已上二十六人爵一各有レ差。放二奴息麻呂一賜二姓殖栗連一。婢清売賜二姓忍坂一。常陸国筑波郡人従五位下壬生連小家主女賜二姓宿祢一。

この記事によると、天皇が薬師寺に行幸し、長上工および奴婢に身分に応じて爵位を与えた。そして息麻呂は奴の身分から解放され、殖栗連の姓を賜り、清売は婢の身分から解放され忍坂の姓を賜った。

天皇の薬師寺行幸時に長上工が位を賜ったことからも、この時の奴婢に対する叙位は長上工と同様に造営に対するもの、さらにはその技術に対するものとみられる。なお竹内理三氏は、この技術奴婢について、造寺工たる奴婢であるとしている。(31)正史『続日本紀』に記される点から、官が技術奴婢を軽く扱ったのでなく、彼らを把握し、顕著な功績をあげた奴婢を評価したといえる。このように奴婢の一部は造営技術を保持しており、官はその技術を評価し、活用していたのである。

2　「奴婢見来帳」について

奴婢の一部が造営に関する技術を有したことは前述の通りであるが、では技術奴婢は官の専有であったのであろうか。次の東大寺の「奴婢見来帳」は、造営技術を有した奴婢の状況をよく示す史料であり、これを通して検討しよう。この「奴婢見来帳」は逃亡奴婢の名前と補足者を記したものである。

「奴婢見来帳」（天平勝宝三年十二月十八日『大日本古文書』編年三ノ五三五）

以二天平勝宝三年十二月十八日一佐伯伊麻呂之捉二進賤一事
合参人
奴忍人　以二二月十四日一捉二得於甲賀宮国分寺大工家一
奴宇波刀　以二十二月十七日一捉二得内匠寮番上工川輪床足之家一
婢今刀自以二十二月十五日一捉二得□舎人坊神服マ虫女之家一
天平勝宝三年十二月十八日等貴
少都維那

忍人は「官奴司解」（天平勝宝二年二月二十四日『大日本古文書』編年三ノ三五九）によると広瀬村常奴で、国分寺大工家が匿ったことから、技術奴婢、特に造営技術に秀でた奴婢とみられ、宇波刀は内匠寮の奴婢で、内匠寮の番上工が匿ったことから、やはり技術奴婢とみられる。井上薫氏も筆者と同様に、忍人と宇波刀を技術奴婢であると推定し、以下の二つの可能性を指摘している(32)。

㈠　忍人や宇波刀が自己の意思で逃亡先に身を寄せたと仮定すると、逃亡は無計画に決められるものではなかった。

㈡　国分寺大工や内匠寮番上工が奴を引き入れたと仮定すると、官と関係をもつ技術者が官の技術者を奪ったということとなる。

この両説の違いは、逃亡の意思の主体が逃亡者にあるのか、受け入れ側にあるのかという視点の違いであり、この点を結論付けることは難しい。ただし、この史料から技術奴婢の技術レベルや技術保持の形態の考察は可能である。

まず奴婢の技術と技術保持の関係を考察するため、「国分寺大工家」について検討しよう。「大工家」について、「大工家」という「家」、つまり技術者の集団が存在したのか、「大工の家」つまり「大工」という個人の家を指すのかという点が問題となる。同一文書内では「内匠寮番上工川輪床足之家」「□舎人坊神服マ虫女之家」と個人の家を指す場合には「之」の字が用いられる。このことから、もし大工個人の家であれば「大工之家」と表記されるため、個人の家を示すのではなく、「大工家」という技術集団の形成が推察される。もちろん、大工が個人名ではないため、「之」を用いなかった可能性もあるが、この場合も「大工」という一定の職掌を示していることとなる。

技術奴婢の技術レベルについて、この技術奴婢の獲得を通してみると、井上氏の両説どちらにせよ、受け入れる側は官の技術者を奪う形となることとなり、問題が生じる(33)。それにもかかわらず、逃亡奴を受け入れようとしたということは、奴の技術力が期待された証左である。さらにいえば、彼らの技術は逃亡した奴を匿ってまで得ようとするほど高かったのであろう。㈡のように受け入れ側が奴の技術を期待して逃亡を企画したとなれば、なおさらである。

さらに官の技術者である番上工が技術奴婢の獲得を企画したことから、番上工という個人が技術を有していただけではなく、番上工による技術集団の形成の可能性が指摘できる。[34] これらの技術集団については、第Ⅰ部第四章で述べたい。

このように造営技術者であった忍人は「国分寺大工家」に身を寄せ、国分寺大工家が匿ってまで忍人を獲得しようとしたことから、その技術力は高かったとみられる。また国分寺大工家の存在は、個人ではなく「家」という技術集団が存在し、「家」という形態によって技術が保持された傍証である。すなわち、この技術奴婢の保有は「家」という集団による技術保持の一役を担っていたと考えられるのである。[35]

六　ま　と　め

平城宮や長岡京の木簡から、国・郡・里に技術者が存在し、彼らが中央において造営に従事していたことが確認できた。また九世紀後半には、駅家の修理に関する記述から、国府の周辺に技術者が存在し、郡家の技術者に比べて高い技術力を有していたと推定される。

地方の造営現場では、専門技術者ではない百姓が労働力として従事しており、本業の農業に支障が出るほど造営に従事させられた。ただし地方では、百姓が、あくまで農閑期に一時的に造営に従事するのみで、専業ではなかったため、中央で恒常的に造営に従事していた雇夫とは状況が異なっており、これが技術水準に影響を与えた可能性が窺えるのである。

軍事と造営に関しては、律令制下において、体制は力役と兵役が分化していたはずであるが、実際は十分に分化していなかった。また大宝律令の成立以前は、国司が常駐していなかったため、軍事および在地の造営に関しては、在地豪族が徴発権を有していた。ただし八世紀に入って、国司が軍団を経済的に支配していたため、国司が軍団兵士を私用の労働力として用いており、その結果として、軍団兵士は長期的に造営に従事することで技術を習得した可能性が考えられる。彼ら軍団兵士は専業的な技術者とは言い難いが、恒常的な造営従事は、加工精度の上昇の点を考えると重要である。今後、この軍団兵士と造営の関係については七世紀から継続する力役と兵役の関係を含め、より詳細な検討が必要となろう。

技術者や軍団兵士・百姓のような労働力に対して、これを補完する存在として、技術奴婢の活用が窺われた。奴婢については単なる隷属した単純労働力ではなく、一部の奴婢は技術を備えており、令により、技術に応じて労役に従事することが規定されていた。その貢献は看過すべきものではなく、技術奴婢は爵および姓を賜っており、高い技術を保持していたという先行研究の指摘が再確認された。さらに、この先行研究の成果に加え、逃亡した奴であった忍人は、「国分寺大工家」という彼の造営技術を求める家に身を寄せており、ここから、この忍人の技術は逃亡奴を匿ってまで得ようとするほど高く、「国分寺大工家」は忍人のような技術奴婢を保有することで、技術集団を形成し、「家」として技術を保有していたと推察された。この技術奴婢の保有による技術保持は、奈良時代における造営技術の保持形態の一端を示しているといえよう。

註

（1）司工は『国史大辞典』造寺司（ぞうじし）の項によると、造寺司およびその下部組織に所属する専属工のこと。雇工は『国史大辞典』雇夫（こふ）の項によると、古代に功直と食料を支給されて官司などの労役に従った技術者のこと。様工は『国史大辞典』様工（ようこう）の項によると、手実を提出して、請負的に仕事を行う雇工のこと。詳細については第Ⅰ部第二章参照。

（2）井上薫「造宮省と造京司」『日本古代の政治と宗教』一〇九頁、吉川弘文館、一九六一年。
（3）岸俊男「東大寺造営をめぐる政治的情勢―藤原仲麻呂と造東大寺司を中心に―」『ヒストリア』一五、一九五五年。
（4）『国史大辞典』奴婢（ぬひ）の項によると、律令制下の賤身分であった奴婢は基本的には長役無番の畜産に比すべき労働力として使役されるものであり、階級的には家内奴隷であった。奴婢は人口の五％以下と推定されるが、家人・奴婢の所有者は一握りの貴族と地域の族長層に限定されていた。奴婢制は、奴婢の逃亡や訴良によってしだいに崩壊し、延暦八年（七八九）に良賤通婚による子の身分を良とする法制が出されたのを画期に衰退の度合いを強め、平安時代中期には解体されていった。なお奴婢の先行研究については神野清一氏が詳細に記述しているのでそちらを参照されたい（神野清一「日本古代奴婢に関する研究史的整理」『中央大学教養論叢』三四―二、一九九三年）。
（5）「斐太工」「美濃工」「相模工」が確認できる（『木簡研究』六、一一頁）。これより飛驒以外の国から工が集められた実態がわかる。
（6）「飛驒荒城郡工病幷参人壬部□麻呂」（『木簡研究』二三、二七頁）。
「乙訓□飛驒荒城郡工病幷参人壬部宅万呂「史生谷津万呂」」（『木簡研究』二三、二七頁）（□には一字以上の文字が推定される）。
（7）「里工作高殿料短枚桁二枝」（『木簡研究』三〇、一九二頁）。
（8）営繕令7解巧作条では国司が国内の特殊技能者を調査し、民部省へ報告すべきことを規定する。
（9）吉弥侯部奥家が在地豪族で、彼が造営に関して技術を有していたのではなく、彼が指導して、配下の技術者を集めて造営を行った可能性もある。しかし、この場合にも、在地の技術者の存在を裏付ける記述として捉えられる。なお、この叙位は、肥後国の事項で皇風に染まるとあることを考慮すると、吉弥侯部奥家が隼人で、律令国家に対する忠誠の事例として、特別に正史に記述された可能性がある。
（10）「大宰府より二日」と記すことから、「肥後国より七日」という記述も国府からの日数と考えられる。
（11）地方官衙である郡衙を造営した技術者が郡家周辺に存在したと想定できる。また郡司が行幸時の行宮を造った記述などからも、郡家の技術者の存在が推定される（『続日本紀』和銅元年〈七〇八〉九月庚辰〈二十二日〉条）。第Ⅰ部第四章参照。
（12）「大宰帥宅牒」（天平宝字七年〈七六三〉十二月三十日『大日本古文書』編年五ノ四六四）。

(13)『国史大辞典』雑徭（ぞうよう）の項によると、成年男子は一年のうち、六〇日以内、国郡司によって地方の雑役に徴発されたとする。
(14)直木孝次郎「国造軍」『日本古代兵制史の研究』吉川弘文館、一九六八年。
(15)長山泰孝「歳役制の一考察」『律令負担体系の研究』塙書房、一九七六年。
(16)吉田孝「雑徭制の展開過程」『律令国家と古代の社会』岩波書店、一九八三年。
(17)註(2)前掲論文、一〇七頁。
(18)吉永匡史「律令軍団制の成立と構造」『史学雑誌』一一六—七、二〇〇七年。なお吉永匡史氏は、同論文の中で在地の軍団について既存の軍団制の研究は軍事力の照準をどこに合わせるかに終始し、平時の軍事態勢への考慮が不足していることを指摘し、平時の軍団官人・機構、その成立について検討している。軍毅の職掌として、非常時の備えの①〜④と平時の国内行政に加わる⑤〜⑦の業務の計七つをあげている（①兵士の検校、②兵具の戎具管理、③兵士の弓射・乗馬技術の訓練、④兵士の陣列の検閲、⑤罪人追捕、⑥囚人逓送における護衛、⑦軍事力を必要とする部領などの警備業務）。
(19)「勅」（延暦十一年〈七九二〉六月七日『類聚三代格』所収）。
(20)『続日本紀』天平十九年（七四七）十一月己卯（七日）条。
(21)『律令』日本思想大系新装版、岩波書店、一九九四年。
(22)註(21)前掲書。
(23)払田柵では手斧によって加工された縦長の細板を並べて木製の塀を構成しており、その下部が出土している。
(24)「太政官符」（延暦十一年〈七九二〉六月十四日『類聚三代格』所収）。
(25)註(21)前掲書。
(26)鋤や鍬が農業のみではなく、掘立柱の柱穴の掘削に用いられたことが明らかになっている（第Ⅱ部付章参照）。
(27)「太政官符」（弘仁五年〈八一四〉六月二十三日『類聚三代格』所収）。
(28)註(21)前掲書。
(29)註(21)前掲書。
(30)直木孝次郎「寺奴の職掌と地位について」『南都仏教』三、一九五七年。銅鉄漆工…「写経所用度帳」（天平六年『大日本

古文書』編年七ノ三五)、造紙:「写経行事給銭注文」(天平十三年『大日本古文書』編年七ノ五一一)、車匠:「近江国司解」(天平十八年七月十一日『大日本古文書』編年二ノ五二四)、建築:「奴婢見来帳」(天平勝宝三年十二月十八日『大日本古文書』編年三ノ五三五)、音楽:『続日本紀』神護景雲元年二月戊子(八日)条、封租米徴収:「東大寺造石山院所牒」(天平宝字七年五月二十一日『大日本古文書』編年五ノ四四一)、裁縫染色:「写書所食口帳」(天平勝宝九歳正月二十九日『大日本古文書』編年十三ノ二一三)。

(31) 竹内理三『奈良時代に於ける寺院経済史の研究』八九頁、角川書店、一九九九年。

(32) 井上薫「造東大寺司の経営」『奈良朝仏教史の研究』吉川弘文館、一九六六年。

なお奴婢の職掌については、神野清一氏も技術保持を指摘し、「官奴婢は、容易に増員・移動・配置換え等が可能であり、かつまた、臨時の労役とか、令外官のような官司が必要とする労働編成の一端を担うには好適な労働力であった」とする(「官奴婢の存在形態と職掌」『日本古代奴婢の研究』名古屋大学出版会、一九九三年)。また同氏は東大寺への官の奴婢施入の主たる目的が、造寺司の東大寺造営事業や写経事業の補助労働力の補完にあったとする(「東大寺における奴婢の雇用形態」同書)。

(33) 捕亡令8捉逃亡条に記されるように「限五日以内」、つまり五日の限度を越えて届けなかった場合、『令義解』では違令の罪を問うとしている。捕捉者に対する罪については、『律令』(註(21)前掲書)「捕亡令」補注八に詳しい。

(34) 同様に官の技術者による奴の保有については、「右京計帳」(天平五年七月十二日『大日本古文書』編年一ノ四八一)に下野国薬師寺造司工による奴の保有が記される。

(35) 第Ⅰ部第二章で述べたように、様工の造営対象は主要建物に及んでおらず、付属建物に限定されていた。この理由として、様工が逃亡した技術奴婢を匿って技術集団を形成したため、奴婢の身分制限によって、様工の関与できる作業が主たる建物に及ばなかった可能性が考えられる。

第四章　氏族と造営技術集団

一　はじめに

第Ⅰ部第一・二章で述べてきたように、中央には司工や雇工のように官が掌握していた技術者と様工のように官から独立していた技術者が存在した。こうした技術者に対し、佐伯氏などの特定の氏族が造営に関係の深い職を歴任したことが文献史料から知られ、特定の氏族による私的な技術集団の保有や官以外の技術の蓄積のあり方を窺うことができる。そこで律令制度下では、主に行政事務を担っていた木工寮の官人ではなく、実務を担った令外官司の造営組織に従事した官人に着目し、氏族による技術保有の実態に迫りたい。[(1)]

地方における氏族の造営への関与については、三舟隆之氏が、国分寺の造営における郡司の経済的援助を指摘している。[(2)]しかしこの指摘も経済面に留まっており、造営に直接、関わった技術者や技術集団に関する言及は不十分である。そのため本章では、国分寺や行宮の造営や地方建築の維持管理に関する八～九世紀の文献史料を通して、行宮造営、国分寺造営、修理の三点から、郡司の造営および修理への関与を解明し、その技術保持のあり方と技術集団について考察する。

二　中央有力氏族の造営技術集団

1　造営技術と氏族

第Ⅰ部第一章で官の造営組織の人員構成について検討し、第二章では官から造営の一部を請負った様工について検討した。その結果、木工寮は実務を行うのではなく、行政事務を主体とし、技術者をストックする機関であり、実務は令外官司によって行われていたことが明らかになった。しかし様工と同様の官に支配されない技術者や技術集団の存在については、前章までに言及しておらず、先行研究においても、不足している。そのため、八世紀における官以外の建築技術の存在や蓄積の方法については、不透明な状況にある。これを解明するための手がかりとして、造営に関わる令外官司の職を一部の氏族が歴任していることがあげられ、ここから特定の氏族と造営組織の関係が窺える。そこで、実務を担った令外官司の造営組織に従事した官人に着目し、官の組織以外の造営について、氏族という観点から検討する。

2　門号氏族

七世紀以前には荒田井直比羅夫等の飛鳥時代の渡来人が造営において活躍したことが知られるが、律令制による造営組織の確立以前には、造営はどのように行われていたのであろうか。官による組織化がなされていない以上、それ以前の時代から続く、氏族による技術の保有が窺える。そのため、まず七世紀の造営と氏族の関係について、門号氏族を通して検討しよう。

門号氏族とは宮城十二門を警護していた十二氏族で、宮城門の開閉など、門に関する行事を掌る氏族とされる。その十二氏族とは佐伯氏・大伴氏・伊福部氏・壬生氏・海犬養氏・猪養氏・山氏・丹治比氏・若犬養氏・建部氏・的氏・玉手氏である。

門号は藤原宮で成立したとされ、その後、弘仁九年（八一八）に門号を唐風に改正するまで、宮城門は氏族の名を冠した門号が用いられた。この門号の由来については、これまでに諸説が述べられており、門号の由来が氏族と造営の関係を考えるうえで重要である。そのため、ここでは門号の由来と造営の関係、さらには門号氏族と造営の関係を検討したい。

門号に関しては『弘仁式』(3)『延喜式』『拾芥抄』(4)の三つの史料が基礎となる。『弘仁式』には、氏族名を冠した門号、『延喜式』には唐風の門号が記され、これにより、それぞれの門の唐風門号と氏族の対応関係を知ることができる。最も宮城門と門号氏族の関係が詳しく記された史料は『拾芥抄』で、この「或書云」には、平安宮造営時における諸国と諸門の造営の対応関係が記述される。(5)そして同書の門号起事条には、以下のように、門号の由来としておのおのの門を造営した氏族が記述される。

『拾芥抄』

陽明門山氏造レ之。（中略）待賢門建部氏造レ之。（中略）郁芳門的氏造レ之。（中略）美福門壬生氏造レ之。（中略）朱雀門伴氏造レ之。（中略）皇嘉門若犬甘氏造レ之。（中略）談天門壬生氏造レ之。（中略）藻壁門佐伯氏造レ之。（中略）殷富門伊福部氏造レ之。（中略）安嘉門海犬甘氏造レ之。（中略）偉鑑門猪養氏造レ之。（中略）達智門丹治比氏造レ之。（後略）

この『拾芥抄』の記述から、古くから門号の由来は諸門の造営に関与した氏族の名であると考えられてきた。しかし、近代以降、造営と門号氏族の関連性については否定的な説が提示されてきた。以下、その概略を述べよう。

喜田貞吉氏は宮城十二門のために造営寄進した氏族の名を表彰するために命じたものが門号であるとし(6)、松崎宗雄氏も同様の見解を示している(7)。一方、井上薫氏は、門号の由来とは蘇我入鹿殺害時に門を守っていた氏族の名前であるとする(8)。

佐伯有清氏も十二氏族のうち建部氏・的氏・玉手氏の三氏以外は軍事的要素を持つ連姓であることから、門号の由来は門を守っていた氏族の名前であるとする(9)。しかし井上説の入鹿殺害時に門を守衛した氏族であるという部分は否定する。その理由として『日本書紀』の記事に佐伯・稚犬養（若犬養）・海犬養の三氏しか出てこず、その他九氏族の入鹿打倒参加の功について実証できないことをあげている。

このように喜田氏や松崎氏は門号氏族による造営寄進であるとし、井上氏・佐伯氏は門号の由来を門の守衛に求めているため、いずれも造営への言及は少なく、この四氏は門の造営に対する直接的な関与については否定的である。門号氏族の名称の由来が、門の造営であるか守衛であるかについて結論付けることは困難である。ただし、第三章で述べたように、軍事と造営には関係があり、門の守衛（軍事）と造営の関係は深いと推察される。それゆえ筆者は七世紀には門号氏族が宮城門を造営したと考える。ただし、十二氏族のうち九氏族が軍事的職掌を担っていることから、門の守衛を掌っていたという佐伯氏の指摘に異論はない。すなわち門の守衛と門の造営という二つの行為は両立しうるのである。つまり門を造営した氏族が、おのおの造営した門を守衛し、門号氏族は門の造営と守衛の両方を担ったと推察される。まずは門の守衛と造営の関係性について検討しよう。

門の守衛と造営の関係を示す傍証として、次の『延喜式』の記述があげられる。

「延喜左右衛門府式」

凡宮城諸門守屋者。各本府修造。

「凡そ宮城諸門の守屋は、各本府が修造せよ」とあり、この「本府」は衛門府を指す。そして守衛小屋である守屋の修理を、宮城門を守る衛門府に求めた。これは限定的な事例であるが、門の守衛と造営の関係を示している。[10]すなわち、これは七世紀の宮城門を守っていた門号氏族が門を造営したという『拾芥抄』の記述を補強する材料といえる。つまり『拾芥抄』の内容は、安易に否定されるべきものではなく、『延喜式』の記述と合わせて鑑みるに、七世紀において十二の門号氏族のすべてが門の造営と守衛にあたり、門の守衛や大嘗祭の際の開門行事に加えて、門の維持管理を担っていたと考えられる。むろん、造営や維持管理には技術を必要とするため、当初は十二の門号氏族のすべてが門の造営技術を保持しており、門の維持管理および守衛を行ったのであろうが、八世紀以降になると、官の造営組織が宮城門を造営するようになり、門の守衛と造営の関係は希薄化し、『延喜式』に記されるように、門の守衛を掌る衛門府が守屋を修理するという関係に限定されて継承されたと考えられる。八世紀の門号氏族の造営能力については、後述するが、少なくとも藤原宮の段階では、門号氏族が氏族の力で宮城門を造営するだけの技術を有していたと推察されるのである。

では氏族が造営技術を有しているとは、どういう状態であろうか。氏族の一個人による造営技術の保有では、宮城門という大規模な建物の造営は不可能であり、また世代を越えて長期間にわたっての造営技術の保有は不可能である。この二点からみると、官の造営組織と同様に、門号氏族による一定数の技術者の確保、すなわち氏族による造営技術集団の保持が想定されるのである。これらの技術集団を構成する技術者は第Ⅰ部第三章で述べた通り、「工」である技術者や造営に多く従事した百姓・技術奴婢などであろう。この点については、地方の氏族の技術集団のところで改めて言及したい。

3　陵墓造営

七世紀における門号氏族の造営技術集団の存在について述べたが、次に八世紀における氏族と造営の関係について検討しよう。この氏族と造営の関係を顕著に示す事例が陵墓造営である。

七世紀において、陵墓は被葬者の存命中に造営することが一般的であったが、八世紀には、陵墓の造営が被葬者の死後に行われるようになる。特に天皇・皇后・親王が亡くなった時には、臨時の官司として陵墓の造営のために造山司・山作司・作山陵司が置かれた(11)。

この陵墓造営には、以下の二点が求められると考えられる。陵墓造営を崩御後に行うため、緊急を要する仕事であり、造営の迅速さが求められる。もう一つは、皇族の陵墓であるため、豪族の陵墓と比較して高い造営技術が求められる。この二点から、陵墓造営の任には造営の経験が多く、造営技術の高い者が選ばれたと考えられる。これら陵墓造営のための臨時の役所が八世紀に七回、設置されたことが『続日本紀』に確認でき、この任官者をまとめたものが表3である。

表3のように多くの人物の任官は一回であるが、なかには複数回、任官されている人物がみられ、注目に値する。このうち皇族や臣籍降下した文室氏(12)、八世紀以降に権勢を誇った藤原氏の任官には、名誉職としての意味合いが強く含まれ、現に藤原小黒麻呂は延暦八年（七八九）の山作司の任官時には正三位中納言という高い官位にあり、同じく真友ものちに参議まで登り詰めた人物である。ここでは実務を検討するため、考察の対象から、皇族・文室氏・藤原氏を除く。

皇族・文室氏・藤原氏以外の氏族で複数回、陵墓造営に従事しているのは、佐伯宿祢今毛人、大伴宿祢古麻呂、多

表3　8世紀の陵墓造営に関わる任官

	池田王	塩焼王	山背王	白壁王	市原王	奈癸王	小倉王	大庭王	壱志濃王	文室真人大市	文室真人智努	文室真人高嶋	文室真人子老	文室真人八多麻呂	文室真人忍坂麻呂	文室真人久賀麻呂	文室真人八嶋	藤原朝臣豊成	藤原朝臣永手	藤原朝臣菅継	藤原朝臣真鷲	藤原朝臣小黒麻呂	藤原朝臣真友	＊**佐伯宿祢今毛人**
天平勝宝6年(754) 7月20日造山司	○									○								○	○					○
天平勝宝8歳(756) 5月3日山作司		○	○																					○
天平宝字4年(760) 6月7日山作司	○	○		○	○						○													○
宝亀元年(770) 8月4日作山陵司						○																		○
天応元年(781) 12月23日山作司												○	○											
延暦8年(789) 12月29日山作司							○	○	○						○	○	○					○	○	
延暦9年(790) 閏3月11日山作司								○	○			○		○			○			○	○	○	○	

	＊**多治比真人広足**	**多治比真人浜成**	＊**大伴宿祢古麻呂**	**大伴宿祢伯麻呂**	**大伴宿祢家持**	**県犬養宿祢古麻呂**	**紀朝臣広名**	**紀朝臣犬養**	**紀朝臣継成**	粟田朝臣人成	百済王敬福	＊高麗朝臣福信	小野朝臣田守	小野朝臣石根	坂上忌寸犬養	岡真人和気	石川朝臣豊成	田中朝臣多太麻呂	安倍朝臣毛人	安倍朝臣浄成	阿倍朝臣弟当	吉備朝臣泉	石川朝臣豊人	大神朝臣末足
天平勝宝6年(754) 7月20日造山司	○		○			○	○			○														
天平勝宝8歳(756) 5月3日山作司	○		○	○							○	○	○											
天平宝字4年(760) 6月7日山作司															○	○								
宝亀元年(770) 8月4日作山陵司														○			○	○	○	○				
天応元年(781) 12月23日山作司		○			○			○	○			○										○	○	○
延暦8年(789) 12月29日山作司																					○			
延暦9年(790) 閏3月11日山作司																								

註　ゴシック体は門号氏族．＊は複数回任官のあるもの（皇族関係・藤原氏を除く）．『続日本紀』より作成．

治比真人広足、高麗朝臣福信の四人である。佐伯宿祢今毛人は四回、他の三人は二回任じられている。

佐伯宿祢今毛人は造東大寺長官として有名であり、八世紀における造営技術の解明には欠くことのできない人物である。大伴宿祢古麻呂や多治比真人広足は門号氏族で、七世紀に活躍した有力氏族である。高麗朝臣福信は高麗系の渡来氏族である。

以下、佐伯宿祢今毛人・大伴宿祢古麻呂・多治比真人広足に渡来系氏族の高麗朝臣福信を加えた四人の任官経歴を通して、造営技術と特定の氏族の関係を検討し、個人の造営技術ではなく、氏族としての造営への関与に着目し、氏族としての造営技術、さらには氏族の造営技術集団の存在を考察したい。

4　八世紀における門号氏族と造営の関係

佐伯氏

佐伯氏は古代日本の有力氏族の一つで、武門の家柄として大和朝廷に仕えた。もともと佐伯氏は大伴氏と同族関係とされる佐伯連（後に宿祢）であり、天孫降臨の時に先導を行った天忍日命《あめのおしひのみこと》を祖とする。(13) ただし佐伯氏は七世紀には有力氏族であったが、八世紀にはすでに没落しつつあり、兵衛府や衛士府をはじめとする武官としての任官が多く、政治の中心から外れていた。

その中で、参議まで登り詰めた佐伯宿祢今毛人（以下、今毛人とする）の立身出世は特異であったといえよう。今毛人の官人としての活躍や政治的な側面に関しては、角田文衛氏が詳述しているため、(14) 本章では造営における活躍に焦点を絞りたい。今毛人は造東大寺長官や造西大寺長官を歴任し、参議にまで登り詰めており、この立身出世は、造営における活躍に支えられたものであろう。以下、今毛人の任官を通して、佐伯氏と造営の関わりを考察する。

表4は今毛人の任官をまとめたものである。今毛人は武官ではなく文官の道を歩んでいる(15)。父の地位による蔭位ではなく、大学を経て、官人登用試験を通って官人としての道を切り開き(16)、任官後、今毛人は東大寺・西大寺の両寺院、城・陵墓、長岡宮の造営に一生の大半を費やしている。

特に次の『続日本紀』の今毛人の薨伝には、造営における多大な貢献が記されており、彼の高い造営能力が示されている。

『続日本紀』延暦九年十月乙未（三日）条

散位正三位佐伯宿祢今毛人薨。右衛士督従五位下人足之子也。天平十五年。聖武皇帝。発レ願始建二東大寺一。徴二発百姓一。方事二営作一。今毛人為領二催検一。頗以二方便一勧二使役民一。聖武皇帝。録二其幹勇一。殊任二使之一。勝宝初。除二大和介一。俄授二従五位下一。累遷。宝字中至二従四位下摂津大夫一。歴二播磨守大宰大弐左大弁皇后宮大夫一。延暦初授二従三位一。尋拝二参議一。加二正三位一。遷二民部卿一。皇后宮大夫如レ故。五年出為二大宰帥一。居之三年。年及二七十一。上レ表乞二骸骨一。　詔許レ之。薨時年七十二。

このように今毛人について第一に記述されるのは、東大寺の造営における功績である。この東大寺の造営において、今毛人は労働力を統制し、使役する任務、すなわち文書行政のみではなく、現場における指揮に深く関わっていたのである。

東大寺や西大寺の造営における今毛人の役割は大きかったが、これと同等以上に彼の実務能力の高さを裏付けるのが、前述の造山司・山作司・作山陵司といった陵墓造営の任である。皇族の崩御という一大事で、陵墓造営は準備のできない、緊急を要する事業である。そのため造営の経験が豊富で、かつ有能であった今毛人がその任に選ばれたと推定される。表3のように四回の陵墓造営への任官は群を抜いており、今毛人がいかに天皇に信頼されていたとはい

表4　佐伯宿祢今毛人の官位略歴

和　　暦	西暦	月　　日	官　　位　　等	典　　拠
天平14年	742	8月	**造甲賀宮司**	角田氏推定
天平20年	748	7月	**造東大寺次官**	『大日本古文書』
天平勝宝元年	749	12月27日	従五位下	『続日本紀』
天平勝宝2年	750	12月9日	正五位上	『続日本紀』
天平勝宝6年	754	7月20日	**造山司**	『続日本紀』
天平勝宝7歳	755	1月	**造東大寺長官**	『大日本古文書』
天平勝宝8歳	756	5月3日	**山作司**	『続日本紀』
天平宝字元年	757	5月20日	従四位下	『続日本紀』
天平宝字元年	757	6月	**造東大寺長官解任**	『大日本古文書』
天平宝字3年	759	11月5日	摂津大夫	『続日本紀』
天平宝字4年	760	6月7日	**山作司**	『続日本紀』
天平宝字7年	763	正月9日	**造東大寺長官**	『続日本紀』
天平宝字7年	763	4月	**造東大寺長官解任**	『大日本古文書』
天平宝字8年	764	正月21日	**営城監**	『続日本紀』
天平宝字8年	764	8月4日	兼肥前守	『続日本紀』
天平神護元年	765	3月10日	**築怡土城専知官**	『続日本紀』
神護景雲元年	767	2月28日	**造西大寺長官**	『続日本紀』
神護景雲元年	767	8月29日	兼左大弁	『続日本紀』
神護景雲3年	769	3月10日	兼因幡守	『続日本紀』
神護景雲3年	769	4月24日	従四位上	『続日本紀』
宝亀元年	770	6月13日	兼播磨守	『続日本紀』
宝亀元年	770	8月4日	**作山陵司**	『続日本紀』
宝亀元年	770	8月21日	道鏡を下野薬師寺に送る	『続日本紀』
宝亀元年	770	10月	**造東大寺長官**	『大日本古文書』
宝亀2年	771	11月21日	大嘗会で宮門を開く	『続日本紀』
宝亀2年	771	11月27日	正四位下	『続日本紀』
宝亀3年	772	4月	**造東大寺長官辞任**	『大日本古文書』
宝亀6年	775	6月19日	遣唐大使	『続日本紀』
宝亀10年	779	9月4日	大宰大弐	『続日本紀』
天応元年	781	4月15日	正四位上	『続日本紀』
延暦元年	782	4月27日	左大弁	『続日本紀』
延暦元年	782	6月13日	従三位	『公卿補任』
延暦元年	782	6月20日	兼大和守	『続日本紀』
延暦2年	783	4月20日	兼皇后宮大夫	『続日本紀』
延暦3年	784	5月16日	**遷都の地の選定**	『続日本紀』
延暦3年	784	6月10日	**造長岡宮使**	『続日本紀』
延暦3年	784	12月2日	参議	『続日本紀』
延暦4年	785	6月18日	正三位	『続日本紀』
延暦4年	785	7月6日	民部卿	『続日本紀』
延暦5年	786	4月11日	大宰帥	『続日本紀』
延暦8年	789	正月9日	辞任	『続日本紀』
延暦9年	790	10月3日	薨ず	『続日本紀』

註　ゴシック体は造営に関わるもの.

え、造営面での実務能力を期待されていたと判断できよう。

では、これらの造営技術は大学を経ることで得たのであろうか、それとも氏族として元々、備えていたのであろうか。換言すると、これらの造営の能力は今毛人の経歴に基づいた個人的な能力であったのであろうか。この点について、今毛人とは異なり、武官として活躍した兄の真守や息子の三野と比較しよう。

兄の真守は、『続日本紀』に記されるように、兵部少輔・大輔を歴任しており、武官としての道を歩んだ(17)。もう一方で、真守も造東大寺司の判官・次官・長官を歴任し、計一二年間にわたって東大寺の造営に携わっており、今毛人と同様に長い期間、造営に従事していた(18)。

息子の三野は『続日本紀』から、右衛士佐、陸奥守兼鎮守将軍を歴任し、真守と同様に武官としての道を歩んだことが知られる(19)。また、造池判官として造池使の淡海真人三船に従って、近江国の勢多周辺で工事監督をしており、造営に従事していた(20)。

このように大学を経ずに武官の道を歩んだ真守や三野も、今毛人と同様に造営に関与していることから、今毛人の造営に関する能力は、大学で獲得したのではなく、氏族として有していたものと考えられる。また氏族による造営技術の維持・継承には、前述のように一定数の技術者の保有、すなわち技術集団が必要であり、佐伯氏が氏族として造営技術集団を有していたと推定できる。

大伴氏

大伴氏は古代の有力氏族で、佐伯氏の本家とされる。七世紀には宮城門の守衛をはじめとする軍事的役割を含め、政治全般に関与し、八世紀以降には藤原氏に対抗したが、しだいに勢力が衰退した(21)。大伴宿祢古麻呂は、政治面では遣唐副使として鑑真を密航させたことや奈良麻呂の乱に加担したことが知られるが、造営面では佐伯宿祢今毛人とは異なり、陵墓造営以外に造営への関与はみられない。

氏族に対象を広げると、大伴氏の造営に関する任官には、以下のものがみられる。大伴宿祢手拍が和銅元年（七〇八）三月十三日に造宮卿に、大伴宿祢伯麻呂は神護景雲元年（七六七）二月二十八日、七月十九日、同二年七月一日、同三年五月九日、八月十九日の五回にわたって造西大寺司の次官に任じられたことが、『続日本紀』から確認できる。佐伯氏と比べると、大伴氏の造営への関与は少ないが、造宮省や造西大寺司への補任、大伴氏と佐伯氏の祖が同じである点、門号氏族であることは、大伴氏の氏族としての造営技術の保持を示唆している。

表5　大伴宿祢古麻呂の官位略歴

和暦	西暦	月日	官位等
天平17年	745	正月7日	従五位下
天平勝宝元年	749	8月10日	左大弁
天平勝宝2年	750	9月24日	遣唐副使
天平勝宝3年	751	正月25日	従五位上
天平勝宝4年	752	閏3月9日	従四位上
天平勝宝6年	754	正月16日	鑑真と唐から帰る
天平勝宝6年	754	正月30日	唐の様子を報告
天平勝宝6年	754	4月5日	左大弁
天平勝宝6年	754	4月7日	正四位下
天平勝宝6年	754	7月20日	**造山司**
天平勝宝8歳	756	5月3日	**山作司**
天平勝宝8歳	756	12月30日	山階寺で梵網経を講ず
天平宝字元年	757	4月4日	皇太子に池田王を推挙
天平宝字元年	757	6月16日	兼陸奥鎮守将軍・陸奥按察使
天平宝字元年	757	6月28日	橘奈良麻呂の乱
天平宝字元年	757	7月2日	橘奈良麻呂の乱
天平宝字元年	757	7月3日	橘奈良麻呂の乱
天平宝字元年	757	7月4日	橘奈良麻呂の乱
天平宝字元年	757	7月12日	橘奈良麻呂の乱
天平宝字元年	757	8月18日	橘奈良麻呂の乱

註　『続日本紀』より作成.
　　ゴシック体は造営に関わるもの.

多治比氏

多治比氏は七世紀において政治の中心的な役割を担っていた。表6は多治比真人広足の任官表である。(22)

多治比真人広足は奈良麻呂の乱に連座した罪を問われて、中納言の職を解かれた点以外には、政治的に目立った事績はみられない。造営に関わる職としては表6のように、陵墓造営に加え、造宮大輔についたことが確認できる。これらの任官以上に興味深いのが、養老元年（七一七）と神亀三年（七二六）の行宮造営の任である。行宮は陵墓と同様に、短期間で造営する必要があるため、造営のスピードと高い技術が求められ、造営経験の豊富な者が造営にあたったと推定される。

仁藤敦史氏はこの造行宮司の任官について、造営技術とは別の面から検討し、「関東行幸の造伊勢国行宮司や紫香楽行幸の造離宮司をつとめた智努王や、美濃行幸の造行宮使や印南野行幸の造離宮司をつとめた多治比広足は、例外的に造営の専門家として重用されたと考えられる」としている。(23)

行宮造営の日程については、養老元年の行幸時の様子が『続日本紀』から知られる。この詳細については後述するが、この行宮造営には、多治比真人広足が一人のみ任じられた。(24)もちろん、在地の協力も想定されるが、一個人の力で行宮の造営をなしえたとは考えられず、これを主導する氏族の造営技術集団の存在が窺える。つまり佐伯氏と同じく、多治比氏

表6　多治比真人広足の官位略歴

和暦	西暦	月日	官位等	典拠
霊亀2年	716	正月5日	従五位下	『続日本紀』
養老元年	717	8月7日	**行宮造営の役目**	『続日本紀』
養老5年	721	正月	従五位上	『公卿補任』
養老5年	721	9月	**造宮大輔**	『公卿補任』
神亀3年	726	正月21日	正五位下	『続日本紀』
神亀3年	726	9月27日	**造頓宮司**	『続日本紀』
天平5年	733	10月3日	上総守	『続日本紀』
天平10年	738	8月10日	武蔵守	『続日本紀』
天平12年	740	正月13日	正五位上	『続日本紀』
天平15年	743	5月5日	従四位下	『続日本紀』
天平18年	746	4月11日	刑部卿	『続日本紀』
天平19年	747	正月20日	従四位上	『続日本紀』
天平19年	747	11月4日	兵部卿	『続日本紀』
天平20年	748	2月19日	正四位下	『続日本紀』
天平20年	748	3月23日	参議	『公卿補任』
天平勝宝元年	749	7月2日	正四位上	『続日本紀』
天平勝宝元年	749	7月2日	中納言	『続日本紀』
天平勝宝2年	750	正月16日	従三位	『続日本紀』
天平勝宝6年	754	7月20日	**造山司**	『続日本紀』
天平勝宝6年	754	11月24日	薬師寺にて詔を宣す	『続日本紀』
天平勝宝8歳	756	5月3日	**山作司**	『続日本紀』
天平宝字元年	757	8月4日	解任，散位	『続日本紀』
天平宝字4年	760	正月21日	薨ず	『続日本紀』

註　ゴシック体は造営に関わるもの．

も自前で造営技術集団を抱えており、その造営技術集団が行宮造営の役を支えていたと推定される。

多治比真人広足以外にも、『続日本紀』によると多治比真人池守は和銅元年九月三十日に造平城京司に、多治比真人県守は霊亀元年（七一五）五月二十二日に造宮卿に、多治比真人長野は神護景雲元年十二月九日に造東内次官に任じられており、多治比氏の人々が造営に関わる職に就いている。このように多治比氏も、佐伯氏と同様に造営技術集団を有し、氏族として造営技術を保持していたと推察できる。

高麗氏

高麗氏は八世紀に渡来した新しい渡来系氏族であり、元々は背奈王氏という高麗王の末裔で、武蔵国高麗郡に本貫地を置いた。表7は高麗朝臣福信（以下、福信とする）の任官一覧である。

近江晶司氏は『続日本紀』の福信の薨伝に「初め右衛士大志に任じ」という記述から、一般的な地方豪族の通る武官の道を歩んだとし、伯父の行文の蔭位を受けているとする。(25) 福信は造営に関わる職を歴任しており、山作司に二度任じられているのをはじめ、造宮卿や専知造作楊梅宮に就任している。このことから福信は造営に長けていたと推察される。

また福信は武蔵守に三度、任じられている。この任官には高麗氏の本貫地が武蔵国高麗郡であるため、統治を期待した一面もあろう。(26) しかし、天平勝宝八歳（七五六）の武蔵守の任官には造営と深い関わりがあると考えられる。(27) なぜなら武蔵国分寺の伽藍の中心の完成が、着任後、間もない天平宝字二年（七五八）であるからである。以下、この国分寺造営を通じて、高麗氏の造営技術集団について検討しよう。

『続日本紀』天平十九年（七四七）十一月己卯（七日）条に記述されるように、全国的に国分寺の造営が遅れ、その完成を急ぐ必要があり、武蔵国の国分寺も例に漏れなかった。こうした時期に福信は武蔵守に任じられ、その後、二

表7　高麗朝臣福信の官位略歴

和　暦	西暦	月　日	官　位　等	典　拠
天平15年	743	5月5日	正五位下	『続日本紀』
天平15年	743	6月30日	春宮亮	『続日本紀』
天平19年	747	6月7日	背奈王の姓を賜う	『続日本紀』
天平20年	748	2月19日	正五位上	『続日本紀』
天平勝宝元年	749	7月2日	従四位下	『続日本紀』
天平勝宝元年	749	8月10日	中衛少将から兼少弼	『続日本紀』
天平勝宝元年	749	11月29日	従四位上	『続日本紀』
天平勝宝2年	750	正月27日	高麗朝臣の姓を賜う	『続日本紀』
天平勝宝8歳	756	5月3日	**山作司**	『続日本紀』
天平勝宝8歳	756	7月8日	**兼武蔵守**	『大日本古文書』
天平宝字元年	757	5月20日	正四位下	『続日本紀』
天平宝字元年	757	7月2日	小野東人討伐	『続日本紀』
天平宝字4年	760	正月16日	信部大輔	『続日本紀』
天平宝字7年	763	正月9日	但馬守	『続日本紀』
天平宝字8年	764	10月20日	但馬守	『続日本紀』
天平神護元年	765	正月7日	従三位	『続日本紀』
神護景雲元年	767	3月20日	**造宮卿但馬守から法王宮大夫**	『続日本紀』
宝亀元年	770	8月4日	御装束司	『続日本紀』
宝亀元年	770	8月28日	兼武蔵守	『続日本紀』
宝亀4年	773	2月27日	**専知造作楊梅宮**	『続日本紀』
宝亀7年	776	3月6日	兼近江守	『続日本紀』
宝亀10年	779	3月17日	高倉朝臣の姓を賜う	『続日本紀』
天応元年	781	5月7日	弾正尹	『続日本紀』
天応元年	781	12月23日	**山作司**	『続日本紀』
延暦2年	783	6月21日	兼武蔵守	『続日本紀』
延暦4年	785	2月30日	辞す	『続日本紀』
延暦8年	789	10月17日	薨ず	『続日本紀』

註　ゴシック体は造営に関わるもの.

年で国分寺伽藍が完成した。武蔵国分寺の伽藍完成が、造営に長けた福信の武蔵守への就任の時期と重なるのである。この時期に完成した国分寺は他にもあり、偶然の一致とも考えられるが、福信が造営に関わる職に多く就いていることを鑑みても、福信の武蔵国分寺造営における貢献の成果と考える方が妥当であろう。もちろん福信個人が造営技術を有していたのではなく、佐伯宿祢今毛人や多治比真人広足と同様に、氏族として造営技術集団を抱えており、この造営技術集団が国分寺造営に助力した、つまり福信が武蔵守に任じられたことで、高麗氏の技術（渡来人の技術）を有効に用いることが可能となり、武蔵国分寺は完成したと考えられるのである。

武蔵国分寺の造営には各郡が協力したことが寄進瓦から知られているが、なぜ高麗郡の建郡当初には、国分寺の造営に高麗氏は助力をしなかったのだろうか。当時の社会状況を鑑みると、聖武天皇の仏教の布教政策と大仏・国分寺・国分尼寺造営に対する協力は、渡来人である高麗氏の地位を高める有効な手段であったはずである。この理由として、以下のことが考えられる。

高麗氏は協力しなかったのではなく、協力できなかったのではなかろうか。すなわち、高麗氏の中心人物であった行文や福信が中央におり、それにともなって造営技術集団も中央に滞在したために、武蔵国分寺の造営当初（福信の武蔵守の任官以前）には、協力ができなかったのではないだろうか。その後、福信が武蔵守に任じられ、造営技術集団も武蔵国に移り、国分寺造営に協力することで、伽藍が完成したと推察できる。これを直接的に示す文献史料はないが、家政機関は、貴族の日常生活を支えるため、通例、中心人物に付随していたため、高麗氏の場合も同様であったと考えられる。また前述のように高麗氏の中心人物が中央にいる間には、国分寺の造営は進行しておらず、福信が武蔵守に任じられて間もなく伽藍が完成したという発掘の成果は、この推定と齟齬は生じず、有力な一つの解釈である。このように高麗氏も氏族として造営技術集団を保持しており、造営技術集団は氏族の中心人物とともに行動していたと推定される。

5　氏族と造営技術

これまでの門号氏族を中心とした四人の例を通してみると、一部の氏族は造営技術を保持していた可能性が高いといえよう。そして、造営技術は個人に蓄積されたのではなく、氏族による造営技術集団の保有によって、技術を保持したと推察される。氏族の技術集団の存在とその継承については、仁藤敦史氏・佐々木博康氏らの指摘がある。技術集団について、仁藤氏が長屋王の家政機関の書吏を中心に考察し、親王としての家政機関が、父親から継承されたことを指摘している。[28]これによると、霊亀二年前後に従三位相当の家政機関（I系統）と、二品相当の家政機関（II系統）の二つの系統家政機関が存在し、II系統の家政機関は、死亡時に二品相当の浄広壱の位をもっていた高市皇子の家政機関を継承した可能性が高いとする。

佐々木博康氏は、荒田氏や坂上氏などの氏族を通して「都城の造営にあたっては難波京の荒田井直比羅夫（『日本書紀』白雉元年条）や平城京の坂上忌寸忍熊（『続日本紀』和銅元年条）などのように渡来人の手になるものが多い。したがって、東北の城柵も、そのような大陸系の技術者集団によって造営されたとみられる[29]」としており、渡来系氏族の技術集団の存在を認めている。また秦氏の造営技術については第I部第一章で述べた通りである。

このように中央においては、七世紀から氏族による独自の技術集団の保持が窺え、造営に関しても、他の技術と同様に、技術集団が氏族に付随して存在したと考えられる。そして八世紀に入っても特定の氏族は造営の場で活躍していたのである。これまでの考察と先行研究による氏族の技術集団に関する考察を踏まえると、以下の四点の可能性が高いといえよう。

㈠　七世紀には門号氏族が宮城門を造営し、おのおの門を守衛しており、造営技術を有していた。
㈡　七世紀において造営技術を有した門号氏族の中でも佐伯氏や多治比氏は、八世紀に入っても造営の場において引き続き活躍していた。
㈢　門号氏族は氏族として、長期にわたって造営技術を保持・継承しており、氏族が造営技術を保持していたことから、個人による造営技術の保有ではなく、氏族による独自の造営技術集団の形成が推察できる。
㈣　門号氏族以外の一部の氏族（渡来系氏族である高麗氏や秦氏）も造営技術を有しており、高麗氏の事例から、技術集団は氏族の中心人物にともなって移動した可能性が指摘できる。

三　郡司の造営技術集団

八世紀において、中央の有力氏族の一部が造営技術集団を保持し、造営技術を有していたことは前節で述べた通りであるが、では在地の氏族も同様に造営技術集団を有していたのであろうか。在地においても、郡家をはじめ、多くの建物が建てられており、在地の造営体制を考えるうえでも、これらの造営技術者の存在の解明は、非常に重要である。そこでは郡司を対象に、彼らの造営技術とその造営技術集団について検討したい。

1　行宮造営と郡司

まず、中央の建物が地方に建てられた事例として、行宮造営について検討しよう。行宮は「かりみや」とも読まれ行殿ともいい、天皇の行幸時に所々に設けられた仮宮のことを指す(30)。行宮については、「延喜太政官式」行幸経宿条に詳細が記され、これによると行幸時には行宮を造営するために、臨時に「前数十日」に造行宮使の選定、「前十余日」に行宮を検校する使者の派遣が定められた。

具体的な行宮造営の過程については、『続日本紀』に詳しく、養老元年（七一七）の美濃国の行宮造営では八月七日に多治比真人広足一人が命じられたことが記される。その約一ヵ月後の九月十一日に天皇が美濃に行幸しており、八月七日の多治比真人広足に対する命令は『延喜式』の「前数十日」の遣使にあたる。この時には多治比真人広足一人のみが行宮造営を命じられたが(31)、個人の力で造営をなしえたとは考えにくく、在地の協力が窺える。

行宮造営における郡司の関与の実例は、次の『続日本紀』に確認できる。

『続日本紀』和銅元年（七〇八）九月庚辰（二十二日）条

行二幸山背国相楽郡岡田離宮一。賜下行所レ経国司目以上袍袴各一領。造二行宮一郡司禄上各有レ差。并二免百姓調一。特給二賀茂。久仁二里戸稲三十束一。

行宮造営の郡司に対して禄が与えられた。行幸の際に、郡司に褒賞を与えた例は、ほかにも散見するが、その功績内容が行宮の造営と具体的に記述されることは珍しい(32)。この点について検討しよう。

仁藤敦史氏が述べているように「「行幸」という名前自体が君主による旅行が民に恩恵を付与することで幸福をもたらすという儒教的思想に基づく」(33)という要素が強く、行在所に供奉する郡司や百姓に対して、禄や位を与えることは通例であった。そのため郡司や百姓に対する褒賞自体は自然であるが、この『続日本紀』の記述では行宮の造営に対する褒賞とその功を明記している。この点は、仁藤氏が指摘する行幸の「君主による旅行が民に恩恵を付与する」という面ではなく、行宮造営という実務に対する評価を示している。ここから造行宮司のみが行宮を造営したのではなく、郡司がその一端を担っていたと判断できるのである。同様に次の『続日本紀』にも、郡司による行宮造営への従事が確認できる。

『続日本紀』養老元年二月辛卯（二十日）条

河内摂津二国。并造行宮司及専当郡司大少毅等。賜ㇾ禄各有ㇾ差。即日還ㇾ宮。

ここでも「専当の郡司」が造行宮司と並列で記されることから、行幸時の郡司の仕事に行宮造営協力が含まれた、つまり郡司が行宮造営に従事したと推察される。(34) すなわち、郡司は行宮造営の実務を担うだけの造営技術を有していたのである。

このように郡司は行宮の造営に協力し、褒賞を与えられており、行宮造営において実務を担っていた。そしてこの行宮造営への従事は、郡司が一定レベルの造営技術を有していたことの証左である。

2　国分寺造営と郡司

次に国分寺造営における郡司層（有力地方豪族）の協力について検討しよう。『続日本紀』には郡司層が国分寺に対して「知識」という経済的援助を行ったことが記される。(35)

三舟隆之氏は郡司層による知識について、以下のように述べる。位階を持たない白丁を郡領や軍毅に登用することが禁じられた結果、(36) 位階をもたない郡司層が、位階を得るための手段として国分寺造営に対する知識を行い、これは在地豪族の律令国家への従事による官僚化であるとする。(37)

しかし「知識」によって位階を得ることは可能であっても、官職たる郡司職を得た例は管見の限りにはみられない。これは郡司職を担う氏族ではない新興勢力は、位階という名誉を得ることができても、官職という律令国家の末端実務を任せる信頼を得ていなかったことが一因にあると考えられる。つまり国分寺造営に対する経済協力は、郡司層が位階を得るための手段ではあったが、中央が主体となって郡司層に求めた協力ではなかったのである。

では国分寺造営において、中央は郡司に対し、どのような協力を求めたのであろうか。次の『続日本紀』の記述から検討したい。

『続日本紀』天平十九年（七四七）十一月己卯（七日）条

（前略）国司宜下与二使及国師一簡二定勝地一勤加営繕上。又任二郡司勇幹堪レ済二諸事一。専令二主当一。限二来三年以前一。造二塔金堂僧坊一悉皆令レ了。若能契レ勅。如レ理修二造之一。子孫無レ絶任二郡領司一。（後略）

天平十九年頃には国分寺の造営が遅れており、郡司に対して、造営への協力が求められた。この史料で重要な点は、国分寺造営に協力するものに対して末代まで郡大領の地位を保証したことである。

国分寺造営の経済的枠組みはすでに定められていたため、(38) 郡司に求められた協力は経済面ではなく、実務面であったと考えられる。実務の中でも造営に必要な労働力の徴発権は国司も有しており、郡司に対して協力を求める必要はない。そのため、ここで求めた郡司の能力は労働力ではなく、技術と考えられる。つまり郡司の造営技術を中央が把握しており、郡司に対してその協力を求めたのである。

さらに国分寺を修造する郡司に対して、郡司職を一代ではなく、末代まで保証したことから、郡司の造営技術は一時的ではなく、永続的に続くものと推察できる。もし郡司個人が造営技術を有していたのであれば、その技術は一個人の存命期間に限られるため、中央が郡司に期待した造営技術は、個人に依存するものではないといえる。永続的な技術の保持には、中央において木工寮が技術者を集めて組織したように、一定数の技術者の保有による、造営技術集団の構成が必要であるため、郡司による造営技術集団の保有が推定できる。すなわち中央は国分寺造営において、この郡司の造営技術集団の協力を期待したのである。

3　修理と郡司

前項で郡司の造営技術集団について指摘したが、修理と郡司の記述を通して、さらなる検討を加えたい。なお、維持管理に関する詳細は第Ⅱ部で述べることとする。

弘仁四年（八一三）九月二十三日付の「太政官符」（『類聚三代格』所収）によって、郡司の職務として郡内の官舎・正倉・池・堰・国分寺・神社などの破損するものすべての修理が課され、修理を行わない場合には、国司と同様に経済的な負担が求められた。

次の『三代実録』にも、郡司に修理を命じ、修理する建物の種類を朝集使に報告させることを定めたと記述される。

『三代実録』貞観元年（八五九）二月二十七日癸丑条

下₂知五畿七道諸国₁。令ᴸ修₂理諸神社₁。宜ᴸ自今以後。官長専当。年中修理色目。付₂朝集使₁言上。

ここでの「官長」は国司のみを指すという可能性もあるが、建物の修理を命じた他の史料には「国郡司」[39]とあり、この「官長」は「国郡司」を示すと考えられる。

これらの記述のように、郡司に求められた修理の任は一時的ではなく、長年にわたるものであった。前述のように、長期的スパンを必要とする修理は、個人の造営技術に対する依存では不可能であり、郡司による氏族としての造営技術集団の形成・保持が必要で、この技術的背景によって、中央は郡司に対して修理の任を課せたと推定できる。すなわち国分寺の事例と同じく、長期にわたる修理の任からも、郡司が氏族として造営技術集団を有していた可能性が高いといえるのである。

4　造営技術集団

前項までの検討から郡司が造営技術を有し、氏族として造営技術集団を保持した可能性が高いことが推定された。これらの史料は、中央が郡司の造営技術を求めた規定であり、その実態や実効性は不明である。そのため郡司の個人名が記される史料をもとに、郡司の造営の実態について個別の事例を通して検討しよう。

次の『続日本後紀』に、陸奥国の郡司による造営が記される。

『続日本後紀』承和七年（八四〇）三月戊子（十二日）条

俘夷物部斯波連宇賀奴。不レ従二逆類一。久効二功勲一。因授二外従五位下一。陸奥国磐城郡大領外正六位上勲八等磐城臣雄公。遄即二戎途一。忘レ身決レ勝。居レ職以来。勤修二大橋二十四処。溝池堰二十六処。官舎正倉一百九十宇一。宮城郡権大領外従六位上勲七等物部已波美。造二私池一漑二公田八十余町一。輸二私稲一万一千束一賑二公民一。依二此公平一。並仮二外従五位下一。

磐城臣雄公や物部已波美は郡司の大領や権大領で、軍事的側面の強い在地豪族である。磐城臣雄公は二四ヵ所の大橋、二六ヵ所の治水、一九〇棟の官舎や正倉を修理したことが評価され、位を賜った。これは磐城氏という郡司による造営技術の保有の実態を示している。また物部已波美は池の治水や公田の開墾が評価され、位を賜った[40]。物部氏の造営には建物が含まれていないが、治水や公田の開墾は郡司の土木技術を裏付けている。

さらに次の『三代実録』の記述から、郡司の造営技術集団の保持と郡司の役割について検討しよう。

『三代実録』貞観七年十二月九日丙辰条

勅。甲斐国八代郡立二浅間明神祠一。列二於官社一。即置二祝祢宜一。随レ時致レ祭。先レ是。彼国司言。往年八代郡暴風大雨。雷電地震。雲霧杳冥。難レ弁二山野一。駿河国富士大山西峯。急有二熾火一。焼二砕巌谷一。今年八代郡擬大領無位伴直真貞託宣云。我浅間明神。欲レ得二此国斎祭一。頃年為二国吏一成二凶咎一。為二百姓病死一。然未二曽覚悟一。仍成二此恠一。須下早定二神社一。兼任二祝祢宜一。々潔斎奉祭上。真貞之身。或伸可二八尺一。或屈可二二尺一。変レ体長短。吐二件等詞一。国司求二之卜筮一。所レ告同二於託宣一。於レ是依二明神願一。以二真貞一為レ祝。同郡人伴秋吉為二祢宜一。郡家以南作二建神宮一。

（後略）

甲斐国八代郡の浅間明神の祠では、郡の大領の伴直真貞が祝、伴秋吉が祢宜となり、郡家の南に神宮が建てられた。これは神社の修造には祝、祢宜があたるという規定による(41)。ここでは、同族とみられる伴直真貞や伴秋吉が祝・祢宜の任につき、造営に従事しており、これらの特定の氏族の同族のよる造営は、彼らが個人ではなく、氏族として造営技術を有していたことの証であり、やはり氏族による造営技術集団の保持の可能性が高いと考えられるのである。氏族による造営技術集団の保持に関しては、次の史料からも確認できる。

「太政官符」（天安三年〈八五九〉二月十六日『類聚三代格』所収）

応レ修二理鹿嶋神宮寺一事

（中略）件寺元宮司従五位下中臣鹿嶋連大宗。大領中臣連千徳等与二修行僧満願一所二建立一也。今所レ有祢宜祝等是大宗之後也。累代所レ任宮司亦同氏也。望請。官裁令下神宮司幷件氏人等一永修理検校上。謹請二官裁一者。右大臣宣。依レ請。但令下国司一且加中検校上。若氏人等無レ力二修理一者。以二三宝布施一充二用其料一。事須下随レ損即加二修理一。其所二修用一物数附二朝集使一言上上。

鹿嶋神宮寺は、もともと元宮司の中臣鹿嶋連大宗や同族の郡大領の中臣連千徳によって建立された。そして中央は鹿嶋神宮寺の長期にわたる修理の任を神宮司と「件の氏人」に課した。

この「件の氏人」は中臣氏の人を示している。[42]氏人という語は、同じ氏神を祭り、氏を構成する人々を指し、氏という概念の成立とともに用いられた語であり、[43]氏人は特定の個人ではなく氏族を指す。ここでは氏人、つまり中臣氏に対して、長期にわたる鹿嶋神宮寺の修理を求めたのである。

この修理における中臣氏の役割が労働力の徴発や経済的助力の可能性もあるが、前述のように経済援助については、通常、「知識」の語が用いられる。労働力の徴発を求めたとすると、氏人には郡司と異なり、神社修造のための雑徭徴発権が保証されておらず、長期にわたる維持管理を求めるには不適当である。ゆえにここで中臣氏に求められた能力は労働力の徴発ではなく、技術であった可能性が高い。

つまり中臣氏という氏族に対して長期にわたって修理の任が課されたことから、中臣氏が個人ではなく、氏族として造営技術を有していた、すなわち、中臣氏が氏族として造営技術集団を保持していた可能性が高いと推察できるのである。[44]

このように実際に在地豪族であった伴氏や中臣氏などの郡司は、氏族として長期的に造営技術を有していた。このことから、個人ではなく氏族として造営技術集団を保持していた可能性が高いと推察できるのである。なお、これらの郡司の造営技術集団を構成する技術者は、第Ⅰ部第三章で述べたように、国府周辺の「工」や郡や郷（里）の「工」で、彼らのような技術者による造営技術集団が在地の造営を支えていたのであろう。

四　ま　と　め

以上、官以外の造営技術に着目すると、中央・地方のいずれにおいても、氏族という単位での技術保有が窺われ、特に門号氏族や郡司・氏人などの具体的な事例が確認された。

中央では、七世紀に門号氏族が宮城門を造営し、おのおの門を守衛しており、また、これらの門号氏族は造営技術を有しており、このうち、佐伯氏や多治比氏は、八世紀に入っても造営の場で活躍していた。このほか、高麗氏や秦氏などの渡来系氏族も造営技術を有していたと考えられた。これらの門号氏族などの一部の氏族が保有した造営技術は、個人に蓄積されたものではなく、氏族による造営技術集団の保有によって、維持・継承されたと推察される。

地方では郡司が行宮を造営し、その褒賞を得ており、国分寺の造営では、中央は郡司に対して技術面での協力を求め、助力するのに対して末代までの郡司の職を保証した。長期的な維持管理に対する期待や末代までの地位の保証から、郡司が個人としてではなく、氏族として造営技術を保持していた、つまり造営技術集団を保持した可能性が推定された。

この推定を裏付ける事例として、甲斐国では郡大領の伴直真貞と同族の伴秋吉が神宮造営に従事しており、常陸国では中臣鹿嶋連大宗や郡大領の中臣連千徳が鹿嶋神宮寺を造営し、氏族として造営を行っていた。特に鹿嶋神宮寺の維持管理において、「氏人」にその責を求めた点は、中臣氏という氏族による造営技術の保持を示している。これらのことから在地においても、氏族が造営技術集団を保持していたと判断できるのである。これらの造営技術集団を構成する技術者たる「工」が、郡や里といった律令制度の地方末端組織に存在したことが木簡から確認でき、この推定を補強する。

なお、これらの氏族による造営技術集団の保持は、中央・地方の両方において、官がすべての技術者を掌握していたのではなく、奈良時代以前の技術体系が、依然として一定の水準で継承されていたことを示している。換言すると、律令国家の体制および施設の整備には、官による技術者の独占的支配が理想であったが、実際には奈良時代以前の造営体制も存在し、これを官が有効に利用していたことを示している。こうした技術者の存在形態から考えると、奈良時代に中央の第一級建築や律令的な大量生産などの高級建築技術は飛躍的に発展したが、在地を中心とする普遍的な建築技術は前時代を継承しており、その進歩は緩やかであったといえよう。

実際に同時代の発掘遺構を比較すると、整然かつ規格性の高い宮殿・官衙・大寺と規格性を見出しがたい居宅や集落という違いが顕著である。この点に対する遺構の解明には、発掘調査時に安易に規格性や整然性という解を求めず、個々の遺構を十分に検討するという地道な作業の積み重ねが必要であり、今後の調査に期待したい。

註

（1） 木工寮が技術者の管理とストックを目的とした事務組織であったことについては第Ⅰ部第一章で述べた通りである。『続日本紀』に確認できる木工頭と木工助の任官者は以下の通りである。

木工頭

阿倍若足（養老五年〈七二一〉六月二十六日）、智努王（天平十三年〈七四一〉八月九日）、智努王（天平十三年九月十二日）、小田王（天平十六年二月二日）、引田虫麻呂（天平十八年六月二十一日）、御方王（天平宝字三年〈七五九〉七月三日）、林王（天平宝字六年正月九日）、久世王（天平宝字八年正月二十一日）、石川垣守（神護景雲二年〈七六八〉二月十八日）、伊刀王（宝亀二年〈七七一〉閏三月一日）、石川垣守（宝亀三年四月二十日）、紀鯖麻呂（宝亀七年三月九日）、多治比歳主（宝亀十年十一月十八日）、葛井根主（延暦元年〈七八二〉六月二十日）、文室忍坂麻呂（延暦四年正月十五日）、文室久賀麻呂（延暦五年正月二十八日）、伊勢老人（延暦七年六月二十六日）、伊勢老人（延暦八年四月八日）、百済仁貞（延暦九年三月二十六日）、百済仁貞（延暦九年七月十七日）。

木工助

忌部鳥麻呂（天平宝字五年〈七六一〉十月一日）、広田小床（天平宝字七年正月九日）、穂積小東人（天平宝字八年正月二十一日）、榎井祖足（神護景雲元年〈七六七〉三月二十日）、日置道形（宝亀二年〈七七一〉閏三年一日）、加茂大川（宝亀二年九月十六日）、山口佐美麻呂（宝亀三年四月十日）、葛井河守（宝亀三年十一月一日）、葛井根主（延暦元年

〈七八二〉五月十七日）、田邊浄足（延暦元年六月二十日）、国中三成（延暦五年正月二十八日）、息長清継（延暦五年十月八日）、高篠広浪（延暦九年三月十日）。
（2）三舟隆之「国分寺造営と地方豪族―国分寺系軒瓦の分布を中心として―」『駿台史学』七五、一九八九年。
（3）「弘仁陰陽寮式」（宮城栄昌「弘仁・貞観式逸」『横浜国立大学人文紀要』一―七、一九六二年所収）。
（4）故実叢書『拾芥抄』吉川弘文館、一九〇六年。
（5）十二門のうちの朱雀門と皇嘉門の二門についての記述がないため、この二門は平安宮造営時には官営で行われたのではないかという指摘がなされている（佐伯有清「宮城十二門号と古代天皇近侍氏族」『新撰姓氏録の研究』研究編、吉川弘文館、一九六三年）。
（6）喜田貞吉『帝都』二三六～二三七頁、日本学術普及会、一九一五年（『都城の研究』喜田貞吉著作集 五、平凡社、一九七九年所収）。
（7）松崎宗雄「平安宮十二門の門号について」『建築史』二―一、一九四〇年。
（8）井上薫「宮城十二門の門号と乙巳の変」『日本古代の政治と宗教』吉川弘文館、一九六一年。
（9）註(5)前掲書。
（10）造営と軍事の関係については、第Ⅰ部第三章で述べたように、井上薫氏は、造宮省・右衛士府の食料請求文書の人数が共に七九五人と七九一人であり、右衛士府からの請求のみで左衛士府の請求がなく、造宮省からの請求人数と左衛士府の定員がほぼ同じであることから、造宮省の現場作業には左衛士府の衛士があたっていたと推定している（井上薫「造宮省と造京司」『日本古代の政治と宗教』註(8)前掲書）。
（11）『日本国語大辞典』山作司（やまつくりのつかさ）の項。
（12）『続日本紀』天平勝宝四年（七五二）九月乙丑（二十二日）条に、智努王が文室氏の姓を賜り、臣籍降下したと記述されている。
（13）「校訂新撰姓氏録」（佐伯有清『新撰姓氏録の研究』本文編、二一八頁、吉川弘文館、一九六二年）および角田文衛『佐伯今毛人』六頁、吉川弘文館、一九六三年。
（14）角田文衛『佐伯今毛人』（註(13)前掲書）。

（15）一般的に地方豪族や貴族は軍防令38兵衛条・軍防令47内六位条に規定されるように、兵衛に勤務する武官の道を歩むか、学令2大学生条に規定されるように、国学から大学、もしくは直接大学に入り文官の道を歩む二通りの道がある。佐伯宿祢今毛人は大学の後、登庸試を通って文官となったとみられる。
（16）角田文衛『佐伯今毛人』七九頁（註(13)前掲書）。
（17）『続日本紀』宝亀三年（七七二）九月丙午（二十九日）条、同年十一月丁丑朔（一日）条。
（18）神護景雲元年（七六七）三月には造東大寺司判官の任についており（「奉写経所本経論奉請并借充帳」『大日本古文書』編年十六ノ四三三）、神護景雲元年八月十一日に常陸介に転出する（『続日本紀』）までの約三年間、宝亀三年（七七二）十一月一日に造東大寺次官に任官され（『続日本紀』）、宝亀十年九月二十八日に河内守に転出する（『続日本紀』）までの約七年間、延暦四年（七八五）正月十五日に造東大寺長官に任官され（『続日本紀』）、他に転出するまでの約二年間（『続日本紀』延暦五年六月丁卯〈九日〉条に藤原朝臣継縄が造東大寺長官を兼任することが記される）の合計約一二年と推定される。
（19）『続日本紀』天平神護元年（七六五）二月丙寅（五日）条、宝亀二年（七七一）閏三月戊子朔（一日）条。
（20）『続日本紀』延暦四年（七八五）七月庚戌（十七日）条。
（21）角田文衛『佐伯今毛人』二一七〜二一八頁（註(13)前掲書）。
（22）任官表には参議に任じられたとしたが、『公卿補任』天平二十年（七四八）の記述には「或本不任三木」とあり、史料中で参議に任じられたこと自体を疑問視している。
（23）仁藤敦史「古代の行幸と離宮」『条里制・古代都市研究』一九、二〇〇三年。
（24）他の任官者の名前が記録から漏れた可能性もあるが、他の行宮造営の事例では、『続日本紀』の記述に複数人の名が確認できる。
（25）近江晶司「仲麻呂政権下の高麗朝臣福信」『日本古代の政治と制度』一四〇頁、続群書類従完成会、一九八五年。
（26）『続日本紀』には、この任官に関する記述はみられない。近江晶司氏は天平勝宝八歳（七五六）六月二十一日の「東大寺献物帳」の署名に従四位上行紫微少弼兼中衛少将兼山背守とあり、天平勝宝八歳七月八日の「法隆寺献物帳」には従四位上行紫微少弼兼武蔵守となっていることから、この間に武蔵守を兼任することとなったと推定している（註(25)前掲論文）。
（27）第Ⅰ部第五章参照。

(28) 仁藤敦史「長屋王、国家を傾けんと欲す」『女帝の世紀 皇位継承と政争』角川学芸出版、二〇〇六年。
(29) 佐々木博康「東北の城柵」『歴史公論』二―一〇、雄山閣出版、一九七六年。
(30) 『国史大辞典』行宮（かりみや）の項。
行宮の建築については仁藤敦史氏が一回限り利用する施設で、荒木を用いた施設であると推定している（註(23)前掲論文）。

また行宮の形態については、次の衛禁律20行宮諸門条から知られ、行宮の門に関する記述がある。

凡行宮外営門。次営門与二宮門一同。牙帳門与二殿門一同。御幕門与二閤門一同。至二御在所一。依二上条一。行宮。謂。車駕行幸及所レ至安置之処。外営門。次営門与二宮門一同。闌入者。得二徒一年一。牙帳門与二殿門一同。闌入者徒一年半。御幕門与二閤門一同。闌入者徒三年。至二御在所一。依二上条一絞。自余諸犯。或以二闌入一論。及応二加減一者。並同二正宮殿之法一。

これによると行宮の一番外側の門として外営門が置かれ、次営門・牙帳門、そして御在所に最も近い門が御幕門である。またそれぞれ行宮の門は、宮城門と同様に侵入の範囲により罰が決まっており、行宮にとって必要不可欠な要素と判断できる。また進入した門に応じて罰を定めたことから、門が領域を示す装置として認識されていたことがわかる。さらに進入に対する罰則を定めたことから、門に附属して垣や塀が廻っていたと考えられる。
(31) 前述のように史料上、他の任官者の名前が落とされている可能性もあるが、他の造行宮使の記述では複数人の任官がみられる。
(32) 他の行幸時の褒賞に関する記述では、郡司や周辺の百姓に対する禄の付与については記されるが、行宮の造営に対する褒賞とは明記されていない。しかし行幸時の供奉に対する褒賞のみではなく、行宮造営に対する褒賞という面も含まれていると考えられる。八世紀初頭には行宮造営に対する褒賞であることが明記されていたが、郡司が行宮造営に協力することがしだいに通例となることで、記述されなくなったのであろう（『続日本紀』神亀三年〈七二六〉十月甲寅〈十日〉条、天平十二年〈七四〇〉十二月丁巳〈五日〉条、天平神護元年〈七六五〉十月庚辰〈二十二日〉条、同年閏十月辛卯〈三日〉条、延暦二年〈七八三〉十月庚申〈十六日〉条、『日本紀略』延暦二十二年閏十月戊申朔〈一日〉条）。
(33) 註(23)前掲論文。
(34) 行宮の造営過程ついては以下の四つの仮説が立てられる。①既存の現地の建物を利用して調度品などの装飾を行い、行宮とする。②既存の建物に調度品などの装飾を行い、三重の囲繞施設のみを仮設で建てる。③仮設的な要素が強い新しい建物を造る。④京から材自体を解体して運び、再び現地で組み立て、移築する。この仮説に関する考察は別の機会に譲るが、行宮造営を行うことで、中央と在地の間で技術が伝播した可能性がある。

(35)『続日本紀』天平勝宝元年(七四九)五月戊寅(十五日)条、天平勝宝元年閏五月癸丑(二十日)条、天平神護二年(七六六)九月丙寅(十三日)条、神護景雲元年(七六七)五月戊辰(二十日)条、神護景雲元年六月庚子(二十二日)条、宝亀元年(七七〇)四月癸巳朔(一日)条。これらの記述においては「知識」の語が用いられた。

(36)『続日本紀』天平宝字元年(七五七)正月甲寅(五日)条。

(37)八世紀初頭以来、郡司の補任は「譜第優先」で行われており、氏族として郡司職が保証されていた。八世紀後半には中央に出仕せずに財物の献上によって位階を得る手段をとることで、本来は郡司層ではない白丁の在地豪族や新興勢力が郡司職を求めたと考えられる。

(38)『続日本紀』天平十六年(七四四)七月甲申(二十三日)条。

(39)営繕令16近大水条、『続日本紀』神亀元年(七二四)十月壬寅(十六日)条など。

(40)物部氏は蝦夷の豪族であり、この叙位は大和政権の懐柔政策の一部を含むと考えられるが、この史料では造営の功績によると叙位の理由を明記しているため、郡司の造営技術を評価したと判断できる。

(41)『日本後紀』弘仁三年(八一二)五月庚申(三日)条、「太政官符」弘仁三年五月三日(『類聚三代格』所収)、『貞観交替式』弘仁三年五月四日。

(42)鹿嶋神宮は藤原氏の氏神を祀っており、藤原氏がもともと中臣氏であったように、鹿嶋の中臣氏も藤原氏と関係がある可能性が指摘されている(志田諄一「中臣と常陸」『藤原鎌足とその時代　大化の改新をめぐって』吉川弘文館、一九九七年)。しかし中臣氏とは神との仲介をなす氏族の名前で、全国的に存在し、本章で指摘している常陸国の中臣氏は特別に高い官位を得ているわけではなく、ことさらに藤原氏との関係を強調し、特別視する点には同意しかねる。ゆえに中臣連千徳は郡の大領として任じられた在地豪族と考える。

(43)『日本国語大辞典』氏人(うじびと)の項。

(44)中臣氏に余力がない場合には別に依頼するとしたことから、中臣氏以外にも在地の造営技術集団が存在した可能性がある。

第五章　国分寺伽藍の造営と維持システム

一　はじめに

中央において東大寺の造営が行われていた頃、地方では奈良時代の地方建築の最たるものともいうべき、国分寺伽藍が造営された。この国分寺の設置は地方の既存寺院に対して寺格を定めた制度上の概念ではなく、中央大寺に匹敵する規模の金堂を有した国分寺伽藍が造営されたことが、発掘によって確認される（1）。

国分寺の造営以前から、全国的な地方仏教浸透政策は存在し、それにともなった諸国の寺院や仏舎は存在した可能性があるが、ここでは国分寺伽藍を中央官寺に匹敵する伽藍のこととする。これは地方の造営における画期を考える際には、初期の仏教浸透政策にともなう小規模建物ではなく、中央官寺に匹敵する国分寺伽藍の造営が重要な意義を有すためである。それゆえ国分寺伽藍の整備以前から始まっていた、各国の伽藍の整備や僧の配置を含む、地方における仏教浸透政策については、国分寺伽藍の造営に対し、国分寺制度という語を用いる。

国分寺について、建築史の見地からは、田邊泰氏や太田静六氏らの先行研究があり（2）、これらの研究では、伽藍配置の比較に重点が置かれている。近年では宮本長二郎氏が発掘資料を整理し、建物規模に着目した研究を行っている（3）。

これらの建築史学者による国分寺研究は多いとは言い難いが、文献史学や考古学の分野では活発に数多くの研究が行われてきた。(4) これらの研究内容は大きく以下の三つに分けられる。出土した瓦に関する研究、国分寺創建に関する『続日本紀』と『類聚三代格』における日付と表記の違いに関する研究、(5) 国分寺制度の開始時期に関する研究の三点であるが、いずれも建設過程に関する考察は十分とは言い難い。

建設の経緯からみて、中央大寺に匹敵する国分寺伽藍創建の意思表示はいつであろうか。また全国に国分寺伽藍を造営するには、造営のための経済的枠組みや実務労働者など多くの準備が必要であるが、これらの国分寺伽藍の造営過程や完成後の建物の維持管理はどのように行われたのであろうか。律令制度のもとで国家仏教浸透政策として全国に国分寺伽藍を造営したという社会背景を考慮すると、国分寺伽藍の造営過程および完成後の維持管理に関する中央政府の準備や対策について考える必要がある。

よって本章では国分寺伽藍造営の開始時期を再定義し、造営の過程、完成後の維持管理の三時期に分け、国分寺伽藍の造営過程における、国司・国師・郡司の協力、彼らの業務の内容および能力について考察したい。

二　国分寺伽藍の造営意思表示

1　先行研究の整理

先行研究では、国分寺制度の開始時期について検討がなされてきた。天平神護二年（七六六）以前の国分寺に関する記述をまとめたものが表8である。これまでの先行研究では、国分寺制度の開始時期として、以下の三つの時期が提示された。天武天皇十四年（六八五）説、天平九年（七三七）説、天平十三年説である。

表8　国分寺の造営に関する史料（一部）

和暦	西暦	月日	内容
天武天皇十四年	六八五	三月二十七日	諸国の家(国府)ごとに仏舎を造り、仏像・経を置き、礼拝供養させる。『日本書紀』
養老二年	七一八		僧道慈、唐より帰国し、金光明最勝王経をもたらす＊。『懐風藻』
天平九年	七三七	三月三日	疫病終息祈念のため、国ごとに釈迦仏像・挟侍菩薩を造らせ、大般若経を写させる。『続日本紀』
天平十二年	七四〇	六月十九日	七重塔の造営と法華経一〇部の写経を命じた。『続日本紀』
天平十二年	七四〇	九月三日	藤原広嗣が北九州で反乱を起こす。『続日本紀』
天平十二年	七四〇	九月十五日	国ごとに観世音菩薩を造らせ、観世音経一〇巻を写させる。『続日本紀』
天平十三年	七四一	正月十五日	藤原氏が国分寺丈六仏の造像のために食封を施入する。史料上の「国分寺」の初見。『続日本紀』
天平十三年	七四一	三月二十四日	国分寺創建の詔。『続日本紀』
天平十六年	七四四	七月二十三日	国ごとに国分寺・尼寺に正税各二万束を割き、出挙させ造寺の用に充てる。『続日本紀』
天平十六年	七四四	十月十七日	勅により国師も国分寺の検校させる。「太政官符」(『類聚三代格』所収)
天平十八年	七四六	十月十七日	「正倉院文書」によれば、金字の経典を書写するために官立の「写金字経所」が設けられ、七一部七一〇巻の紫紙金字金光明最勝王経が完成。『大日本古文書』編年九ノ二九四
天平十九年	七四七	十一月七日	国分寺造営に国師も関与させ、督励する。国分寺・尼寺の造営を国司は適任者を選び、三年以内に造営を完了させることを求め、修造した郡司の郡司職を保証し、さらに田地を施入する。『続日本紀』
天平勝宝八歳	七五六	六月三日	諸国の丈六仏像を検校させる。『続日本紀』
天平勝宝八歳	七五六	六月十日	諸国に使者を遣し、国分寺の丈六仏像を検閲し、造仏を催促させる。また聖武天皇一周忌までに国分寺造営を終えるように命ずる。『続日本紀』
天平勝宝八歳	七五六	十二月二十日	諸国(丹後・伯耆・出雲・備中等、主に西国二六ヵ国)に灌頂幡等を頒下し、それを国分寺に納めさせる。『続日本紀』
天平宝字三年	七五九	十一月九日	諸国に国分二寺の図を配布する。『続日本紀』
天平宝字四年	七六〇	七月二十六日	諸国の国分寺に阿弥陀浄土図像を造らせ、供養した。『続日本紀』
天平宝字八年	七六四	十一月十一日	造営が完了していない国分寺があり、国司・郡司の責任を追及した。「太政官符」(『類聚三代格』所収)
天平神護二年	七六六	八月十八日	国分寺は完成したが、すでに破損しているものがあることを述べ、国分寺の修理の必要な建物について造寺料を用いて修理することを定めた。「太政官符」(『類聚三代格』所収)

天平神護二年	七六六	九月五日	国分寺の修理の必要な建物について、官舎の破損と同じく朝集使を通じて、報告させた。『続日本紀』

註　＊：金光明最勝王経は一〇巻で、中国の唐の義浄が長安三年（七〇三）に翻訳したものである。道慈は大宝元年（七〇一）～養老二年（七一八）まで唐に留学しており、その際に持ち帰ったとされる。

天武天皇十四年説は、天武天皇十四年三月二十七日の『日本書紀』の記述を全国的な官寺制度の整備とする説である。これは辻善之助氏[6]や角田文衛氏[7]によって提案され、天武天皇十四年の国ごとの仏舎整備こそが、国分寺制度の始まりで、『続日本紀』天平十三年三月乙巳（二十四日）条にある詔（以下、天平十三年の詔とする）では、すでに造営されていた寺の名を「金光明四天王護国寺」、尼寺を「法華滅罪之寺」と定め、寺田などの制度を整備したに過ぎないという考えである。そして国府の寺である「国府寺」が転訛して「コクブデラ」となり、「国分寺」となったとする。

天平九年説は、天平九年三月三日の『続日本紀』の記述をもとに、中央が国ごとに仏像を造らせた際に、仏像を安置する寺院の造営も同時に行われたとする考えである。これは井上薫氏[8]や家永三郎氏[9]によって提案され、天平十三年の詔より前である『続日本紀』天平十三年正月丁酉（十五日）条に「国分寺」と記されることから、天平十三年の詔以前から国分寺があったとする。天平十年「駿河国正税帳」[10]の「二寺稲春夏出挙」の記述の二寺が国分寺と国分尼寺を示すとし、これが主な根拠である。

天平十三年説は、天平十三年の詔の記述をもとに、平岡定海氏[11]や堀池春峰氏[12]らによって提唱された。国分寺制度の具体的な内容まで記述していることを主な根拠とし、天平十三年を国分寺の始まりとする。

天武天皇十四年説と天平九年説については、根拠とする天平十年「駿河国正税帳」の「二寺稲春夏出挙」の記述にある二寺が大安寺・薬師寺を指すことが指摘され[13]、天平十年以前に国分寺が存在したとする根拠は失われた。よって現在では天平十三年を国分寺の始まりとする説が一般的に広く知られており、国分寺の制度としての画期は、この時期であるといえよう。

このように先行研究では、仏教浸透政策上の国分寺制度の開始時期を検討対象としてきたが、果たして制度と同様に天平十三年の詔を国分寺伽藍造営の意思表示としてよいのだろうか。また天平十三年の詔以前の『続日本紀』天平十三年正月丁酉（十五日）条に国分寺と記されることに対する疑問は解決していない。

2　国分寺伽藍造営の意思表示

国分寺制度と同様に天平十三年（七四一）の詔を国分寺伽藍造営の意思表示とする点については検討の余地がある。そのため「国分寺」の語の初見である天平十三年正月十五日以前に国分寺伽藍造営の意思表示を求め、天平十三年以前の地方における寺院の様子、国分寺伽藍造営の意思表示について検討しよう。

まず最も早い天武天皇十四年（六八五）説について、次の『日本書紀』の記述をみよう。

『日本書紀』天武天皇十四年三月壬申（二十七日）条

詔。諸国毎レ家作二仏舎一。乃置二仏像。及経一。以礼拝供養。

この記述のように、この時点では「諸国の家ごとに」仏舎が造られ[14]、仏像が安置されたが、国分寺伽藍の造営とは記されていない。よって、仏教浸透政策としてみると、諸国に対する仏舎と仏像の造営の指示は一つの画期であるが、建築整備の面から考えると、この時期を国分寺伽藍造営の意思表示とすることは難しい。

天平十三年以前の地方寺院の様子については、次の『続日本紀』から窺える。

『続日本紀』霊亀二年（七一六）五月庚寅（十五日）条

詔曰。崇二飾法蔵一。粛敬為レ本。営二修仏廟一。清浄為レ先。今聞。諸国寺家。多不レ如レ法。或草堂始闢。争求二額題一。幢幡僅施。即訴二田畝一。或房舎不レ修。馬牛群聚。門庭荒廃。荊棘弥生。遂使下無上尊像永蒙二塵穢一。甚深法蔵不上レ免二風雨一。多歴二年代一。絶無二構成一。於レ事斟量。極乖二崇敬一。今故併二兼数寺一。合成二一区一。庶幾。同レ力共造。更興二頽法一。諸国司等。宜下明告二国師衆僧及檀越等一。条二録部内寺家可レ合。幷財物一。附レ使奏聞上。又聞諸国寺家。堂塔雖レ成。僧尼莫レ住。礼仏無レ聞。檀越子孫。惣二摂田畝一。専養二妻子一不レ供二衆僧一。因作二諍訟一。諠二擾国郡一。

（後略）

建物の状況を示す部分に着目すると、霊亀二年には地方に寺院が存在したが、諸国の多くの寺は法に従わず、[15]粗末な堂を建てたのみで、僧尼の住む建物の整備もせず、馬牛が群れて集まり、門や庭は荒れていた。

こうした状況を鑑みるに、草葺や板葺程度で、おそらく掘立柱の私寺は諸国に存在したのであろうが、少なくとも中央官寺に匹敵するような国分寺伽藍は存在しなかったとみられる。[16]

しかし国分寺伽藍が存在せずとも、地方における仏教の浸透は進んでおり、大宝二年（七〇二）に諸国の国師が任じられて以降、[17]国師が国内の諸寺の監督、僧尼の指導、経典の講説を行っていた。

実際に、天平六年の尾張国、天平八年の薩摩国、天平九年の但馬国・和泉監、天平十年の淡路国・駿河国、天平十一年の伊豆国の正税帳に正月十四日の斎会供養料が記され、諸国で金光明経と最勝王経が転読された。[18]では国分寺伽藍が造営されていないこの時期の地方において、正月斎会における金光明経と最勝王経の転読はどこで行われたのであろうか。八世紀の中央における正月斎会と九世紀の諸国における法会について検討し、そこから八世紀初頭の諸国における法会[19]の場所について考察しよう。

奈良時代の中央では大極殿において正月斎会が行われ、金光明最勝王経が転読されたことが知られている。[20]前述の諸国における正月十四日の斎会は、この大極殿における正月斎会の読経に対応する。地方では、仏教寺院よりも先に政治施設である地方官衙が整備され、国分寺伽藍よりも前に国衙は整備されていたことが発掘により明らかになっている[21]。このことから大極殿における正月斎会と同様に、地方では国師が国衙の中心である国庁において正月斎会を行ったと推察される[22]。

また九世紀には、『続日本後紀』や「太政官符」に記されるように、地方では最勝王経の転読や吉祥悔過といった法会の場所が国分寺から国庁に移された[23]。すなわち九世紀の段階には、国庁において、最勝王経の転読と吉祥悔過が可能であり、国庁が国分寺の機能的要求を満たしていたのである。

中央において正月斎会が大極殿で行われたこと、九世紀には国庁で法会が行われたことの二点からみて、国分寺伽藍が整備される以前には、地方における法会の場は国庁であったと推察される。さらに八世紀前半の地方においては、国衙以外の建物の整備が進んでいなかったことを鑑みても、この時期の諸国の法会は、国庁において行われた可能性が高いと考えられる。

このように国分寺伽藍整備以前には、地方における法会の場は国庁であり、国分寺伽藍を造営することで、法会の場が政治施設である国庁から国分寺に移った。つまり国分寺伽藍造営とは地方における国庁以外の法会の場の造営と捉えられるのである。国庁以外の法会の場所を造営するという点に着目して、諸国における仏教政策に関する史料を再検討すると、次の『続日本紀』の記述が重要である。

『続日本紀』天平十二年六月甲戌（十九日）条

令下天下諸国毎レ国写二法華経十部一。幷建中七重塔上焉。

これは法会の場を国庁以外に設けることが意図され、七重塔という印象強く、具体的な建築の形が提示された初見である。この記事の記述は、これまでも議論の対象となってきたが、天平十三年の詔と比べて短く、画期とは、みなされてこなかった。しかし『続日本紀』の史料の性格を考慮すると、内容を具体的に記した記述の一部のみが編纂されたとは考えられないだろうか。つまりこの記述は法華経の写経と七重塔の造営という二つの内容を端的に示しているため、細かい内容の記述は省かれた可能性がある。そのため記述が短いということをもって、国分寺伽藍の造営を考えるうえでこの記事が重要ではないとする根拠とはなりえない。

この記述を国分寺伽藍造営の意思とする根拠として、七重塔という具体的な建築に関する提示に加え、造塔の重要性と法華経の写経の二つがあげられる。

天平十三年の詔には「其造塔之寺。兼為二国華一」と記され、国分寺伽藍の整備において、七重塔が重要な要素であることを明示している。そして法会の場を国庁から七重塔を備えた国分寺伽藍に移すことに大きな意義があり、その意図が読み取れる。

二つ目の根拠である法華経の写経についても、七重塔と同様に、この記述が初見である。日本における国分寺制度は、中国とは異なり、国分寺・国分尼寺の二寺制である。この日本独自の仏教政策である国分尼寺（法華滅罪之寺）のための法華経写経がこの時期に諸国に対して命じられたのである。ゆえに法華経写経は国分寺を僧寺のみではなく、尼寺を併設することの意思表示として捉えることができる。

つまり、この『続日本紀』天平十二年六月甲戌（十九日）条によって、国分寺と国分尼寺の国分二寺制度が定められ、国分寺伽藍の華であり、象徴である七重塔を有した国分寺伽藍造営の意思が示されたのである。

このように、①国庁における法会から脱却した具体的な建築提案、②国分寺における塔の重要性、③法華経写経が示す国分尼寺構想の三つの理由から、国分寺伽藍造営の意思表示を天平十二年六月十九日の『続日本紀』の記述に求めることができるのである。

三　造営過程と維持管理

前節で、国分寺伽藍造営の意思表示は天平十二年（七四〇）六月十九日であるとしたが、これはあくまで造営の意思表示である。実際に国分寺伽藍はどのようにして造営され、維持されたのであろうか。大きく、計画段階、実務段階、完成以降の三つの時期を考え、そのうち計画段階として①国分寺の経営計画および建設計画、②造営のための経済的枠組みと設計、実務段階として③国師と在地の協力、④実務の遅滞と催促、完成以降として、⑤完成時期、⑥完成後の維持管理の六点に細分化して着目し、文献史料をもとに考察を進めたい。

1　計画段階

国分寺制度の経営計画および建設計画

これまで述べてきたように、伽藍造営の観点からみると天平十二年における七重塔造営の意思表示が重要な画期となる。そして七四〇年代前半の時期は国分寺伽藍造営の計画段階である。

では、その後に出された天平十三年の詔にはどのような意義があるのであろうか。先行研究とは異なる視点で、次の天平十三年の詔の内容をみよう。

『続日本紀』天平十三年三月乙巳（二十四日）条

詔曰。（中略）宜レ令下天下諸国各敬造二七重塔一区一。幷写中金光明最勝王経。妙法蓮華経各一部上。朕又別擬写二金字金光明最勝王経一。毎レ塔各令レ置二一部一。所レ冀。聖法之盛。与二天地一而永流。擁護之恩。被二幽明一而恒満。其造塔之寺。兼為二国華一。必択二好処一。実可二長久一。近レ人則不レ欲二薫臭所一レ及。遠レ人則不レ欲二労レ衆帰集一。国司等各宜下務存二厳飾一。兼尽中潔清上。近感二諸天一。庶幾臨護。布二告遐邇一。令レ知二朕意一。又①毎レ国僧寺。施二封五十戸。水田十町一。尼寺水田十町。②僧寺必令レ有二廿僧一。其寺名為二金光明四天王護国之寺一。尼寺一十尼。其寺名為二法華滅罪之寺一。両寺相共宜レ受二教戒一。若有レ闕者。即須二補満一。③其僧尼。毎月八日。必応レ転二読最勝王経一。毎レ至二月半一。誦二戒羯磨一。毎月六斎日。公私不レ得二漁猟殺生一。国司等宜三恒加二検校一。

前半部分には国分寺の建築的要素が述べられている。以下、その要約である。全国に命じて、七重塔一基を造営させ、金光明最勝王経と妙法蓮華経をそれぞれ一部を書写させ[24]、聖武天皇はこれとは別に金字金光明最勝王経を書写し、これを塔ごとに各一部置くことを定めた。また塔は国の華であり、寺の場所は人家の臭いがせずかつ参集するのに不便でない必ず良い所とするように命じ、国司らに対しては国分寺を厳かに飾るように努め、清浄を守ることを命じた。

このように七重塔という建築の形、あるいは形式が再提示され、そこに経典を収めること、七重塔の重要性をあげ、さらに寺地の選定条件が定められた。そして金光明最勝王経は塔に納め、天平十二年の法華経写経によって国分寺二寺制度の構想が提示されたように、法華経は国分尼寺に納めることとした。しかし天平十三年の詔には造営方法や造営に必要な経済的枠組みについて、具体的な提示は記されていない。

後半部分の内容は大きく分けて、史料傍線部①〜③の三つである。

一つ目として、僧寺に封五〇戸、水田一〇町、尼寺に水田一〇町を施入することを定めた。これは国分寺の経営に関する経済的枠組みの作成であり、造営のための経済的枠組みではない。

二つ目として、僧寺には二〇僧を置き、寺名を金光明四天王護国之寺とし、尼寺には一〇尼を置き、寺名を法華滅罪之寺とした。さらに僧尼の両寺は教戒を受け、もし欠員が生じた場合は補充することが定められた。これは国分寺の僧尼の人員と欠員時の補充方法を定めたもので、国分寺を運営するための制度上の規定である。三つ目として、毎月最勝王経を転読し、月半ばには戒羯磨を誦し、六斎日には漁猟殺生することが禁じられた。これは国分寺における儀式や行為について定めたものである。

このように三点が定められたが、これらは国分寺の経営および運営に関する制度であり、塔以外の建物に関する具体的な記述はない。加えて、僧尼に対する国分寺経営の経済的枠組みは定められたが、伽藍造営のための経済的枠組みは定められていなかった。

つまり当初の国分寺伽藍については、天平十二年六月十九日に七重塔の造営意思表示がなされた。そして天平十三年の詔において寺地の選定条件が加わることで造営の意思が再表示され、国分寺の経営や運営についての制度が定められたが、この時点では造営に必要な経済的枠組みは整備されなかったのである。

造営のための経済的枠組み

前項で述べたように、天平十二年、十三年の段階には国分寺伽藍造営に対する経済的枠組みはなかった。では、いつ造営のための経済的枠組みは作成されたのであろうか。造営に対する財源の初見として、次の『続日本紀』があげられる。

『続日本紀』天平十六年七月甲申（二十三日）条

詔曰。四畿内七道諸国。国別割二取正税四万束一。以入二僧尼両寺一各二万束。毎年出挙。以二其息利一永支二造寺用一。

この記述にあるように、諸国国分寺の僧寺と尼寺にそれぞれ二万束の正税を充て、その出挙による利益を造営の費用とした。ここでは、造営の費用として出挙利稲を用いた点が重要である。

出挙は利息付きの貸借で、養老令に公出挙は年に半倍の利、つまり年利五割とし、大宝令でも同様であったとする。[25]

すなわち元手となる稲を一度、財源として支給すれば、その利益によって長年にわたる財源の確保は可能なのである。この出挙利稲による長期的な財源の確保は、国分寺伽藍造営の規模を鑑みると、非常に有効な経済的枠組みであった。(26)

では、この出挙利稲による経済的枠組みは実際に長期的な財源として有効であったのであろうか。天平十六年以降、新たに造営のための経済的枠組みが作られなかったことから、この経済的枠組みが機能していたと推察される。また、この枠組みの存続は、佐渡国分寺の造国分寺料に関する次の『続日本紀』の記述から確認できる。

『続日本紀』神護景雲二年（七六八）三月乙巳朔（一日）条

（前略）北陸道使右中弁正五位下豊野真人出雲言。佐渡国造二国分寺一料稲一万束。毎年支在二越後国一。常当二農月一。差レ夫運漕。海路風波。動経二数月一。至レ有二漂損一復徴二運脚一。乞割二当国田租一。以充二用度一。（後略）

佐渡国の造国分寺料一万束を越後国から海路を運んでいたが、障害が多いため、佐渡国の正税を充てることとした。この一万束は、二万束の五割の出挙利稲一万束と等しく、天平十六年に経済的枠組みとして定められた出挙稲と考えられる。ではなぜ佐渡国は越後国から造国分寺稲を運ぶ必要があったのであろうか。

佐渡国は天平十五年二月十一日に越後国に併合されたが、(27)再び天平勝宝四年（七五二）十一月三日に分立した。(28)経済的枠組みの定められた天平十六年七月二十三日には、佐渡国はすでに越後国に併合されていた。そのため天平勝宝四年十一月三日に佐渡国が分立したことで国分寺伽藍の造営が必要となったが、佐渡国は他国のように出挙利稲を造国分寺料として使用することはできなかったのである。なぜならば出挙利稲の使用は、天平十六年七月二十三日に定められたが、元手の支給は、この時に限られ、支給時に越後国に併合されていた佐渡国には出挙の元手となる二万束の稲が存在しなかったと考えられる。

よって佐渡国には国分寺伽藍造営の経済的枠組みがなかったために、越後国の造国分寺稲が運搬されており、神護景雲二年になって、初めて佐渡国独自の経済的枠組みが設置されたのである。この佐渡国の事例は国分寺伽藍の造営費用が毎年、支給されたのではなく、長期的財源となる出挙による経済的枠組みが存続していたこと、天平十六年七月二十三日から神護景雲二年三月一日の間に新たに国分寺伽藍造営のための経済的枠組みが作られなかったことを示している。

このように天平十三年の詔によって国分寺の経営のために寺封が定められたが、造営費用は規定されず、造営のための経済的枠組みは天平十六年の段階で初めて設置されたのである。その費用は長く費用を捻出できる出挙とし、その目的通り、この経済的枠組みは長く機能し、存続した。

2　実務段階

国師と在地の協力

造営のための経済的枠組みが決定した後には、伽藍の設計が必要である。この時期は七四〇年代後半である。天平十三年の詔において国司に対して国分寺の荘厳を指示したが、果たして寺院や仏教儀礼に詳しいとは言い難い国司が、僧の協力なしに国分寺の具体的な伽藍設計や計画を行えたのであろうか。また在地の協力なしに、中央から赴任してきた国司の力のみで国分寺伽藍を造営できたのであろうか。地方の僧官である国師は国分寺伽藍の造営に関与しなかったのであろうか。これら国師と在地の協力について検討しよう。

まず次の『続日本紀』の記述から国師の国分寺伽藍造営における関与が確認できる。

『続日本紀』天平十九年十一月己卯（七日）条

詔曰。朕以㆓去天平十三年二月十四日㆒。至心発願。欲㆑使㆓国家永固。聖法恒修㆒。遍 詔㆓天下諸国㆒。国別令㆑造㆓金光明寺。法華寺㆒。其金光明寺各造㆓七重塔一区㆒。并写㆓金字金光明経一部㆒。安㆓置塔裏㆒。而諸国司等怠緩不㆑行。或処寺不㆑便。或猶未㆑開㆑基。以為。天地災異一二顕来蓋由㆑茲乎。朕之股肱豈合㆑如㆑此。是以差㆓従四位下石川朝臣年足。従五位下阿倍朝臣小嶋。布勢朝臣宅主等㆒。分㆑道発遣。検㆓定寺地㆒。并察㆓作状㆒。国司宜㆘与㆓使及国師㆒簡㆓定勝地㆒勤加㆗営繕㆖。又任㆓郡司勇幹堪㆑済㆓諸事㆒。専令㆓主当㆒。限㆓来三年以前㆒。造㆓塔金堂僧坊㆒悉皆令㆑了。若能契㆑勅。如㆑理修㆓造之㆒。子孫無㆑絶任㆓郡領司㆒。其僧寺尼寺水田者除㆓前入数㆒已外。更加㆓田地㆒。僧寺九十町。尼寺四十町。便仰㆓所司㆒墾開応㆑施。普告㆓国郡㆒知㆓朕意㆒焉。

この内容を要約すると以下の通りである。天平十三年の詔によって、僧・尼寺の国分二寺制を定め、僧寺に七重塔を造り、そこに金字金光明最勝王経を安置するよう定めた。しかし国分寺伽藍造営に対する国司らの怠緩によって便の悪いところに選地するものや寺の基を開かず、寺地を決めない国すらあり、天地の災異はそのためである。よって中央より地方を視察する者を発遣して、寺地を検校し、実情を視察させ、国司に対し、検校のための使者や国師とともに地勢の優れた土地を選び「営繕」すなわち造営を命じた。[29]三年以内に塔・金堂・僧坊を完成させるために郡司にも造営に協力をさせ、もし完成後に郡司が「修造」すなわち維持管理に努めたならば、子孫・末代まで郡司の職を保証することを定めた。

ここで地方僧官である国師の国分寺伽藍の造営に対する協力が明記された。[30]この点は国分寺伽藍造営において、僧である国師の重要度が増したことを示している。このように造営の指導権を国司と国師に持たせ、国分寺の選地と営繕を行わせた点は、造営に際して、俗人ではなく、法会を行う国師の協力が必要であったためと考えられる。国師の役割については後述する。

この『続日本紀』天平十九年十一月己卯（七日）条には在地の協力についても記される。郡司に対する協力要請の内容は、完成後における維持管理を含むことからも、すでに定められた経済面ではなく、技術者や労働力の供出とみられる。では、まず郡司や地方豪族の経済面における協力について検討しよう。

郡司や地方豪族の国分寺伽藍造営に対する経済的貢献には、「知識」がある。知識とは善知識の略で、僧尼の勧化に応じて仏事の結縁のため財物や労力を提供して、その功徳にあずかろうとする者をいい、その知識の語から提供した財物を知識物という(31)。実際に地方豪族の国分寺伽藍造営に対する知識物の事例の初見として、次の『続日本紀』があげられる。

『続日本紀』天平勝宝元年五月戊寅（十五日）条

上野国碓氷郡人外従七位上石上部君諸弟。尾張国山田郡人外従七位下生江臣安久多。伊予国宇和郡人外大初位下凡直鎌足等。各献二当国国分寺知識物一。並授二外従五位下一。

これ以降、郡司や地方豪族が国分寺伽藍造営に対する知識物によって、位階を得るという手段が一般化した。正史では六位以下の叙位を省略することが多いが、叙位にあずかろうとした郡司や地方豪族は相当数、存在した可能性は高い。

当初は、国分寺制度の精神に基づき、多くの人民の協力による国分寺伽藍の造営の一環として、郡司や地方豪族が知識による協力を行った。しかし国分寺伽藍中心域の完成後とみられる七六〇年代後半にも知識物はみられ(32)、これら国分寺伽藍中心域の完成後の知識物は、造営に対する協力ではなく買官行為とみられる。つまり当初は多くの人民の協力によって国分寺伽藍造営を行う意図としての知識物が、しだいにその意義が失われ、買官行為へと変化したのである。

このように国分寺伽藍造営に対する経済協力の際には「知識」の語が用いられた。そして経済協力は在地主体で行われたもので、中央が郡司をはじめとする在地に求めた協力ではない。ここから『続日本紀』天平十九年十一月己卯（七日）条で求めた協力は経済面ではなく、技術者や労働力の供出と考えられる。つまり、この時期は造営のための経済的枠組みの作成といった計画段階から脱却し、郡司ら在地の協力を求めた実務段階に入っていたのである。

実務の遅滞と催促

前項で述べたように、在地の協力を求めたにもかかわらず、次の『続日本紀』に記されるように、国分寺伽藍の造営は遅滞し、中央の催促は続いた。

『続日本紀』天平勝宝八歳六月乙酉（三日）条

勅遣二使於七道諸国一。催二検所レ造国分丈六仏像一。

『続日本紀』天平勝宝八歳六月壬辰（十日）条

詔曰。頃者。分二遣使工一検二催諸国仏像一。宜三来年忌日必令二造了一。其仏殿兼使二造備一。如有二仏像幷殿已造畢一者。亦造レ塔令レ会二忌日一。夫仏法者。以レ慈為レ先。不レ須三因レ此辛二苦百姓一。国司幷使工等。若有レ称二朕意一者。特加二褒賞一。

これらの記事を要約すると以下の通りである。天平勝宝八歳六月三日に諸国に使いを遣わし、国分寺の丈六仏像を確認させた。そして六月十日には、技術者を派遣し、六月四日に亡くなった聖武天皇の一周忌までに、丈六仏像の造像と仏像を安置する仏殿（金堂）を必ず整備し終えることを命じた。そして仏像と仏殿が完成したならば塔を造り、忌日に間に合わせること、百姓を辛苦させないように事を運び、朕の意にかなう国司ならびに派遣した技術者には褒賞を与えることと詔した。

この段階は仏像と仏像を安置する金堂の造営を催促する段階である。ここでの褒賞の対象は国司や技術者であり、国師が含まれていない。また、この記述から天平十九年十一月七日に、三年以内に伽藍造営を終えるように催促したにもかかわらず、完成していない国分寺が存在したこと、仏像や仏殿の検校に技術者を派遣したことから、検校には、ある程度、技術を有した人間が必要とされたことがわかる。さらに国司や派遣した技術者が首尾よく完成させた時には彼らに褒賞を与えるとしたことから、造仏や仏殿造営の遅滞に対応して、派遣された技術者が造営に協力したと推察される。すなわち、中央と地方の間における技術交流の機会の一例と理解できる。

なお天平十三年の詔では「其造塔之寺。兼為㆓国華㆒」とし、塔が重要視された[33]が、この史料では金堂の造営が優先された。この理由として塔の造営が困難であったことや興福寺伽藍において、塔が金堂院回廊の外に配置されたように、奈良時代に入って塔の重要性が低下したことがあげられる。しかし、これら以上に重要な点は、「来年の忌日までに」と期限を設けて、仏像と仏殿の造営を求めたことである。すなわち塔よりも金堂を優先させた最大の要因は、聖武天皇一周忌の法会を諸国国分寺金堂で行うためといえよう。理由はともあれ、この時点で、多くの国分寺において塔・金堂といった伽藍中心施設すらも完成していなかった。このように七五〇年代半ばには多くの国分寺伽藍造営が遅滞し、期日を聖武天皇の一周忌と定めて国分寺伽藍造営を催促する実務段階であったのである。

3　完成以降

完成時期

前項で述べたように七五〇年代の半ばには、聖武天皇の一周忌までに国分寺の金堂や仏像を完成させるように催促が行われており、多くの国分寺伽藍が完成していたとは考えにくい。では国分寺伽藍の中心域はいつ完成したのであろうか[34]。

まず次の『続日本紀』の記述から一部の国では国分寺伽藍の中心域が完成していたと判明する。

『続日本紀』天平勝宝八歳十二月己亥（二十日）条

越後。丹波。丹後。但馬。因幡。伯耆。出雲。石見。美作。備前。備中。備後。安芸。周防。長門。紀伊。阿波。讃岐。伊予。土左。筑後。肥前。肥後。豊前。豊後。日向等二十六国。国別頒㆓下灌頂幡一具。道場幡四十九首。緋綱二条㆒。以充㆓周忌御斎荘飾㆒。用了収㆓置金光明寺㆒。永為㆓寺物㆒。随㆑事出用之。

灌頂幡・道場幡・緋綱といった聖武天皇の一周忌斎会に必要な道具が二六ヵ国に頒下された。これら二六ヵ国の国分寺伽藍は完成していたと考えられる。現に二六ヵ国のうち安芸国分寺は、発掘を通して、天平勝宝二年には完成していた可能性が高いと判断されている[35]。安芸以外の国については確固たる証拠は存在しないが、天平勝宝八歳六月十日に一周忌までに国分寺金堂の造営完了を催促したように、聖武天皇の一周忌斎会を国分寺で行うことが計画されていた。全国の国分寺伽藍の中心域（金堂）が完成していたとすると、二六ヵ国ではなく全国に一周忌斎会のための荘厳具が配られてしかるべきである。この荘厳具が二六ヵ国にのみ配られた理由は、伽藍中心域にある金堂の完成していた国分寺がこの二六ヵ国のみであったためと考えられる[36]。

このほか、諸国に対して儀式を国分寺伽藍で行うことを命じた史料として、次の『続日本紀』の記述がある。

『続日本紀』天平宝字四年（七六〇）七月癸丑（二十六日）条

設㆓皇太后七々斎於東大寺并京師諸小寺㆒。其天下諸国。毎㆑国奉㆑造㆓阿弥陀浄土画像㆒。仍計㆓国内見僧尼㆒。写㆓称讃浄土経㆒。各於㆓国分金光明寺㆒礼拝供養。

諸国の国ごとに阿弥陀浄土の画像を作り、称讃浄土教を書写し、国分金光明寺で礼拝供養することが命じられた。

ここでは、この礼拝供養の場所を国分寺伽藍とすることが明記された。この記述から、国庁など、国分寺伽藍以外における儀式が主であったものが、この時期になって諸国国分寺で儀式が可能になった、すなわち国分寺伽藍が完成していたと考えられるのである。国分寺で儀式が開催される状態に至るまで、国分寺伽藍造営の意思表示から約二〇年の歳月が費やされた。(37)

このように国分寺伽藍の中心域は天平勝宝八歳までには前述の二六ヵ国において完成し、天平宝字四年にはほとんどの国で完成していたとみられる。なお二六ヵ国に含まれない武蔵国の国分寺伽藍中心域の完成時期が天平宝字二年とみられ、(38)天平勝宝八歳から天平宝字四年の間に完成したという推論を補強する一例である。

完成後の維持管理

前述のように、天平宝字四年には多くの国分寺伽藍の中心域は完成していた。では完成した伽藍はどのように維持管理されたのであろうか。次の二つの史料には国分寺の修理を促す記述がなされている。

「太政官符」（天平神護二年八月十八日『類聚三代格』所収）

（前略）

一　国分寺先経造畢塔金堂等。或已朽損将レ致二傾落一。如レ是等類宜下以二造寺料稲一且加中修理上之。

以前被二右大臣宣一偁。奉　レ勅如レ件。

「勅」（神護景雲元年〈七六七〉十一月十二日『類聚三代格』所収）

勅。諸国国分寺塔及金堂或既朽損。由レ是天平神護二年各仰二所由一。以二造寺料稲一随即令レ修。而諸国緩怠曽未二修造一。非三唯露二穢尊像一。実亦軽二慢　朝命一。宜三早随レ壊修理不レ得二更怠一。又国分僧尼供養除二米塩一外曽無二優厚一。斎食之道豈合レ如レ此。宜三醤酢雑菜優厚供養一。其料度者用二寺田稲一。永為二恒例一。

この時期には国分寺の塔や金堂の多くが完成していたとみられるが、すでに破損するものも多く、修理が必要となり、その費用に、造寺料の稲を用いることとした。ここで修理のための経済的枠組みを作成し、修理を早急に実施することを定めたのである。

造営のための経済的枠組みである出挙利稲が修理費用として用いられたことから、この時期にも有効な財源として存続・機能していたことが判明する。これは前述の神護景雲二年の佐渡国の造国分寺料の事例と合わせて、造営のための出挙が長期的な経済的枠組みとして存続していたことを裏付けている。このように造営のための費用が永続的な出挙であったため、それが維持管理の財源へと変化したのである。

次の『続日本紀』には、官舎と国分寺の修理に関する報告を命じたことが記される。

『続日本紀』天平神護二年九月戊午（五日）条

勅。比見㆓伊勢美濃等国奏㆒。為㆑風被㆑損官舎数多。非㆓但毀頽㆒。亦亡㆓人命㆒。昔不㆑問㆑馬。先達深仁。今以㆑傷㆑人。朕甚悽歎。如聞。国司等朝委未㆑称。私利早著。倉庫懸磬。稲穀爛紅。已忘㆓暫労永逸之心㆒。遂致㆓雀鼠風雨之恤㆒。良宰莅㆑職。豈如㆑此乎。自㆑今以後。永革㆓斯弊㆒。宜令㆘諸国具録㆗歳中修㆓理官舎㆒之数㆖。付㆓朝集使㆒。毎年奏聞。国分二寺亦宜㆑准㆑此。不㆑得㆘仮㆓事神異㆒驚㆗人耳目㆖。

この「勅」によって中央は国分寺伽藍建物の状態のチェックを指示した。これは天平神護二年八月十八日の「太政官符」によって定められた維持管理のための実態調査と考えられる。

このように、この時期に中央は維持管理を目的として各国の国分寺伽藍の建物を調査し、修理のための経済的枠組みを造国分寺料と定めており、この時期を国分寺伽藍維持管理の開始時期と捉えられるのである。

四　国師の役割

前述のように官の僧たる国師は造営に関して何らかの職能を有していた。国分寺伽藍の造営においては、実務段階となって国師の協力が求められた。果たして、国師は①造営の計画立案、②経済的枠組みの作成、③選地、④設計、⑤監理、⑥実務（加工などや技術指導）、⑦維持管理といった造営過程で、どのような能力を発揮したのであろうか。これら七点に着目し、国師の職能について検討する。

①造営の計画立案、②経済的枠組みの作成は、『続日本紀』天平十二年（七四〇）六月甲戌（十九日）条や天平十六年七月甲申（二十三日）条のように中央において定められたため、各国の国師は関与していない。

また⑤監理や⑥実務に関しては、次の史料から検討でき、中央は「料を用いて物を造る」として、当初は国師に国分寺を検校・監理・実務を担わせることを意図しており、ここから国師はこれらの能力を有していたと判断できる。

「太政官符」（弘仁三年〈八一二〉三月二十日『貞観交替式』『類聚三代格』所収）

応レ令下諸国講師一検中校国分二寺上事

右検二案内一。太政官去天平十六年十月十七日　勅偁。国師親臨検校務令二早成一。用レ糧造レ物。子細勘録。以申二綱所一。一切諸寺亦復如レ之者。自レ茲以降。遵行既久。至二于延暦十四年一。改二国師一称二講師一。専任二講説一。不レ預二他事一。堂宇頽壊。不レ存二修葺一。尊像損汚。無レ情二改飾一。熟論二其理一。事不レ容レ然。（後略）

このように国分寺伽藍造営においては国師の関与はみられないが、この「太政官符」の後半部分は⑦維持管理に関して国師の能力が期待されていたことを示している。その概要は以下の通りである。延暦十四年（七九五）に国師が講師と改称され、講説に専念して雑事を免除された結果、堂宇は壊れ、屋根の葺替えもしない有様である。

国師と同様に国司も国内の寺院を検校する役割を担っていたため、国司が検校・修理可能であったのであれば、この「太政官符」に記されるように、堂の破損が問題にはならないはずである。しかし、ここでは堂の破損の原因として、国師が講師となったことによる雑事の免除があげられた。これは修理に関して、国師が大きな役割を果たしたことを示している。つまり国司には修理できなかったが、国師は国分寺伽藍の維持管理について、実務上、重要な役割を担っていたと推察されるのである。(39)

ただし実務段階の『続日本紀』天平勝宝八歳（七五六）六月壬辰（十日）条には、「国司幷使工等」が実務の褒賞対象者としてあげられており、国師は実務には関与しなかったとみられる。(40)

次に③選地について検討しよう。国分寺伽藍の敷地には、天平十三年の詔によって、「人家の臭いがしない」「参集するのに不便でない」という二つの条件を満たす場所が求められた。しかし『続日本紀』天平十九年十一月己卯（七日）条に記されるように、敷地選定は当初の期待通りには進まず、国師の協力が求められた。

この二つの条件を満たす国分寺伽藍の敷地を探すには、土地の条件を読み取る能力が必要であったが、選地という作業を国司が十分に行えなかったため、国師に対して協力が求められた。すなわち国師が国司にはない選地の能力を有していたと推察される。この選地能力が、仏教教義による選地能力であるのか、造営面を考慮した選地能力であるのかについては、ここからは判断できないが、国師の造営に関する職能の一つといえよう。いずれにせよ、僧である国師に対して求めた選地能力は、国分寺伽藍の造営には不可欠であったのである。

では国師の④設計に関する能力は、どのようなものであったのであろうか。国師が国分寺伽藍造営に関与した時期が「使工」や百姓が働く現場作業以前であること、実務の褒賞の対象者ではない状況から、国師は設計時期に国分寺伽藍造営に関与したと考えられる。その理由として、敷地選定のほかに、伽藍の計画には、伽藍内の具体的な機能を知る僧が必要であったことがあげられる。僧の設計能力を直接的に示す史料はみられないが、良弁が飛炎棉梠（茅負）の形状という建物の細部意匠について指示したように[41]、僧である国師が設計に関して能力を有していた可能性は十分にあり、中央もその能力に一定の期待をしたとみられる。

以上のように国師は設計に関しては不明であるが、選地・監理・実務・維持管理を行う能力を有しており、国分寺伽藍造営において、選地・実務・維持管理の能力を発揮した。技術者の数や技術レベルの限られた地方において、大寺院の造営には、国師の能力は必要であり、中央がこれに少なからず依存していたのである。

五　ま　と　め

国分寺伽藍の造営という点から、八世紀の国分寺の歴史を再見すると、その意思表示を天平十二年（七四〇）の七重塔建設と捉えることができた。これは地方における法会の場を国庁以外に設けるという点において、一つの画期であったといえる。そして国分寺伽藍の造営には、計画段階（国分寺の経営計画および建設計画、造営のための経済的枠組み作成）、実務段階（国師と在地の協力、実務の遅滞と催促）、完成以降（完成時期、完成後の維持管理）という大きく三つの段階があった。

この三段階は、言い換えれば「中央での枠組み作り」「実態を知る人物による設計および在地技術を用いた実務」「完成後の維持管理」である。その中で俗人である国司ではなく、儀式に必要な機能を知る国師が選地・実務・維持管理において重要な役割を果たした。そして完成後の維持管理については、造国分寺料の出挙を修理費用とすること

で、永続的な維持管理を目指し、適切な維持管理の責任を国司や郡司に対して求めたのである。(42)

これらの検討により、新たな課題も生じている。一つは僧の造営能力であり、もう一つは同時期の国分寺造営にともなう技術者や技術伝播である。

古代における僧の造営に関する職掌については、設計能力を含め課題が多く、道慈・良弁・実忠らの造営を通して検討する必要があろう。このうち実忠については、東大寺大仏殿の復元検討を通じて、複数の構造的な問題点の解決、細部の寸法、天井と梁の関係を理解した改造、大仏の意匠に対する配慮などが推察でき、大工らの技術官人と具体的な検討が可能なレベルの能力を有していたと考えられる。(43)

二点目については、天平宝字三年(七五九)に頒布された「国分二寺図」の解釈も含めて、地方における技術論として大きな課題であり、終章において、概念的な考察を展開している。実際に国分寺伽藍の完成には造営の意思表示から二〇年近い年月を費やしており、その完成時期は七五〇年代後半のものが多いが、必ずしも同時期ではなく、完成の時期には幅がある。これは、中央から各国国分寺の造営のために派遣できる技術者の数に限りがあることが、その原因の一つと考えられる。この点については、各国国分寺の発掘遺構の共通点や類似点、あるいは完成時期の比較により、一定の検証が可能であろうが、発掘調査時に、この問題点を認識しておくことが発掘情報の精度の確保には必要であり、今後の調査に期待したい。

註

(1)『国史大辞典』国分寺(こくぶんじ)の項によると、国分寺は律令国家が鎮護国家(災害・疫病・外敵除去・五穀豊穣)を祈るため、各国に建てさせた地方官寺で、国分寺では各国および日本全体の鎮護を祈ったとする。実際に多くの国分寺金堂は七間堂で、唐招提寺金堂に近い規模で、特に大きい武蔵国分寺金堂は、発掘により規模が梁行五〇尺、桁行一二一尺二寸であることが判明しており、薬師寺金堂（梁行五二・五尺、桁行九〇尺）よりも大きく、大安寺金堂（梁行六〇尺、桁行一一八尺）に匹敵する。

（2）田邊泰「相模国分寺建築論」『建築雑誌』五四七、一九三一年、黒田昇義「遠江国分寺伽藍復原考」『建築学会論文集』一九、一九四〇年、太田静六・添田正一「上野国分寺伽藍の研究」『建築学会論文集』二七、一九四二年、太田静六「遠江国分寺の伽藍規模に就いて」『日本建築学会研究報告』八、一九五〇年、同「国分寺伽藍の敷地と中心伽藍の位置並に「振れ」の問題」『日本建築学会研究報告』一八、一九五二年、同「国分寺伽藍における中心建築物の有する諸性質」『日本建築学会研究報告』二二、一九五三年、同「国分寺の伽藍配置規模に就いて」『日本建築学会研究報告』二九―二、一九五四年。

（3）宮本長二郎「飛鳥・奈良時代寺院の主要堂塔」『日本古寺美術全集』二、法隆寺と斑鳩の古寺、集英社、一九七九年。また近年、武蔵国をはじめ多くの国分寺において発掘が進んでいるが、本章では造営に関わるシステムを対象として論じるため、発掘成果に関する論考は別の機会に譲りたい。

（4）角田文衛編『国分寺の研究』考古学研究会、一九三八年（角田文衛「国分寺の設置」など）、同編『新修国分寺の研究』吉川弘文館、一九八六〜一九九七年、辻善之助『日本仏教史』岩波書店、一九四四年、井上薫「国分寺の創建」「国分寺の成立」『奈良朝仏教史の研究』吉川弘文館、一九六六年、家永三郎「国分寺の創建について」『上代仏教思想史研究』法蔵館、一九六六年、平岡定海「国分寺成立考」『大手前女子大学論集』二、一九六八年、堀池春峰「国分寺の歴史」『南都仏教史の研究』法蔵館、一九八〇年、石田茂作『東大寺と国分寺』至文堂、一九五九年。

（5）坂本太郎氏が述べるように「格と国史との内容の相違で歴史上の重大事件に関係したものとして、天平十三年国分寺の造立の詔はあまりにも有名である。三代格でこれを「勅」とするが、続日本紀では詔とする。三代格は二月十四日の日付であるが、続日本紀では三月二十四日とする」が、決着はついていない。そして『類聚三代格』に加わる五条の諸願は後世の付加挿入とする（「史料としての六国史」『日本歴史』一八八、一九六四年）。本章では七四〇年を国分寺伽藍造営の意思表示と捉えるため、ここでは大きな問題とはならない。以下、本章ではこの七四一年の『続日本紀』と『類聚三代格』の記述を国分寺創建の詔とし、坂本氏の指摘のように、後年に挿入された可能性がある『類聚三代格』ではなく、正史である『続日本紀』の記述を用いる。

（6）辻善之助『日本仏教史』（註（4）前掲書）。

（7）角田文衛「国分寺の設置」『国分寺の研究』（註(4)前掲書）。

（8）井上薫「国分寺の創建」（註(4)前掲論文）。

（9）家永三郎「国分寺の創建について」（註(4)前掲論文）。

（10）『大日本古文書』編年二ノ一〇六。

（11）平岡定海「国分寺成立考」（註(4)前掲論文）。

（12）堀池春峰「国分寺の歴史」（註(4)前掲論文）。

（13）水野柳太郎「大安寺の食封と出挙稲」『続日本紀研究』二の二、二の七、二の一二、一九五五年。

（14）『国史大辞典』国分寺（こくぶんじ）の項によると、『日本書紀』天武天皇十四年の詔では、国分寺伽藍の創建ではなく、国庁内の一堂の造営や国庁建物の一部に仏像と経典を置くことを命じたとする。

（15）ここでいう「法」は、律令・格・詔・勅のような法制のことではなく、「規範」を示すと考えられる。

（16）出土した国分寺瓦類・伽藍ともに、奈良朝前期とみられるものは、美濃・筑前・筑後・豊前・豊後・肥前の六ヵ国で、天平十九年（七四七）以前の造営は極めて少ない（八賀晋「国分寺建立における諸様相」『日本古代の社会と経済』下巻、吉川弘文館、一九七八年）。

（17）『続日本紀』大宝二年（七〇二）二月丁巳（二十日）条。

（18）それぞれ「尾張国正税帳」『大日本古文書』編年一ノ六〇七、「薩摩国正税帳」『大日本古文書』編年二ノ一一、「但馬国正税帳」『大日本古文書』編年二ノ五五、「和泉監正税帳」『大日本古文書』編年二ノ七五、「淡路国正税帳」『大日本古文書』編年二ノ一〇二、「駿河国正税帳」『大日本古文書』編年二ノ一〇六、「伊豆国正税帳」『大日本古文書』編年二ノ一九二。

（19）山岸常人氏によると『続日本紀』にみえる寺院の法会には設斎・講説・読経・転読・悔過がある。そして仏殿の前で行う「庭儀」について指摘している（山岸常人「奈良時代の法会と寺院建築」『日本美術全集』四、東大寺と平城京、講談社、一九九〇年）。このように奈良時代の法会において金堂が重要であったことに加えて、伽藍中心域の「庭」が重要であった。なお地方官衙である国庁に「前庭空間」が存在し、その空間が重要であったことは拙稿にて指摘している（「古代地方官衙政庁域の空間構成」『日本建築学会計画系論文集』六四五、二〇〇九年）。

（20）「延喜玄蕃式」

凡毎年起正月八日。迄于十四日。於二大極殿一設レ斎。講二説金光明最勝王経一。（後略）

(21) 国衙の中心である国庁については、八世紀前半以来、存続したことが知られる（山中敏史「国庁の構造と機能」『古代の官衙遺跡』Ⅱ遺物・遺跡編、奈良文化財研究所、二〇〇四年）。

(22) 八世紀初頭の国衙における読経については、井上薫氏（「国分寺の創建」註(4)前掲論文）や平岡定海氏（「国分寺成立考」註(4)前掲論文）が指摘している。

(23) 『続日本後紀』承和六年（八三九）九月己亥（二十一日）条

勅。如レ聞。所下以神護景雲二年以還。令上諸国国分寺一。毎年起二正月八日一至二于十四日一。奉レ読二最勝王経一。并修上吉祥悔過一者。為下消二除不祥一。保中安国家也上。而今講読師等。不二必其人一。僧尼懈怠。周旋乖レ法。国司検校。亦不レ存レ心。徒有二修福之名一。都無二殊勝之利一。此則緇素異レ処。不二相監察一之所レ致也。宜下停レ行二国分寺一。而於二庁事一修上レ之。自今以後。立為二恒例一。

「太政官符」（貞観十八年〈八七六〉六月十九日『類聚三代格』所収）

応レ令下鎮守府講二最勝王経一并修中吉祥悔過上事（中略）

以前得二陸奥国解一偁。鎮守府牒偁。検二案内一。府去貞観十四年三月三十日申レ官解云。件法会諸国依レ格。各於二国庁一講修。而此府未レ有二其例一。（後略）

(24) 『続日本紀』天平十二年（七四〇）六月甲戌（十九日）条では法華経一〇部、天平十三年の詔では妙法蓮華経一部であり、両者で数が異なる。『国史大辞典』法華経（ほけきょう）の項によると、法華経には正法華経（竺法護訳）と妙法蓮華経（闍崛多・達摩笈多訳）がある。正法華経は一〇巻からなる経典であり、天平十二年条はこの巻数を記し、天平十三年条は妙法蓮華経八巻を合わせて一部と記した可能性がある。なお、天平十三年二月十四日付の「太政官符」（『類聚三代格』所収）では一〇部とする。

(25) 『国史大辞典』出挙（すいこ）の項。

(26) 経済的枠組みが決定される以前に、国分寺の建物が造営されなかったことは、山背国における国分寺伽藍造営を通じて推察できる。周知の通り、山背国分寺では、天平十七年（七四五）五月に難波宮から平城宮に還都した後に、恭仁宮大極殿が金堂として施入された。

『続日本紀』天平十八年九月戊寅（二十九日）条

恭仁宮大極殿施二入国分寺一。

当然、この時には金堂造営は着手されていなかったとみられ、伽藍の中心である金堂が着工していないにもかかわらず、金堂以外の造営が進んでいたとは考えにくい。つまり七四〇年代前半、天平十六年以前に国分寺伽藍の造営が順調に進んでいた可能性は低いのである。

(27)『続日本紀』天平十五年（七四三）二月辛巳（十一日）条。

(28)『続日本紀』天平勝宝四年（七五二）十一月乙巳（三日）条。

(29)国師は選地のみに協力したという解釈も可能であるが、その後、郡司に対して造営の協力を命じており、僧官たる国師にも協力を求めたと考えられ、国師が造営に協力していないとする積極的な理由は見あたらない。また天平十六年（七四四）十月十七日付の「勅」（『類聚三代格』所収）に、国師による国分寺の検校が定められたが、造営の具体的な内容については記されていない。「修造」が修理ではなく、新たな造営を示すことも考えられるが、神護景雲元年（七六七）十一月十二日の「勅」（『類聚三代格』所収）において「朽損」した建物の「修造」を求めており、この「修造」は修理を示している。このほか弘仁二年（八一一）九月二十四日付、弘仁十一年七月一日付の「太政官符」（『類聚三代格』所収）など、「修造」という語は完成した建物や堰に対して用いられている。これらの点を鑑みて、この史料における「修造」も修理を示すと考えられる。

(30)『続日本紀』天平十三年（七四一）三月乙巳（二十四日）条の「国司等」に国師が含まれる可能性があるが、明記されておらず、主導的役割を果たしたのは国司と考えられる。また国司が各国に存在し、複数であるために「等」が用いられた可能性もある。

(31)『国史大辞典』知識（ちしき）の項。

(32)『続日本紀』天平神護二年（七六六）九月丙寅（十三日）条、神護景雲元年（七六七）五月戊寅（二十日）条、神護景雲元年六月庚子（二十二日）条、宝亀元年（七七〇）四月癸巳朔（一日）条など。

(33)『続日本紀』天平十三年（七四一）三月乙巳（二十四日）条。

(34)中心域が完成したとしても、中心域以外の整備が遅れており、造営が継続していた可能性は十分にある。本章では、国分寺における法会が可能であったかという点に着目し、伽藍中心域の完成をもって、国分寺伽藍の完成とする。

（35）　天平勝宝二年（七五〇）の斎会や安居を示す木簡や墨書土器が国分寺遺跡から発掘された（佐竹昭「国分寺の造営と諸国安居の創始―安芸国分寺跡出土の木簡・墨書土器から」『史学雑誌』一一二―一一、二〇〇三年）。

（36）　この記事の後半に、使用後の道具は、金光明寺に納めさせることが記述されている。国分寺で斎会をするのであれば、金光明寺、すなわち国分寺に納めると書く必要はない。このことを根拠に国分寺伽藍の中心域は未完成で、国庁など別の場所において儀式が行われたとも考えられるが、この記述は国分寺に保管し、寺物とするという物品の管理について定めたのであり、儀式と保管の場所が異なるとする積極的な根拠とはならない。現に、この時に完成していた安芸国が二六ヵ国に含まれることからも、ここでの記述は物品の管理を定めたものと判断される。よって史料に記述のない場所で儀式が行われたと想定するよりは、国分寺で行われたと考える方が妥当であろう。

（37）　前述の佐渡国分寺は、越後国から分国した天平勝宝四年（七五二）に、佐渡国分寺の建立を開始したと仮定して、神護景雲二年（七六八）に造国分寺料が問題となった。つまり造営開始から一六年経っても国分寺伽藍は完成していなかった。これを参考に推定すると、国分寺の造営期間は少なくとも一六年以上とみられる。造営の意思表示である七四〇年から一六年以上の時間がかかると、完成時期は七五〇年代後半と考えられ、本章で導かれた結論とほぼ一致する。

ただし、七六〇年代にも一部、未完成の国分寺伽藍が存在したことが次の「太政官符」から確認できる。

「太政官符」（天平宝字八年〈七六四〉十一月十一日『類聚三代格』所収）

応下勤造二国分寺一幷禁上犯二用寺物一事。（中略）

一　今聞。国分寺封田等物。或国曽不レ充二造寺一。亦無レ供二養僧一。而国郡司等非レ理用尽。或国雖レ有レ可レ用猶不レ存レ心。唯収二蔵中一空令二朽損一。自今已後不レ得二更然一。（中略）

以前被二大納言正三位藤原朝臣永手宣一偁。奉　レ勅如レ件。

この時期になって造寺に費用を充てない国を非難しており、造営未了の寺の存在が確認できる。しかしこれが伽藍の中心域を表しているのか、付属施設を示しているのかについては不明である。また、この時期には国師は造営実務に関与していない可能性があり、国師による中心伽藍設計の段階を脱却した可能性がある。

（38）　宮崎紀氏は文字瓦から造営年代を天平宝字二年（七五八）以前であると推定している。武蔵国分寺から出土する文字瓦の中には数多くの郡名を記したものが多く出土している。これらは武蔵国の二一郡のうち新羅郡を除く二〇郡の名前が瓦に刻まれているが、唯一、天平宝字二年に設置された新羅郡の名前のみが存在しない。このことから、新羅郡が設置された時期にはすでに国分寺伽藍の中心は完成していたと考えられるとしている（宮崎糺「武蔵国分寺」『国分寺の研究』上巻、考古学研究会、一九三八年）。

有吉重蔵氏は出土瓦の文様から、天平勝宝八歳（七五六）から天平宝字八年の間に武蔵国分寺は造営されたと推定している（有吉重蔵「武蔵国分寺」『聖武天皇と国分寺―在地から見た関東国分寺の造営―』三四頁、雄山閣出版、一九九八年）。

佐藤信氏は漆紙文書から七五〇年代後半から七六〇年代前半としている。これは武蔵国分寺で発掘された漆紙文書が天平勝宝九歳（七五七）の具注暦の反古紙と判明しているためである。当時、和紙は貴重であることから考えても、蓋紙として用いられたのは早くとも天平宝字元年以降である。その頃は、まだ漆を塗る必要があり、国分寺伽藍の造営途中の時期と考えられるためである（佐藤信「日本古代史と国分寺」『古代武蔵の国府・国分寺を掘る』二〇九頁、学生社、二〇〇六年）。

これらの文字瓦・瓦文様および漆紙文書の三点からみて、武蔵国分寺伽藍の中心の完成時期は天平宝字二年とみられる。

(39)『続日本紀』天平神護二年（七六六）九月五日条。

(40) 国分寺伽藍の造営以外については僧尼令15修営条に確認でき、造営の実務に関与したことが窺われる。詳細は第Ⅱ部第一章参照。

(41) 天平宝字六年正月十五日「石山院務所符」『大日本古文書』編年十五ノ一七〇。

(42) 国司や郡司は公廨などの経済的補塡が可能であり、責任を追及できることもその一因である（弘仁四年〈八一三〉九月二十三日付の「太政官符」『類聚三代格』所収）。郡司に関しては、前述の『続日本紀』天平十九年（七四七）十一月己卯（七日）条について検討したように、技術的な協力の意味も含まれると考えられる。

(43) 海野聡「東大寺創建大仏殿に関する復原私案―組物・裳階と構造補強―」『文化財論叢Ⅳ』奈良文化財研究所、二〇一二年。

第Ⅱ部　維持管理の概念と実態

第一章　建物の維持管理に関する法的規定

一　はじめに

本書第Ⅰ部をはじめ、これまでに古代の律令制度下における造営体制・生産組織が明らかにされてきた[1]。また奈良時代には寺の財産を書き上げた資財帳が作成され、この記述をもとに、伽藍の復元や建物の構造や規模などが解明されてきた[2]。先行研究の成果は、ともに奈良時代の建造物の新規造営という面を描いているが、完成後の維持管理という面では検討の余地が大きい。加えて、造営体制・建物構造ともに、地方についての検討は不十分である。筆者も第Ⅰ部で述べたように、地方を含む奈良時代の建造物の造営体制を論じてきたが、新造を主な対象としており、維持管理については、国分寺に関して言及している程度である。また建物の管理・把握に用いられた資財帳の検討を通して[3]、平安時代の「宇治院資財帳写」や「広隆寺資財交替実録帳」に、破損箇所など、建造物の維持管理に関する記述があることを確認しており、この点については第Ⅱ部第三・四章で述べる。

建造物の維持管理に関する情報が平安時代の資財帳にみえる背景には、基礎構造が掘立柱から礎石に変わり、建物が長寿命化したことにより、維持管理の必要性が生じた可能性との関連が窺える。この関係を検討するうえでも、維持管理の法制・意識・体制の整理は重要である。

また建物の長寿命化による変化に加え、維持管理は、新規造営と異なる側面を有している。すなわち立柱・上棟といった新造は、時間軸でいえば一時的、あるいは瞬間的な事象であるのに対し、維持管理は連続的、継続的な事象である。この違いは技術者の存在形態、すなわち一時派遣と常駐といった問題とも関係してくる。特に技術者の数が限定される地方においては、なおさらである。

このように維持管理に関する検討は、奈良時代における技術の存在・保有・継承の解明に繋がる下地となる。さらに地方に目を向けることで、中央の宮殿や大寺などの高級技術ではない、普及技術の実態を明らかとする手がかりが得られ、重要な意味があると考える。

よって本章では、奈良時代を中心に七～九世紀の文献史料の規定、主に法制史料である律令格式を対象に、建造物の維持管理に関する法的規定を整理し、その変化を明らかにしたい。法的規定の整理は、建造物の維持管理に対する意識の萌芽や組織体制、建造物の維持管理における資財帳の利用方法を検討する第一歩となる。なお文献史料の記述内容には限りがあるため、個別の修理の実態の解明には限界がある。そのため建物の有無・状態を把握し、文書に記すことを維持管理の一部と捉え、これらの破損に対する実際の修理の有無は問わない。

二　令による規定

古代日本の法令の根幹は律令であり、七世紀後半に先駆的な律令である飛鳥浄御原令が制定され、その後、大宝律令・養老律令が施行された。大宝律令は大宝元年（七〇一）に完成し、同二年に施行されたが、全文が散逸している。(4)また養老律令は養老二年（七一八）に撰定を開始し、天平勝宝九歳（七五七）に施行された。(5)養老律令の完成時期には諸説あるが、養老年間（七一七〜七二四）には完成したとされる。養老律令も現存しないが、『令集解』『令義解』やその他の史料からほとんどが復元されている。先行研究によると、この両律令の違いは、わずかであるとされるため(6)、養老律令を対象に検討する。

律令以外の規定としては、令文を補足するための「例」、律令の修正・補足のための法令（副法）である「格」、律令の施行細則である「式」により補完されていた。こうした法制の背景を踏まえ、律令格式にみられる維持管理の規定を検討する。

養老律令をみると、修理の規定は少なく、『軍防令』のみに集中している。それぞれ順に修理に関する部分について検討しよう。

軍防令39軍団置鼓条(7)では、倉庫が損壊して修理する場合は、十月以降に兵士を勤務させることを許可した。ここでは兵士が修理の任にあたった。

軍防令53城隍条(8)の内容は以下の通りである。城の堀が崩れ落ちた場合、兵士を動員して修理することを定めた。もし兵士が少なければ、付近の人夫の動員を許可するが、農閑期に合わせて修理すること。崩落部分が多く、守備に支障がある場合には、状況に応じてすぐに修理すること。仕事完了後には記録し、太政官に申告すること。動員する人夫は、一〇日以上働かせてはならないことを定めた。土木工事であるが、修理者は兵士に加え、造営技術者ではない一般の人民が動員された。

軍防令65東辺条(9)では、東海道・東山道・北陸道の蝦夷と接する地域や西海道の隼人と接する地域で、城堡が崩れ落ちたならば、当地に居住している戸に、農閑期に合わせて修理させることを定めた。土木工事であるが、やはりここでの修理者も一般の人民である。

軍防令69烽長条[10]は、変事の急報のために設けた烽に関する規定で、烽を修理する場合は、みな、烽子を働かせることとした。ここで記される烽子は律令制で烽に配置された正丁で、近隣より四人ずつ徴発され二人ずつ交替で勤務した。この修理にあたった者も造営技術者ではない一般の人民である。

『軍防令』以外では、僧尼令15修営条[11]により、僧尼が苦使にあたる罪を犯したときには、経典や仏具などの功徳を修営させ、仏殿を料理（修理）させ、また清掃などに使役することが定められた。

『僧尼令』の元となった唐の「道僧格」では写経を行うことを罰則の基本とし、それができないものについて土木作業を取り仕切ることと規定した。[12]日本の『僧尼令』にみえる「料理仏殿」の「料理」は壁を塗るなどのことと指摘されているが、[13]「道僧格」をみるに、壁塗り作業には限定されず、仏殿の造営を取り仕切る監理を行った可能性もある。僧の造営への関与については、道慈・良弁・実忠ほか、古代にも多くみられ、[14]国師も一定の造営能力を有したことを第Ⅰ部第五章で明らかにした。この「料理仏殿」の詳細については、複数の解釈が考えられるが、いずれにせよ、建物の維持に関する記述と判断できよう。ただし、あくまで罰則規定であり、恒常的な仏殿の維持管理を目的としたものではない。

このように養老律令を概観すると、『軍防令』の規定は、有事に備えた軍事色の強い規定で、軍事施設以外の建物に対する維持管理の規定は全くみられない。これは一般の建物が、永続的な維持管理の対象と捉えられていなかったことを暗に示している。『営繕令』に橋や堤防などのインフラ修理の規定はみられるものの（営繕令11・12・16）、建物の修理の規定がないことからも窺える。また『僧尼令』の規定は、罰則であるため、恒常的な仏殿の維持管理を目的としたものではなく、やはり維持管理に関する規定ではない。このように律令では建物を恒常的に維持するという概念が窺えない。

律令以外の細則や個別の通達によって、建物の維持管理が定められた可能性を検討しよう。養老四年頃に令文を補足する『八十一例』が撰定された。この「例」の詳細は不明であるが、役所ごとの施行細則編纂で、式と同様に、令文の不備を補い、解釈を明確化しようとしたものであった。(15)しかし『八十一例』はあくまで養老令の補足・解釈にすぎず、養老令にもともと規定されない建物の維持管理が、ここに記されたとは考えにくい。また「太政官符」など個別の通達にも維持管理に関するものは確認できない。さらに『続日本紀』養老三年七月丙午（十九日）条には、国司の行政を監督し、管轄地域の巡回・治安維持を主務とする按察使の規定があり、(16)国司の責務として、後世には官舎の維持管理が含まれるが、ここでは建物の維持管理については一切触れられておらず、これも、個別通達の不在の推定を補強する。この二点から、建物の維持管理について、養老令を補足する細則や個別の通達などが出された可能性は低いと考えられる。

このように養老律令の段階、すなわち八世紀前半には建物の維持管理に関する規定は存在しなかったと考えられる。この八世紀前半には平城宮においても朝堂院をはじめ、ほとんどの建物が掘立柱建物であり、一部の寺院を除いて、礎石建物は少なく、多くは永続性を持たなかった。こうした発掘より示される建物の状況は、長期的な維持管理の規定を設けなかった状況とも合致する。

三　格式による規定

前節で述べたように、養老律令には維持管理に関する規定はみられないが、時期が降ると、個別の通達（「勅」や「太政官符」など）やこれらをもととした格式に散見する。その対象は主に、地方であり、これらの維持管理に関する規定を検討したい。

格については、弘仁四年（八一三）九月二十三日付の「太政官符」[17]（『類聚三代格』所収）の維持管理に関する規定に詳しく、国司には国内の官舎・正倉・堤防・国分寺・神社等の修理が求められたが、交替時には破損状況の検校がなされ、前任者に経済的負担を課した。

式における維持管理の記述は交替式に詳しい。交替式は、律令官吏が交替する際の事務引継ぎに関する法規集であり、勘解由使により編纂・集成され、官吏交替の手続きは交替式に則して行われた。[18]なかでも『貞観交替式』（天長二年〈八二五〉五月二十七日・承和八年〈八四一〉十月十九日）に建物の維持管理に関する記述が詳しく、前述の弘仁四年九月二十三日付の「太政官符」（『類聚三代格』所収）とほぼ同様の内容が記され、加えて問題がある場合には不与解由状[19]による内容の報告が定められた。

これらは建物の維持管理に対する国司の基本的な姿勢を示すものであるが、これを踏まえ、寺院・神社・官衙ごとに考察を加えたい。

1 寺院

寺院に関しては、建物の維持管理の記述が早くからみられるが、その多くは検校による実態把握に留まっている。霊亀二年（七一六）五月十七日付の「太政官奏」に国師・僧・国司・檀越らがともに寺の財物・田園を検校したことが記され、[20]この財物には建物も含まれると考えられる。また天平十六年（七四四）十月十七日付の「勅」（弘仁三年三月二十日付「太政官符」『類聚三代格』所収）にも検校の記述がある。[21]ただし、修理や維持管理の具体的内容については記されず、検校という情報収集の指示である。検校以外の建物の維持管理の可能性のある記述で早いものとしては、天平勝宝四年（七五二）閏三月八日付の「太政官符」(22)に国師交替時の規定がある。内容は以下の通りである。

国師は赴任の日に官符を受けるが、解任の日には国司の状はない。思案すると、これはおかしなことで、僧と俗人で異なるとはいえ、国師は制度的には国司と同じである。よって以後、国師交替の際には、国師の資財を会計し、損益を明らかとするべきである。その後、僧綱・三綱・国司で各一通の書類を作成することを定めた。

国師は中央より派遣され、国司とともに管内の僧尼・寺院の監督など宗教行政を掌っており、ここでの「資財」は寺物を示し、中央の大寺の資財帳のように、建物も含まれると考えられる。ただし現状の把握に重点が置かれていることや「損益」という記述から、出挙など、動産主体の可能性もあるうえ、具体的な維持管理に関する規定はみられない。修理を指示したものには、次の「乾政官符」がある。

「乾政官符」（天平宝字三年〈七五九〉六月二十二日（『類聚三代格』所収）

修㆓治諸寺破壊㆒事

右山階寺玄基法師奏状偁。厳浄㆓国家㆒無㆑過㆓伽藍㆒。撥㆓却災難㆒豈若㆓仏威㆒。今見㆓国土諸寺㆒。往々頽落曽図㆓修治㆒者。伏請。仰㆓国司檀越等㆒毎年漸治者。奉　㆑勅。依㆑奏。(23)

国内の諸寺をみると、堂舎が傾いてきているが、往々にして修理を計画していない。よって国司・檀越らを仰いで、毎年、少しずつ修理させることとした。この符において、少しずつの修理、という維持管理の基本的な概念が示された点、国司や檀越らの責任が明確化された点は、長期的な維持管理の計画の萌芽である。

また次の「勅」は中央の東大寺の個別事例で、『類聚三代格』などの格式には収められていないが、維持管理に関する経済的枠組みが確認できる。

『続日本紀』天平宝字四年七月庚戌（二十三日）条

（前略）又　勅曰。東大寺封五千戸者。平城宮御宇後太上天皇皇帝皇太后。以二去天平勝宝二年二月二十三日一。専自参二向於東大寺一。永用二件封一入二寺家一訖。而造レ寺了後。種々用事未レ宣二分明一。因レ茲。今追議下定営三造修二理塔寺精舎一分一千戸。供二養三宝一幷常住僧分二千戸。官家修二行諸仏事一分二千戸上。

ここでは東大寺に五〇〇〇戸の封戸が施入されていたが、造営終了後の用途が定まっていなかった。そのため追加審議し、塔や寺や僧坊などの修理料として一〇〇〇戸、三宝や寺に常住する僧に供養分として二〇〇〇戸、官が種々の仏事を行うための分として二〇〇〇戸と定めた。これは修理費用の計画的な財源の初例であり[24]、一時的ではなく、封戸という永続的な財源を確保したことは、伽藍の長期的な維持管理の意図の表出である。

また国分寺の完成時期である七五〇年代後半以降、建物の維持管理の記述が散見され、この維持管理に関しては第Ⅰ部第五章で指摘している[25]。国分寺については、造立計画当初に維持管理の意図はみえず、天平神護二年（七六六）八月十八日付の「太政官符」（『類聚三代格』所収）により、造寺料をもって、修理するように指示し、同年九月五日付の「勅」（『続日本紀』、後述）で、破損の実態調査を図った。これには全国的な国分寺造営という事業の規模により、造営の進行が優先されたこと、経済的に維持管理を別途、計画する余裕がなかったことが背景にある。後者の事情は完成後には国分寺の修理料に造寺料が充てられたことからも窺える。国分寺では、これらの維持の枠組みに関する記述は多いが、その具体性に欠ける。これに対し、定額寺では維持管理に資財帳が用いられたことが記述される。

「太政官符」（天長二年五月二十七日『貞観交替式』所収）

進二諸国定額寺資財帳一事

右勘解由使起請偁。太政官延暦十七年正月二十日騰　勅符偁。准レ例。五畿内七道定額諸寺資財等帳。附二朝集使一。毎年進レ官。自今以後。宜レ停レ進レ之。但遷替国司相続検校者。自レ爾以来。不レ進二件帳一。然今諸国申二上不与解由状内㆒了。裁㆓部内定額寺資財堂舎無実破損類㆒。夫有司勘㆑事。文案為㆑本。既無㆓其帳㆒。何弁㆓真偽㆒。為㆑政之道。易簡為㆑先。毎年進㆑之。事渉㆑煩。望請六年一申。以擬㆓勘拠㆒者。左大臣宣。奉　㆑勅依請。

諸国の定額寺に対し、朝集使に付して、毎年、資財帳の進上を求めていたが、延暦十七年（七九八）正月二十日にこれを停止し、国司交替の際に検校することとした。しかし諸国で不与解由状に管轄内の定額寺の堂舎の破損や無実が多く記載されるが、資財帳を停止したため、確認できない。そのため資財帳を六年に一度、進上させることとした。すなわち資財帳が建物の維持管理における基礎資料として重要視されたのである。資財帳は中央においても天平十九年の大安寺・法隆寺・元興寺の各伽藍縁起幷流記資財帳をはじめ、諸寺で作成され、財産目録として用いられた。

　このように寺院に関しては、建物の維持管理に対する規定が早く、特に東大寺や国分寺では、維持管理の財源が確保され、定額寺では、資財帳が維持管理に重要な資料として用いられたのである。

2　神　社

　古代における神社の維持管理については、山野善郎氏の研究があり、平安時代を中心に検討し、地方の造替における国司の関与や経済的な裏付けに対する指摘がある[26]。ここでは、これを受けて、神社の維持管理の初期に焦点を絞りたい。

　神社では律令の神祇令により、神戸が充てられ、その調庸および田租は、いずれも神宮造営および神に供する調度に充てることが定められたが、これは建物の維持管理に関する規定ではない。ただし神戸という体制もあり、建物の維持管理の規定については、八世紀中頃よりみられる寺院に対し、神社は遅れる[27]。臨時の事例としては、使いを送り、神社を修理した事例が『続日本紀』天平神護元年十一月壬戌（五日）条[28]に確認できるが、長期的・恒常的な管理に関する規定は宝亀年間まで降る。

「太政官符」（宝亀八年〈七七七〉三月十日『類聚三代格』所収）

督二課諸祝一掃二修神社一事

右検二案内一。太政官去年四月十二日下二諸国一符偁。掃二修神社一。潔二斎祭事一。国司一人専当検二校其掃修一之状。毎レ年申上。若有二違犯一。必科二違勅之罪一者。今改建レ例。更重督責。若諸社祝等不レ勤二掃修一。神社損穢。宜下収二其位記一。差替還レ本。即録二由状一附レ便令中申上上。自レ今以後立為二恒例一。

ここでは宝亀七年四月十二日に諸国に下した符（『続日本紀』宝亀七年四月己巳〈十二日〉条）により、神社を管理・掃修し、潔斎して祭事を執り行うことを定め、国司に検校させ、毎年、報告させた。ただし、この宝亀八年三月十日付の「太政官符」も、穢れを祓うといった建物の管理を定めているが、修理などの物理的な維持管理に対する記述ではない。修理に関する規定はさらに九世紀まで降る。

「太政官符」（弘仁二年九月二十三日『類聚三代格』『貞観交替式』所収）

応レ令三神戸百姓修二理神社一事

右奉　レ勅。諸国神戸例多二課丁一。供レ神之外不レ赴二公役一。宜下役二其身一修二理神社一。随レ破且修莫上レ致二大損一。国司毎レ年巡検修造。若不二遵改一更致二緩怠一者。随レ状科レ祓。

本来、神戸は公役を免除され、神社の修理を担うべきである。破損に応じて修理することで、大きな損害に至ることがないように、神戸に神社を修理させ、国司に毎年、修造を巡検させることとし、もし不遜にもこれを怠る場合、財物の献上（祓）を課した。

ただしこの規定では財物の献上はあるものの、罰則がなかったため、この符の次年には破損に至らないように、祢宜・祝の解任や国司の解由状への記載などを定めた。(29)この符の対象は有封の神社に限定されるため、無封の神社については、追加の規定を定め、祢宜・祝に修理、国司に検校を求め、問題が生じた場合には祢宜・祝は解任・位階喪失、白丁は杖一〇〇の処罰という罰則規定を設け、国司には任期交替の日に解由状を保留することとした。

「太政官符」(弘仁三年五月四日『貞観交替式』所収)

応下無封神社令丙祢宜祝等一修理上事

右有封之社。応レ令下神戸百姓一修造上之状。下知已訖。至二于件社一。未レ有二処分一。今被二大納言正三位藤原朝臣園人宣一偁。奉レ勅。宜丁仰二諸国一。自今以後。令丙件人等一永加乙修理甲。毎レ有二少破一。随即修レ之。不レ得二延怠令レ致二大破一。国司毎年屢加二巡検一。若祢宜祝等不レ勤二修理一。令レ致二破損一者。並従二解却一。其有位者即追二位記一。白丁者決杖一百。国司不レ存二検校一。有レ致二破壊一者。遷替之日。拘二其解由一。但遭二風火非常等損一。難二輒修造一者。言上聴レ裁。

この規定で、大破に至らないように、小破を迅速に修理することを定め、修理指針を表した点は高く評価でき、恒常的な建物の維持管理への志向が窺える。しかし、この時期には修理に対する経済的な裏付けや徭役の確保はなかった。なお、無封の神社の修理に関しては、貞観十年(八六八)にようやく、大社の封戸をもって小社を修理することが定められた。(30)このように神社における維持管理の財源は、寺院と同様に封戸が中心であったが、神戸の制度もあり、神社の維持管理に対しては、寺院ほど早い時期に関心が向けられなかったと考えられる。

3　官　衙

官衙の建物の維持管理に対する規定は正倉・国司館を除き、遅れる。早いものでは、弘仁五年の格中に引用された天平十年の格にみられ、これによると、国司館を意に任せて改造し、一人の病死があると、居住に適さないとしていたものを、国図に載せて、中央に進上するものを除き、場所を移して造営することを禁じ、破損に応じて修理するのみと改めた。

「太政官符」（弘仁五年六月二十三日『類聚三代格』所収）

禁㆓制国司任㆑意造㆑館事

右太政官去四月廿六日下㆓五畿内諸国㆒符偁。検㆓天平十年五月二十八日格㆒偁。国司任㆑意改㆓造館舎㆒。儻有㆓一人病死㆒。諱悪不㆑肯㆓居住㆒。自今以後。不㆑得㆚除㆘載㆓国図㆒進上㆖之外輙擅移造㆙。但随㆑壊修理耳者。（後略）

この時期には国庁が整備され、国分寺未整備のため、ここで法会が行われていた。[31] こうした官衙の整備の進捗が維持管理の必要性を高めた一因と考えられる。この格から、天平十年頃には維持管理に対する意識が顕在化した様子を窺うことができるが、この記事の主旨は、国司館の新造中止であり、継続的な維持管理を意図したものではない。破損に対する修理という点では、次の史料に着目したい。

『延暦交替式』『貞観交替式』天平勝宝元年八月四日

勅。諸国正倉。如㆑理不㆑造。多有㆓破壊㆒。朽㆓損税穀㆒。亦就㆓村里㆒。借㆓用他倉㆒。自今以後。勤加㆓修蓋㆒。若有㆓怠緩㆒。国郡官人。依㆑法科㆑罪。

諸国の正倉の修理に関する記述で、理の如く正倉を造らないため[32]破損が多く、この破損に対し、国・郡の官人が「修蓋」に勤めるよう定め、怠った場合には法により罪を科すことを定めた。ここに正倉の長期的な維持に対する意識が表れている。そして正税を収納する正倉が官衙の中で特に重要視されたことが窺える。

正倉以外では、天平神護二年には伊勢・美濃国等の大風による官舎の被害が甚大で、修理官舎の数の把握が求められた。

『続日本紀』天平神護二年九月戊午（五日）条

勅。比見二伊勢美濃等国奏一。為レ風被レ損官舎数多。（中略）宜令下諸国具録中歳中修二理官舎一之数上。付二朝集使一。毎年奏聞。国分二寺亦宜レ准レ此。不レ得下仮二事神異一驚中人耳目上。

ここでは、被災地のみではなく、全国的に年中の修理官舎の数を記録し、朝集使を通じて報告を求めた点が、建物の維持管理に対する法整備の萌芽と捉えられる。同勅は『貞観交替式』『延暦交替式』にも収められており、地方の建物の維持管理に関する基礎的な規定として長く用いられた[33]。しかしこの規定は、あくまで修理官舎の数の報告のみであり、具体的な維持管理の要求や不履行時の罰則規定がなく、その意識や実効性には疑いがある。具体的な建物の修理に関する記述は、八世紀末まで降る。

「太政官符」（延暦十年二月十二日『類聚三代格』、『続日本紀』延暦十年二月癸卯〈十三日〉条所収）

応レ造二倉庫一事

右被二右大臣宣一偁。奉レ勅。如レ聞。諸国倉庫犬牙相接。縦一倉失レ火者。百庫共被二焚焼一。於レ事商量。理不レ合レ然。今欲レ改二旧倉一。恐労二百姓一。自今以後。新造二倉庫一。各相去必須二十丈已上一。地有二寛狭一随レ便議置。但旧倉者修理之日亦宜二改造一。

この格は諸国の倉庫に関する規定で、倉同士が犬の牙のように近接するため、一つの失火が一〇〇の倉を焼きつくす状況になっている。これは考えてみると理にかなわないことで、人民の苦労を考えると改めたいと思う。よって、これ以降、土地の面積に従って、新造の倉は一〇丈以上の距離をとって建てることを定めた。旧倉は修理する日に改造することとした。

この主旨は倉の隣棟間隔の確保による防火であるが、この中に修理に関する記述がみられる。前述の正倉と同じく、やはり倉の位置づけは官衙の中でも重く、その維持には十分な注意が払われたのである。なお「改造」により建物同士の間隔を改めるとするが、「倉」は高床の総柱建物と考えられており、地方の倉の多くは掘立柱であった。[34] これらを鑑みると、倉の曳家は困難であり、この「改造」は全解体による修理・再建であろう。

恒常的な建物の維持管理に関する規定は駅家に早くみられる。駅家には、駅務に服する義務を負った農民の戸として、駅戸が充てられた。駅戸は、数十戸の戸より成り、一郷を形成することもあり、駅馬の飼育、馬具の整備、駅田の耕作などに従い、徭役は免じられた（『続日本紀』延暦五年九月丁未〈二十一日〉条）。そのため駅家の建物の維持管理は、駅戸ではなく、国・郡が担うこととなっており、次の史料は、この駅家の修理に関する記述である。

『貞観交替式』延暦十九年九月二日

応下修二理駅家一常令二全固一交替国司明付領上事

右被二右大臣宣一偁。如レ聞。諸国駅家例多二破壊一。国郡怠慢。曽不二修理一。若有二蕃客一。便損二国威一。既乖二公平一。豈合二吏道一。自今以後。国司存レ心。常加二修理一。勿レ致二損壊一。交替之日。如有二損失一。前人造了。然後放還。事縁二勅語一。不レ得二闕怠一。

諸国の駅家が多く破損しているが、これは国・郡の怠慢により、駅家の修理がなされないことに起因する。もし外国使節が来た場合、国威を損なうため、国司に対し、心を砕いて、「常に」修理を加え、破損させないように命じた。そして交替の日に損失がある場合には、前任者が修理したのち、職を離れることと定めた。

ここに建物の修理に対する責任が明示された。蕃客や国威という駅家の特異な機能もあろうが、恒常的な建物の修理が示された点は、九世紀以降の継続的な維持管理の萌芽である。なお同様の内容は『貞観交替式』（承和八年十月十九日）にもみられる。

駅家が国によって管理された具体例は貞観十八年三月十三日付の「太政官符」[35]に確認できる。この史料によると、筑前国嶋門駅は大宰府から二日、肥後国府から七日の距離にあり、肥後国が管理していた。しかし肥後の工夫が嶋門駅の遠さに苦労していたため、より近い筑前国に嶋門駅を管理させることを願い、これが許可された。この史料は、修理の所管が必ずしも当該国ではないこと、国府の技術者[36]が修理にあたったことを示している。

また、弘仁二年九月二十四日付の「太政官符」に破損の程度に応じた官舎の修理を計画した意図が垣間みえる。

「太政官符」（弘仁二年九月二十四日『類聚三代格』所収）

応レ修二理官舎一事

右検二案内一。太政官去延暦十九年十月三日下二五畿内七道諸国一符偁。得二東海道問民苦使式部大丞正六位上行紀朝臣広浜等解一偁。上総国諸郡百姓款云。計帳之時狩二追人夫一修二理正倉一。男女老少皆悉赴レ役。而時当二六月一。食物絶乏。空レ腹馳駆。無レ糧陟レ旬。望請。当二此之時一被レ給二公糧一者。依問二国司一申云。百姓之憂事寔灼然者。今下二彼国一符偁。破壊尤甚。須レ功数多者。宜下先申二用度一依レ請給上レ糧。但少々破壊。功少事閑。及除二夏月一外。並不レ在二給限一。諸国承知准レ此行レ之者。而諸国所レ行多違二此旨一。或不レ修二少損一。終成二大破一。至二于修理一多用二正税一。或一屋之損。一倉之破。聊所二修造一無レ不レ用レ糧。如レ此之弊不レ可二勝言一。今右大臣宣。奉レ勅。自今以後。宜二停レ給レ糧。所レ損之物随且令レ修。不レ得下怠致二大破一更尽中公糧上。但有二非常損一者言上聴レ裁。

概要は以下の通りである。引用された延暦十九年の符によると、六月末の計帳の時に、老若男女の人夫を駆り出して、正倉を修理していた。しかし、この時期は食料が乏しいため、公的に支給することを求め、これが認められた。少々の破損については、作業量も少ないため、夏以外の時期は支給しないことを定めた。しかし、これに違反し、小破を修理せずに大破に至り、正税を用いることが多く、経済的に疲弊しているため、弘仁二年には、この規定を停止した。

この記述では、破損の程度による修理の対応の区別、小破の放置が大破に至るという建物の維持管理の重要性に関する理解が示されており、意義深い。また破損の程度による修理は、前述のように弘仁三年の神社に対する規定にもみられ、小破を早急に修理することで被害拡大を防ぐという方針が、この時期に示されたと考えられる。

財源に関しては、この時期までの官舎の修理に関する規定では明示されず、不履行の場合に、罰則として国郡司の公廨を充てることが記された。こうした背景には、国司には元来、徭役の徴用権があり、これによる修理を旨としたことがある。なお国司の官舎修理の具体例としては『三代実録』元慶五年（八八一）九月十三日戊午条にみえ[37]、遠江国司が焼亡した官舎の旧部材を再利用して修理することを申し出ており、修理の実行と苦慮が窺える。

このように官衙における建物の維持管理をみると、国司の本務として明示される正倉の維持管理への対応は早いが[38]、これ以外の官舎については、規定が遅れ、天平神護二年にようやく、年中の修理官舎の数を把握することが定められた。この時期には寺院の維持管理も計画されており、これと呼応する動きとみられる。また官舎の維持管理は、国司の交替時に責任・賠償を求めることで、円滑な進行を試みた。

4　破損の程度判断

小破のうちに修理し、大破を防ぐという建物の維持管理に対する指針は前述のように弘仁二・三年に示されているが、どのように破損の程度を判断したのであろうか。建物の破損の割合に関する初出は『貞観交替式』に確認できる。「新案……」の部分が『貞観交替式』における新たな追記部分である。

『貞観交替式』

定二官舎雑物破損大小一事（中略）

新案。惣二計一屋一。以為二十分一。四分以下為二小破一。五六分為二中破一。七分以上為二大破一。器仗戎具等亦准二此例一。

（後略）

この史料によると、これまで破損の程度による定めがなかったが、『貞観交替式』の定められた貞観九年（八六七）を機に、新たに、十分の四以下の破損を小破、十分の五〜六を中破、十分の七以上を大破と定めた。この割合が葺材・柱など建築の部材・部位に対するものであるか、あるいは外観意匠上の割合についてであるかは明らかではない。しかし資財帳や桑原庄券における維持管理に関する記述をみると[39]、その内容は外観意匠に偏っており、後者の可能性が高いと考える。

この規定以前は、小破・大破という破損の程度は記されるが、具体的な破損の程度に関する記述がみられない。そのため、こまめな維持管理により大きな損害を防ぐという、基本的な修理指針の提示に留まっていたと判断でき、ここで破損の度合いを提示したことで、修理に対する具体性をもたせたと考えられる。

四　まとめ

以上、律令格式の建物の維持管理に関する規定を概観し、法的な枠組みや整備を検討したところ、律令には修理に関する規定はみられず、追加の通達により、規定したことが明らかとなった。維持管理の対象は、寺院・国司館・正倉が早く、神社や正倉以外の官衙は遅れた。また修理にあたっては定量的把握を第一段階とし、その後、実際の修理の責務を国司・郡司らに対して負わせた。東大寺や国分寺では、造寺料を修理料に充てることで財源を確保し、官衙では国司の交替時に、不履行の責任・賠償が求められた。

そして建物の維持管理では、基本的な指針として、小破のこまめな修理により、大破を防ぐという意向が示された。ただし、具体的に維持管理の判断となるべき小破・大破という破損の程度に関する規定は、『貞観交替式』まで、待たねばならず、破損の程度に応じた、実質的な維持管理は、これ以降に始まったと考えられる。なお本章の検討を通じ、建物の維持管理に対する意識が生じた時期や奈良時代の修理に関わる技術者や体制も新たな課題として生じたが、これについては後章にて述べたい。

註

(1) 太田博太郎「上代の営繕官制」『日本建築学会研究報告』六、一九五〇年(『日本建築の特質』岩波書店、一九八三年所収)、同「造寺司と木工寮」(『日本建築史序説 増補第二版』彰国社、一九八九年所収)、渡邊保忠「律令的建築生産組織」『新訂 建築学大系』四—I 日本建築史、彰国社、一九六八年、同「日本における古代的建築生産構造とその中世への発展過程について」『建築雑誌』六七—七八八、一九五二年(ともに『日本建築生産組織に関する研究 一九五九』明現社、二〇〇四年所収)、福山敏男「奈良時代に於ける法華寺の造営」および「奈良時代に於ける石山寺の造営」『日本建築史の研究』桑名文星堂、一九四三年(綜芸舎、一九八〇年再版)ほか。

(2) 大岡實『南都七大寺の研究』中央公論美術出版、一九六六年、宮本長二郎「奈良時代における大安寺・西大寺の造営」『日本古美術全集』六、西大寺と奈良の古寺、集英社、一九八三年ほか。

(3) 海野聡「古代日本における建物に対する認識と記述方法—建物の認識・評価に関する歴史的研究 その一—」『日本建築学会大会学術講演梗概集F—二』二〇一三年。

(4) 『国史大辞典』大宝律令(たいほうりつりょう)の項。

(5) 『国史大辞典』養老律令(ようろうりつりょう)の項。

(6) 註(4)前掲書参照。

(7) 凡軍団。各置㆓皷二面。大角二口。少角四口㆒。通用㆓兵士㆒。分番教習。倉庫損壊須㆓修理㆒者。十月以後。聴㆑役㆓兵士㆒。

（8）凡城隍崩頽者。役二兵士一修理。若兵士少者。聴レ役二随近人夫一。逐二閑月一修理。其崩頽過多。交闕二守固一者。随即修理。役訖。具録申二太政官一。所レ役人夫。皆不レ得レ過二十日一。

（9）凡縁二東辺北辺西辺一諸郡人居。皆於二城堡内一安置。其営田之所。唯置二庄舎一。至二農時一。堪二営作一者。出就二庄田一。収斂訖勒還。其城堡崩頽者。役二当処居戸一。随レ閑修理。

（10）凡烽。置二長二人一。検二校三烽以下一。唯不レ得レ越レ境。国司簡下所部人家口重大。堪二検校一者上充。若無者。通用二散位勲位一。分番上下。三年一替。交替之日。令下教二新人一通解上。然後相代。其烽須二修理一。皆役二烽子一。自レ非二公事一。不レ得二輙離一レ所レ守。

（11）凡僧尼。有レ犯二苦使一者。修二営功徳一。料二理仏殿一。及灑掃等使。須レ有二功程一。若三綱顔面不レ使者。即准二所縦日一罰苦使。其有二事故一。須二聴許一者。並須下審二其事情一知レ実。然後依レ請。如有二意故一無レ状輙許者。輙許之人。与二妄請人一同レ罪。

（12）有レ犯二苦使一者。三綱立レ案鏁閉。放二一空院内一。令二其写経一。日課二五紙一。日満検二紙数一。足放出。若不レ解レ書者。遣執二土木作、修営功徳等使一。

（13）『律令』日本思想大系新装版、岩波書店、一九九四年、『僧尼令』補注一五b。

（14）道慈は大安寺造営、良弁は石山寺造営、実忠は東大寺大仏殿修理などで活躍したことが知られる。造営僧に関しては、以下の論考もある。渡邊保忠「工匠史上における僧侶の活躍について」『日本建築生産組織に関する研究　一九五九』（註（1）前掲書）、森郁夫「わが国古代における造営技術僧」『学叢』一一、一九八九年。

（15）『国史大辞典』例（れい）の項。

（16）養老五年（七二一）六月十日付の「太政官謹奏」（『類聚三代格』所収）にも按察使の設置が記される。

（17）応三早修二造前国司時破損雑舎一事

右被二右大臣宣一偁。奉レ勅。畿内七道諸国官舎正倉器仗池堰国分寺神社等類。随レ破修理・各立二条例一。至レ有二闕怠一。拘以二解由一。今聞。前後国司交替之日。検二校破損一。載二不与解状及交替帳等一言上。自レ玆厥後。旧人者縁レ無二其勢一不レ堪二修造一。新司者称レ非二己怠一弃而不レ顧。称経二年月一。弥致二大損一。此之為レ弊不レ可二勝言一。自今以後。交替之日。所有破損。宜レ令三後任早加二修造一。其料者作レ差割二留前司主典已上公廨一充レ之。如無二公廨一者徴二用私物一。仍待二修理訖一乃許二解由一。又郡司之職検二察所部一。郡中破損須レ勤二修理一。若有二破損一不レ勤二修理一者。作レ差徴レ物亦同二国司一。但駅家破損者。一依二延暦十九年九月二日格一。庶令二前後共勤官物無一レ損。

(18)　延暦十六年（七九七）頃に国司交替の際に行政実績を監査する勘解由使が設置された。当時、国司交替にあたって手続きの不備や前任・後任の間の紛争が多発しており、国司交替の手続きを明確化する必要が生じていた。こうした背景のもとで、延暦二十二年に勘解由使の菅野真道により『撰定交替式』（延暦交替式）が編纂され、桓武天皇の裁可を得て、正式な国司交替の例規として扱われた。天長元年（八二四）以降、国司（外官）だけでなく内官（在京の官吏）も勘解由使の監査対象となり、貞観九年（八六七）頃に内外官の交替手続きに関する法令を集成した『新定内外官交替式』（貞観交替式）が勘解由使によってまとめられた。以後、内外官の事務引継ぎはこれに依ることとなる。そして、十世紀に入り、律令官制の再構築を図る醍醐天皇が、延喜格式の編纂事業を開始すると、その一環として交替式の再編纂も行われた。編纂作業は延喜十一年（九一一）に始まり、同二十一年に『内外官交替式』（延喜交替式）として完成した。これが最後の交替式となった（『国史大辞典』交替式〈こうたいしき〉の項）。

(19)　国司などの交替時に、後任者が前任者の職務内容に問題があるとして、解由状を発行しなかった場合に、理由を記して勘解由使に提出した公文のこと（『国史大辞典』不与解由状〈ふよげゆじょう〉の項）。

(20)　「太政官謹奏」（霊亀二年〈七一六〉五月十七日『類聚三代格』所収）

右今聞。諸国寺家堂塔雖レ畢。僧尼莫レ住礼仏無レ聞。檀越子孫惣二摂田畝一。専養二妻子一不レ供二衆僧一。因作二訴訟一諠二擾国郡一。自今以後厳加二禁断一。其所レ有財物田園。並須二国師衆僧及国司檀越等相対検校。分明案記。充用之日共判出付一。不レ聴二依レ旧檀越専制一。謹以申聞謹奏。奉　レ勅。依レ奏。

(21)　「太政官符」（弘仁三年〈八一二〉三月二十日『類聚三代格』所収）

応レ令下諸国講師一検中校国分二寺上事

右検二案内一。太政官去天平十六年十月十七日　勅偁。国師親臨検校務令二早成一。用レ糧造レ物子細勘録以申二綱所一。一切諸寺亦復如レ之者。自レ玆以降。遵行既久。至二于延暦十四年一改二国師一称二講師一。専任二講説一。不レ預二他事一堂宇頽壊不レ存二修葺一。尊像損汚無レ情二改飾一。熟論二其理一事不レ容レ然。今被二大納言正三位藤原朝臣園人宣一偁。奉　レ勅。自今以後。宜下与二国司一共令中依レ件検校上。其申二送用度一并勘二解由一一依二旧例一。

この史料から国分寺の維持管理の実務が確認でき、第Ⅰ部第五章にて指摘している。

(22)　「太政官符」（天平勝宝四年〈七五二〉閏三月八日『類聚三代格』所収）

応二畿内七道諸国国師交替一事
右得二従四位上守治部卿船王等解一偁。今聞。国師赴レ任之日受二得官符一。解任之時国司无レ状。於レ理商量寔為レ未レ可レ然。素緇雖レ別於レ政仍同。自今以後新旧交替。計二会資財一同知二損益一。然後与二国司一共造二帳三通一。一通僧綱。一通三綱。一通国司。望請。頒二下諸国一仍以申送者。奉　レ勅。宜下告二国師一務令中遵行上。

(23) この符は『類聚三代格』の定額寺の項に収められるが、この符の諸寺は官が管理する寺のみではなく、檀越のいる寺（私寺）も対象と考えられる。いずれにせよ、この史料は地方寺院の維持管理を示している。

(24) 宝亀三年（七七二）八月三十日付の「奉写一切経所告朔解」（『大日本古文書』編年六ノ三九一）に「榲榑十村（材カ）」を「手水所片庇並経師等曹司修理料」として使い果たしたことが確認される。ここでの修理料は一時的なもので、封戸のような長期的な経済的枠組みとは性格が異なるが、現物支給の事例である。

(25) 第Ⅰ部第五章参照。
「太政官符」（天平神護二年〈七六六〉八月十八日『類聚三代格』所収）
（前略）
一　国分寺先経造畢塔金堂等。或已朽損将レ致二傾落一。如レ是等類宜下以二造寺料稲一且加中修理上之。
以前被二右大臣宣一偁。奉　レ勅。如レ件。
「勅」（神護景雲元年〈七六七〉十一月十二日『類聚三代格』所収）
勅。諸国国分寺塔及金堂或既朽損。由レ是天平神護二年各仰二所由一。以二造寺料稲一随即令レ修。而諸国緩怠曽未二修造一。非三唯露二穢尊像一。実亦軽二慢　朝命一。宜下早随レ壊修理不上レ得二更怠一。又国分僧尼供養除二米塩一外曽無二優厚一。斎食之道豈合レ如レ此。宜二醬酢雑菜優厚供養一。其料度者用二寺田稲一。永為二恒例一。

(26) 山野善郎「律令制祭祀と神社修造―経済的裏付けと責任体制からの検討」『日本建築学会計画系論文報告集』四五一、一九九三年。

(27) 神社社殿の常設化の不徹底や破損にしたがって随時、修理をするという点が影響したと考えられる。また神社の式年造替という点も、これに影響を与えている可能性がある。

(28) 遣レ使修二造神社於天下諸国一。

(29) 「太政官符」(弘仁三年〈八一二〉五月四日『類聚三代格』所収)、『日本後紀』弘仁三年五月庚申(三日)条。
(30) 「太政官符」(貞観十年〈八六八〉六月二十八日『類聚三代格』所収)。
(31) 第Ⅰ部第五章参照。
(32) 諸国の正倉を理の如く造らないという点は、正倉の標準設計を窺わせるが、この検討は別の機会に譲る。なお校倉・正倉の規格化については拙稿参照(「古代日本における倉庫建築の規格と屋根架構」『日本建築学会計画系論文集』六九二、二〇一三年)。
(33) 正倉の修理に関しては、前述のように天平勝宝元年(七四九)八月四日付の「勅」(『延暦交替式』『貞観交替式』所収)によって定められているが、ここでは他の官舎に関する規定はなされていない。
(34) 山中敏史「正倉の建築構造」『古代の官衙遺跡』Ⅱ遺物・遺跡編、奈良文化財研究所、二〇〇四年。
(35) 「太政官符」(貞観十八年〈八七六〉三月十三日『類聚三代格』所収)

応下筑前国嶋門駅家付二当国一令中修理上事

右参議権帥従三位在原朝臣行平起請偁。件駅家。在二筑前国遠賀郡東一。去二大宰府一二日程。去二肥後国一七日程。承前之例。令二肥後国加一修理一。令三筑前国供二駅具一。因レ玆肥後工夫常苦二於長途一。筑前主守不レ憂二其破損一。望請。以二件駅家一付二筑前国一。永令二修理一者。右大臣宣。奉　レ勅。依レ請。

(36) この工は国府付近の技術者であることを明らかとしている(第Ⅰ部第三章参照)。
(37) 先レ是、遠江国司言。前司時、焼二亡官舎二十五宇倉一百四宇一。交替之日、不二輒放還一、既経二言上一。而前司会二去年十二月恩赦一、被二放免一訖。望請。除棄、将レ脱二後累一。但用二除棄倉屋材木一、加二修所レ遺之倉舎一。太政官商量、依レ請焉。
(38) 国の長官である国守は管内の祠社・戸口・簿帳・百姓を字養し、農桑を勧め課せ、所部を糺察すること、貢挙・孝義・田宅・良賤・訴訟・租調・倉廩・徭役・兵士・器仗・鼓吹・郵駅・伝馬・烽候・城牧、公私の馬牛、闌遺の雑物および寺・僧尼の名籍のことを掌った(『国史大辞典』国司〈こくし〉の項)。この中の倉廩は、租調と関連しており、正倉の維持が本務に含まれたと考えられる。
(39) 第Ⅱ部第四・五章参照。

第二章　建物の維持管理に対する公的概念の萌芽と修理体制

一　はじめに

これまでに古代の律令制度下における造営体制・生産組織が明らかにされてきた(1)。また奈良時代の寺院の財産を書き上げた資財帳や縁起などをもとに、伽藍の復元や建物の構造や規模などが解明されてきた(2)。こうした先行研究の成果は奈良時代の新規造営の側面を描いているが、完成後の建物の維持管理については、松原弘宣氏が奈良時代から十世紀の修理組織について指摘している程度で(3)、ほとんど目が向けられてこなかった。加えて、いずれの研究も地方に対する検討は不十分である。筆者も奈良時代の造営体制を論じてきたが、新造を主な対象としてきた。建物の維持管理の史料については、第Ⅰ部第五章の国分寺における維持管理や平安時代の「宇治院資財帳写」や「広隆寺資財交替実録帳」の維持管理の記述を指摘しており(4)、また第Ⅱ部第一章で建物の維持管理に関する法的な規定を整理している。

本章では、第Ⅱ部第一章の成果を受けて、奈良時代を中心に、七〜九世紀の文献史料の検討を通して、建物の維持管理に対する概念が生じた時期と奈良時代〜九世紀における修理体制およびその組織の変遷と職務の解明を目的とする。

二　建物の維持管理に対する概念の変化

1　法制による規定

古代には法的な規定により、建物の維持管理を図っており、これについては、第Ⅱ部第一章で詳述したが、本章の考察の下地であるため、その概略を述べたい。

古代日本の法令の根幹は律令であり、七世紀後半に先駆的な律令である飛鳥浄御原令が制定され、その後、大宝律令・養老律令が施行された。大宝律令は大宝元年（七〇一）に完成し、同二年施行されたが、全文が散逸している。[5]また養老律令は養老二年（七一八）に撰定を開始し、天平勝宝九歳（七五七）に施行された。[6]養老律令の完成時期は諸説あるが、養老年間（七一七〜七二四）には完成したとされる。養老律令も現存しないが、『令集解』『令義解』やその他の史料からほとんどが復元されている。先行研究によると、この両律令の違いは、わずかであるとされる。[7]

律令以外には、令文を補足するための「例」、律令の修正・補足のための法令（副法）である「格」、律令の施行細則である「式」があり、これらが律令を補完していた。

早いものでは、養老四年頃に令文を補足する『八十一例』が撰定されている。この「例」の詳細は不明であるが、役所ごとの施行細則編纂で、式と同様に、令文の不備を補い、解釈を明確化しようとしたものであった。[8]これらの令文やこれを補足する細則には建物の維持管理に関する規定はなされなかった。またこの時期の「太政官符」などに、維持管理に関する個別の通達は確認できない。

このように養老律令の段階、すなわち八世紀前半には建物の維持管理の規定はなかったと考えられる。この時期には平城宮においても朝堂院をはじめ、ほとんどの建物が掘立柱建物であり、大極殿や一部の寺院の中心建物を除いて、礎石建物は少なく、多くは永続性をもたなかった。こうした発掘より示される建物の状況は、長期的な維持管理の規定を設けなかった状況とも合致する。

格式をみると、寺院に関しては八世紀中頃、神社・官舎に関しては八世紀末〜九世紀初頭にかけて、修理の記述が確認でき、この時期には、災害等などに対する個別の修理対応から、全国的な法整備による建物の維持管理体制の確立へと変化したことが確認できる。すなわち、この法制化される八世紀中頃までに、建物の維持管理に対する概念が芽生えたのである。中でも寺院や正倉が早い時期に対象となった背景には、これらの施設の礎石化が比較的早く、建築の長寿命化が進んだことがあったと考えられる。

2　建物の維持管理に対する概念の萌芽

法制史料以外にも、七世紀から個別の修理に関する記載が確認できる。これらの法制史料以外の記述を含め、建物の維持管理に対する概念の変化に焦点をあてたい。

『日本書紀』天武天皇十年（六八一）正月己丑（十九日）条には、畿内・諸国に詔して、諸々の神社の修理を命じたことが記される。ここでの「修理」は、建物の維持管理のみを示すのではなく、神社の復興や整備の意を多く含むと考えられる。

『続日本紀』文武天皇二年（六九八）八月丁未（二十日）条・同年十二月丁未（二十一日）条・文武三年九月丙寅（十五日）条には高安城・石船柵など、軍事関係の施設の修理が確認できる。これらの軍事施設には建物も含まれようが、

第Ⅱ部第一章で指摘した『軍防令』の規定のように、防衛上・戦略上、重要な堀や土塁などが主な修理の対象と推察できる。また維持管理という点では、『続日本紀』文武天皇三年十月辛丑（二十日）条に山陵が修理・造営されたことが記される。

しかしこれらの維持管理の事例は建物ではなく、主に土塁や山陵など、土木構築物に対するものである。維持管理の主対象が建物と推察されるものとしては、天平七年（七三五）の記述が初出である。

『続日本紀』天平七年六月己丑（五日）条

勅曰。先令幷レ寺者。自レ今以後。更不レ須レ幷。宜レ令三寺々務加二修造一。若有下懈怠不上肯二造成一者。准レ前幷レ之。

其既幷造訖。不レ煩二分拆一。

内容は以下の通りである。霊亀二年（七一六）五月十五日（『続日本紀』）に出された「先令」では、粗末な寺院が多く、造営が行われないため、貧弱な寺院を併合させた。しかし今後は、これ以上の併合を禁じ、それぞれの寺に可能な限り、修繕を加えるべきである。もし寺や寺を支えるべき檀越が修造に勤しまない場合には、これまで通り、合併せよ。すでに併合して、修造が済んでいるならば、分離せずともよい。

霊亀二年に「先令」を定めた際には、寺院の荒廃に対して、修理・修復という方法ではなく、併合して寺を造立するという措置が講じられた。これは養老律令に建物の維持管理に関する規定がないという背景と同じく、建物の維持管理に対する概念がみられないことに起因する。これに対し、天平七年の「勅」にみえる修繕には、再整備の意味も含まれると考えられ、既存建物の修理であるかは定かではないが、建物の計画的な維持管理に対する意志の表出と捉えられる。

「正倉院文書」にみえる建物の修理に関する初出は天平十年の「駿河国正税帳」（『大日本古文書』編年二ノ一〇六）で、

正倉を対象に、「新造」と「修理」の記述があり、寺だけではなく、官衙についても、修理が求められたことがわかる。この文書は、正倉の状態を具体的に表しており、天平七年の「勅」以上に、明確かつ具体的に、修理による建物の維持管理の様子を示している。

また弘仁五年（八一四）の「太政官符」の中で引用された天平十年五月二十八日付の格によると、国司が国司館を意に任せて造営し、国司館で一人の病死があると、不吉で居住に適さないとしていた。これを国図に掲載して進上するものを除くほかに、欲しいままに、場所を移して造営することを禁じ、破損に応じて修理することと改めた。

「太政官符」（弘仁五年六月二十三日『類聚三代格』所収）

禁ニ制国司任レ意造レ館事

右太政官去四月二十六日下ニ五畿内諸国一符偁。検ニ天平十年五月二十八日格一偁。国司任レ意改ニ造館舎一。儻有ニ一人病死一。諱悪不レ肯ニ居住一。自今以後。不レ得乙除下載ニ国図一進上上之外輙擅移造甲。但随レ壊修理耳者。（後略）

やはり、この天平十年の格からも、この時期には建物の維持管理に対する概念が顕在化していたと判断できる。この時期には国分寺が未整備のため、整備済みの国庁で法会が行われており、こうした官衙の整備の進捗が、建物の維持管理の必要性を高めた一因と考えられる。このように、天平期には、官衙や寺院において一定の建物の整備が進み、法的な整備はともかくとしても、維持管理に対する意識が高まったのである。

国分寺については、造立計画当初に建物の維持管理の意図はみえず、天平神護二年（七六六）八月十八日付の「太政官符」（『類聚三代格』所収）で、造寺料をもって、修理するように指示し、同年九月五日付の「勅」（『続日本紀』所収）で、実態調査を図った。これには全国の国分寺造営という事業の規模に対し、新規造営の進行が優先され、経済的に建物の維持管理を計画する余裕がなかったことが背景にあり、その概念が存在しなかったのではないと考えられる。現に、多くの国分寺の完成後、間もなく修理料として造寺料が充てられており、建物の維持管理に対する配慮が窺える。

このように軍事施設の維持管理に関しては七世紀後半の段階からみられるが、それ以外の建物の維持管理に対する公的概念は養老律令が撰定された養老期にはみられず、個別の事例に対応した一時的な修理に留まっており、天平期に計画的な維持管理の顕在化が確認された。そして八世紀後半に入り、国分寺の整備とともに、建物の維持管理が公的概念として定着し、これ以降は寺院・社寺・官衙を中心に、建物の維持・修理が求められ、その対象は地方に及んだのである。

三　修理の体制・組織

1　修理司成立以前の修理体制

前節で述べたように、天平期以降、建物の維持管理に対する公的概念が窺え、奈良時代後半には公的概念として、維持管理が求められた。その対象は主に地方で、責任を国司・郡司らに負わせることが多く、貞観十一年（八六九）の大地震後に臨時に設置された「陸奥国修理府」（『三代実録』貞観十二年九月十五日甲子条）などを除き、建物の維持管理・修理に対する組織的な関与は見出しがたい。

これに対し、中央では平安時代には、新造を目的とする木工寮とは別に、修理を主目的とする修理職が設けられた。また奈良時代にも、修理の役目を有したとみられる任官記事があり、修理を本務とする修理組織の存在が窺える。[9]この修理組織は、後述のように「修理司」という官司名と推察される。本章では、この奈良時代の修理司の存続時期や組織の格および修理司以外の修理の状況を明らかにしたい。まずは修理司成立以前における修理体制を検討しよう。

『続日本紀』宝亀六年（七七五）八月癸未（二十二日）条に伊勢神宮の修理のため、臨時に「使」が送られたことが確認できる。この記事によると、暴風雨により、伊勢・尾張・美濃の国分寺や諸寺・官舎などの建物に甚大な被害が生じ、この災害に対し、臨時に「使」を派遣し、伊勢の斎宮を修理するとともに、諸国の人民の被害状況を調査させた。ここでは国分寺や諸寺の塔、官舎の修理に対しては人員の派遣がなく、斎宮の修理にのみ、「使」が送られており、その特殊性が表れている。もちろん斎宮という施設の重要性もあろうが、あくまで国分寺や諸寺の塔、官舎が国司・国師・郡司らによって維持管理されていたのに対し、斎宮は、これらと別の管理体制下にあったためであろう。

同様に次の伊勢神宮の修理の際にも「使」の派遣が確認できる。

『続日本紀』延暦十年（七九一）八月壬寅（十四日）条

詔遣㆓参議左大弁正四位上兼春宮大夫中衛中将大和守紀朝臣古佐美。参議神祇伯従四位下兼式部大輔左兵衛督近江守大中臣朝臣諸魚。神祇少副外従五位下忌部宿祢人上於伊勢太神宮㆒。奉㆓幣帛㆒。以謝㆓神宮被㆑焚焉。又遣㆑使修㆓造之㆒。

延暦十年八月三日の盗人による伊勢神宮の放火に対し、参議を含む三人の高官を派遣し、幣帛を奉らせ、伊勢神宮に放火の謝罪を行った。そして「使」を派遣して、これを修理させた。使者の高官の名は記されるのに対し、「使」の人名が記されず、修理にあたったとみられることから、低位階の技術官人の可能性が推察される。

いずれの史料においても、「使」は臨時に京外に派遣され、修理を担ったにすぎず、また修理を専門とする任官ではなく、一時的な任務のための任官である。(10) 修理専門の職務名は次の史料に確認できる。

『続日本紀』天平神護元年（七六五）三月辛丑（十日）条

（前略）大宰大弐従四位下佐伯宿祢今毛人為㆘築㆓怡土城㆒専知官㆖。少弐従五位下采女朝臣浄庭為㆘修㆓理水城㆒専知官㆖。

この記述によると、大宰大弐の佐伯宿祢今毛人が築怡土城専知官に任じられ、大宰少弐の采女朝臣浄庭が修理水城専知官に任じられた。この任官は、兼任であるが、水城の修理に専門にあたる役職名が確認できる。天平勝宝八歳（七五六）には、関係の悪化した新羅討伐の準備や大陸からの脅威への対抗として、怡土城を吉備真備に築かせており、水城の修理もこれに関連するものであろう。しかし築城や修理に対する組織や実働人員の確保は確認できないことから、臨時の役職とみられ、恒常的な維持管理ではなく、また修理に対する十分な組織体制が整備されたとは考えにくい。佐伯宿祢今毛人、采女朝臣浄庭はともに大宰大弐、大宰少弐と併任であり、この状況をみるに、大宰府の組織を利用して、造営・修理を行ったと推察される。すなわち、修理に対する専任者の例として重要であるが、独立した修理組織に基づく、組織的な修理に対する取り組みではないと判断される。

このように八世紀前半には維持管理・修理に対する組織化は確認できず、一時的な赴任である「使」で対応していた。また八世紀の後半に入り、水城という軍事施設の修理のために、専任者が任じられた。この時期は、国分寺の維持管理が定められた時期であり、こうした状況は、第Ⅱ部第一章で指摘した、維持管理に対する法制や体制が生まれつつある時期ともリンクしている。なお建物・施設の維持管理に関する記述は地方における修理に限定されており、中央では確認できない。こうした状況からみると、中央では、平安時代に木工寮が修理を担ったように、修理専門の組織ではなく、造営官司が修理を兼ねた可能性が考えられる。

2　修理司の成立と規模

修理の専門組織の存在を窺わせる「修理長官」「修理次官」の任官に関する記述が『続日本紀』にみられる。この修理組織について、太田博太郎氏は平安時代の「修理職」にあてており、大夫・亮とあるべきところが、長官・次官という任官を不審とする。[11]この修理組織に対する詳細な検討は、松原弘宣氏によるものがあり、[12]これと重複する部分もあるが、再度、史料に立ち戻って検討しよう。

この修理組織については、『続日本紀』にみえる四等官制による任官や西隆寺出土木簡に示される長官・次官（二員）・判官・史生・司工・民領という記載に限られるが、[13]これらより修理を専門とする組織的な体制の存在がほぼ明らかである。特に西隆寺出土木簡には「修理司」と記されており、この木簡の名称をもとに官司名が推断されている。本章では、この修理司の任官記事を中心として、改めて存続期間を検討し、さらに官位相当から、修理司という組織名とその格について一考を案じたい。

存続期間

『続日本紀』によると、従四位上伊勢朝臣老人が修理長官を神護景雲二年（七六八）七月十七日から務めている。宝亀二年（七七一）正月辛巳（二十三日）条には、中衛員外中将に加え、皇后宮亮としており、修理長官の職はみえないが、宝亀九年三月丙辰（十日）条には、修理長官・遠江守に加えて、中衛中将を併任したことが記され、ここまでは、修理長官の職にあったと推察される。その後、伊勢朝臣老人は、天応元年（七八一）五月七日には主馬頭に任じられており（修理長官の併任は不明）、延暦元年閏正月十九日には散位で、遅くともこれまでに修理長官の職を解かれた。宝亀九年の任官記事以降、弘仁九年（八一八）の修理職の設置まで、修理司に関する記述はみられない。なお伊勢朝臣老人は造西隆寺長官や木工頭も務めており、(14)造営に関わる経歴が確認できる。

同様に、次官についてみると、神護景雲二年七月十七日に伊勢朝臣老人の長官就任と同時に、相模宿祢伊波が次官に任じられた。彼は、相模国の有力豪族で、「私仏所」という民間工房を有する人物であった。

また神護景雲三年六月二十四日に大外記従五位下池原公禾守・左大史外従五位下堅部使主人主を修理次官（併任）としたこと、宝亀三年十一月一日に外従五位下軽間連鳥麻呂を修理次官としたことが『続日本紀』に記される。なかでも軽間連鳥麻呂は大安寺の造寺大工であったことが知られ、(15)実務能力を有した人物であった。その後、宝亀五年九月四日には周防掾外従五位下英保首代作を修理次官の併任としたが、英保首代作も西大寺における兜率天堂の建造により、位階を賜っており、(16)造営で功を成した人物であった。このように次官には、建築の実務能力を有した人材が充てられた。

これらの任官記事から修理司の存続期間を検討しよう。この存続期間について、渡邊保忠氏は断続的と判断しているが、その根拠を明示していない。(17)これに対して、松原氏や東野治之氏は少なくとも、神護景雲二年から宝亀九年の継続的な存続を唱えており、ともに西大寺・西隆寺の造営を契機として修理司が設置されたとする。(18)筆者も、すべての任官が六国史に記されるわけではなく、修理司廃止の記事がない以上、継続的に存続したとする説を支持する。ただし、宝亀九年以降も一定の期間、修理司は存続し、以下のように、他の造営官司の統廃合にともない、廃止されたと考える。

伊勢朝臣老人は延暦元年閏正月十九日に散位で、ほかに長官の任官者がみえないことから、この頃までに修理司は廃止されたと推察する。当時の状況をみると、天応元年六月一日には、桓武天皇が定員外の官人を全廃しており（『続日本紀』）、修理司以外の造営関係の官司をみても、天応二年に造宮省・造法華寺司が廃されている。そして延暦三年に造長岡宮使が設置されており、再び、新規造営へ軸足が移された。こうした官司改編の中で、修理司も廃されたと推察されるのである。

職務

奈良時代の中央における修理の対象は、宮内および京内である。ここでは修理の職務を二つに大別し、前者の「宮殿の修理」と、後者の京内のうち、公的な部分である「坊城の修理」を官司による修理の職務と捉え、これらの官司ごとの分担をもとに、修理司の職掌について検討したい。

東野氏は修理司の職務を西大寺・西隆寺の造営にともなう京域北部の条坊整備とみる。これに対し、松原氏は、東大寺や唐招提寺造営の際には、同様の条坊整備のための修理司やそれに相当する官司が設置されない点、条坊整備を主たる任務とするには名称が不審である点などから、東野説に否定的で、西大寺・西隆寺造営を契機として、宮内・京内の修理一般を掌るために修理司が設置された可能性を提案している。

筆者は、基本的に松原説に賛同するが、以下のことから、奈良時代の修理司の職務に条坊の修理を含める点は、疑問である。これに焦点を絞り、近年の発掘成果を加え、検討したい。

「坊城の修理」についてみると、平安時代には、基本的には京職がその役を担っており、修理坊城使が設置された時期にも、京職に一定の責務が課せられていた。京職は本来、左京職・右京職の二つに分かれて、京師の行政・司法・民政・警察などのことを司った役所で、修理の専任の役所ではない。ただし、『軍防令』によって、軍事に関わる施設の維持が軍団に課された例や『延喜式』によって、衛門府による守屋の修理が定められた例のように[19]、営繕官司以外の統括官司が管轄内の施設の維持管理を担うこともあり、京職による坊城の修理もこれらと同様と考えられる。このことからも、元来、すなわち奈良時代においても、恒常的なインフラである坊城の修理の責は、京職にあったと推察される。

さらに、近年の西大寺食堂院の発掘調査により、西大寺造営にともなう北辺坊の整備に対して、疑問を投げかける成果が報告されている。発掘成果によると、西大寺の寺地が少なくとも食堂院の北方では北辺坊に及ばず、また北辺三坊三坪が奈良時代の前半・後半ともに、活発な利用を確認できないことが明らかになった。[20]すなわち北辺坊自体の整備も疑わしく、西大寺造営にともなう坊城の整備が、修理司の職務として重視されたとは考え難いのである。また西大寺や西隆寺の造営の際に、寺地に関わる条坊の整備や坊城の修理・改変をともなったとしても、造西大寺司や造西隆寺司が設置された以上、これらの機関が坊城の整備を担うと考えられ、修理司がこれを担ったとする解釈にはやや無理がある。松原氏も指摘するように、他の官大寺造営において、同様の問題が生じるはずであり、これらの造営では修理司が置かれなかった点と整合がとれない。この二点から、修理司の職務に「坊城の修理」を積極的に含める根拠は見出しがたいのである。

次に「宮殿の修理」の状況についてみると、奈良時代には木工寮の実務稼働は確認できず、建築技術者を一元的に集約した木工寮から、他官司・各現場に技術者が派遣されており、木工寮は実務機関ではなく、行政機関であった。[21]そのため木工寮が修理の役目を担うことは難しく、造宮省が修理していたことが確認でき、他の造営官司についても同様に修理の任を担ったと考えられる。

こうした状況から、西大寺・西隆寺の造営にともなう京職の修理職務の増加は文献史料に確認できず、西大寺造営にともなう北辺坊整備という推測の根拠も発掘調査からは明示できない。「坊城の修理」よりも、むしろ建物の修理については、宮内・京内における臨時の造営量の過大により、造宮省が修理職務にまで手が回らなくなったということが背景にあるのではなかろうか。実際に、第Ⅰ部第三章で述べたように、井上薫氏は造宮省の造営現場において、左衛士府の衛士が従事したと指摘している。[22]これは造宮省の繁忙を裏付けるものである。

このように「坊城の修理」と「宮殿の修理」の状況、すなわち西大寺・西隆寺の造営時における坊城の整備の必要性がみられず、本来、担うべき京職が存在したこと、さらに造宮省が労働力を他官司より得ており、宮殿の修理はおろか、造営の実務に支障をきたしていたことから、修理司の修理対象は、京職が担っていた坊城ではなく、繁忙により、造宮省による修理が困難となった宮殿が主な対象と推察される。

官位相当と格

官位相当から修理司の組織の格をみると、長官が従四位上、次官が外従五位下で、中宮職や左右京職よりも高い位階である。なお平安時代の修理職の位階をみると、大夫を従四位下相当、亮を従五位下相当としており、木工寮の頭の従五位上、助の正六位下よりも高い。[23]むしろ、長官の四位、次官の五位という官位相当は省に準じた造東大寺司に近い。

このように奈良時代の修理組織名については、長官・次官という四等官制を鑑みるに、西隆寺出土木簡に記されるように「修理司」で、その格は造東大寺司と同じく「司」でありながら、任官者の位階相当から、最低でも「職」以上と推測される。

3　修理司の廃止以降

維持管理に関する状況は、平安時代に入ると造営体制の大改編にともなって一変し、明確に修理を専任とする役所として修理職が設けられた。また修理坊城使という名も九世紀の史料にみえ、これらの組織の関係や系譜について一考を案じたい。ここでも「宮殿の修理」と「坊城の修理」の官司ごとの職務の分担を絡めて検討する。

『国史大辞典』によると、[24]修理職は皇居などを造営した令外の官で、同時期の造営官司をみると、延暦元年に造宮省を廃止し、同十五年頃に造宮職を置き、同二十四年に造宮職を廃して、木工寮に属させた（『日本後紀』天長二・三年頃の「太政官符」）。しかし、木工寮が繁忙であるため、弘仁九年七月頃に修理職を置き、造宮職の任務を掌らせたが（『類聚国史』修理職、弘仁九年七月八日など）、天長三年に修理職を廃止し、[25]木工寮に属させた。のちに、再度、修理職が置かれたが、これは史に漏れており、寛平三年（八九一）八月三日の「太政官符」に修理職の官位を定めることが記され、その後は常置され、木工寮と修理職による併立が定まった。

修理職に関しては、渡邊保忠氏・太田博太郎氏による指摘がある。渡邊氏は律令体制下における造営組織の変遷を述べる過程で、修理職を、修理坊城使・造京司などの京域の造営を担う官司との関係性を図表中で示唆している。また『延喜式』をもとに、木工寮と修理職の工人構成の比較を行っており、技術官人である大工・少工や事務官人である大允・少允が置かれず、造営計画の中枢ともいうべき彼らが不在で、長上工や将領などの現場指導者を主体として構成されていたとする。[26]太田氏は寛平二年十月三十日に修理坊城使の廃止にともなって、修理職を設置したとする。[27]

修理左右坊城使はその役職名から、修理の対象は坊城、すなわち都城の坊ごとにその周囲に廻らせた垣やそれにともなう溝・道路で、[28]構造体として強固である垣は、恒常的な設備と位置づけられ、その維持管理のための組織が早い時期に設置されたと考えられる。

修理坊城使は仁寿二年（八五二）に廃され、木工寮へ隷属し、同年の「太政官符」（斉衡二年〈八五五〉九月十九日付「太政官符」『類聚三代格』所収）には、坊城の修理に関し、「理損之色」の修理を木工寮、「非理之損」の修理を京職と[29]分担が定められた。しかし実際には木工寮が坊城の修理をすべて行っていたようである。その結果、修理職の置かれなかったこの時期には、宮殿・坊城ともに、すべての修理が木工寮に集約していたのである。こうした状況から、木

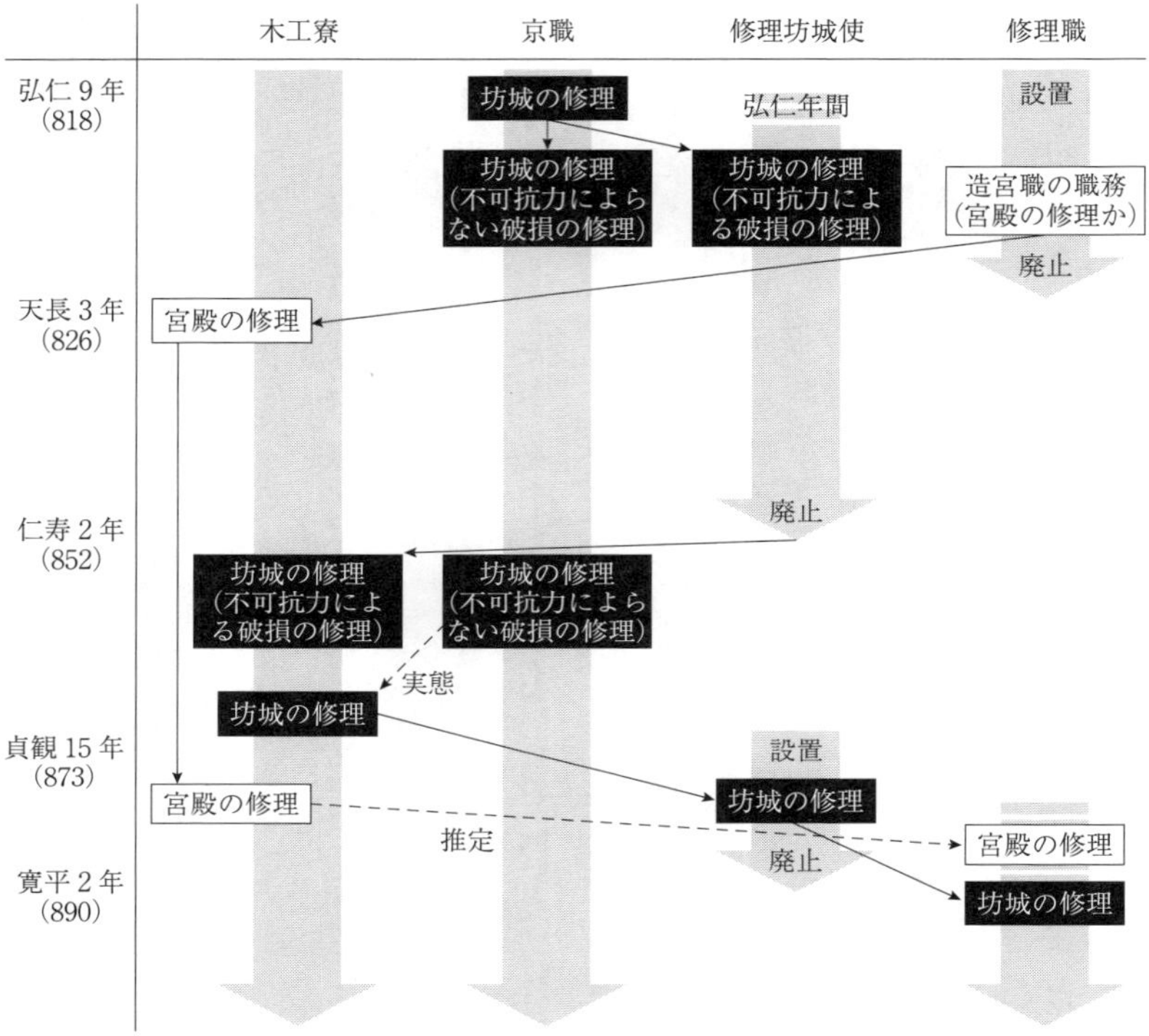

図3　造営・修理の組織変遷と修理職務の分担

註　渡邊論文を一部，参考とし，筆者が新たに作成した．

工寮は繁忙を極め、坊城使を再度、設置するに至った(30)。

修理坊城使の廃止については、先行研究では修理坊城使に代わって、修理職を新設したとする(31)が、次の『日本紀略』の記述を再検討し、修理坊城使を修理職へ併合した可能性を指摘したい。

『日本紀略』寛平二年十月三十日壬子条

(前略)其日。停二修理左右坊城使一。併二修理職一。

この記事は、修理坊城使を廃止し、修理職に併合したことを記している。つまり、この時には修理職が存在し、修理坊城使とは異なる職務を有していたと判断できる。すなわち、修理職には本来の職務があり、修理坊城使の統合により、坊城の修理という職務が付加されたと推察されるのである。もちろん『日本紀略』の史料的性格を考慮する必要があるが、後述の職務の分担を鑑みると、修理職は寛平二年時にはすでに設置されており、その本来の職務は「宮殿の修理」と考えられる。修理職の職務である「宮殿の修理」が木工寮から修理職へ移譲した記述はこの史料以外になく、「併」は誤字ではなく、「宮殿の修理」の職務を有した修理職への併合と解釈できよう。

以上の修理職・修理坊城使の統廃合の整理から、木工寮とこれらの官司による修理の職務分担の経緯をまとめたものが図3である。

4　修理の職務の分担

後世の修理職が建築修理の役割を多く担う状況からみて、果たして、都城のインフラ整備を主とする官司である修理坊城使の継承と捉えてよいのであろうか。改めて、修理職の設置の経緯や職員配置を整理し、その性格を明らかとし、宮殿の新築、宮殿の修理、坊城の修理という三つの職務を通じて、官司の統廃合から木工寮・修理職・修理坊城使・京職の分担を検討したい。

まず修理職の設置の記述には、職務に関する言及はないが[32]、修理職の性格を示す史料として、造宮職の職務の継承[33]に関する記述のほか（『類聚国史』修理職、弘仁九年七月十九日付「太政官符」『類聚三代格』所収など）、『類聚国史』（修理職、弘仁十三年七月八日、『日本後紀』逸文）に算師が修理職に置かれたことが記される。算師は主計寮・主税寮などに配され、その後、木工寮や造宮省など、予算策定や労働力の算定が必要な限られた官司にのみ配された人員である[34]。

この算師の配置から、修理職の職務として、修理の実務のみを下請けするのではなく、計画的修理の実務やそれにともなう予算策定が必要であったと判断でき、恒常的かつ組織的な維持管理の実情が表れている。

改めて、組織の統廃合とともに、修理の職務の分担について整理しよう。まず、木工寮と修理職が併立した、弘仁九年～天長三年頃には、前述のように修理職は造宮職の職務を担っていた。造宮職の職務は宮城の造営・修理であり、修理職はこのうちの「宮殿の修理」を担い、「坊城の修理」については、本来の職務である京職がこれを担ったと推察され、京職と修理坊城使が併立した弘仁年間～仁寿二年には、[35]不可抗力による修理を修理坊城使、不可抗力によらない修理を京職が担っており、木工寮の修理は宮殿に限られていた。

修理坊城使の廃止後は、仁寿二年の「太政官符」（斉衡二年九月十九日付「太政官符」『類聚三代格』所収）によると、京職と木工寮で坊城の修理を分担したが、実際にはすべて木工寮が修理を行っていた。

貞観十五年以降は再び、木工寮と修理坊城使を併立させたが、これも天長三年～仁寿二年の状況と変わらず、木工寮に「宮殿の修理」という大きな負担が依然として残っていた。

こうした状況は、再度、修理職が設置されたことにより打開された。この設置時期は明らかではないが、これを機に、木工寮は修理の職務を宮殿・坊城ともに修理職と修理坊城使へそれぞれ移譲し、修理坊城使の廃止にともなって、修理の職務を修理職に一元化させたと推察できる。すなわち、この寛平二年の修理坊城使の廃止の時点で、木工寮には修理の負担がすべて取り除かれており、木工寮による新造と修理職による修理という体制が築かれたのである。

このように職務の分担を概観すると、元来、修理自体は木工寮の職務であったが、宮殿の修理と坊城の修理のうち、どちらか一方を木工寮以外の組織に移譲させるために、修理を職務とするさまざまな組織を別置したが、いずれも不調に終わり、結局、九世紀後半に、両者の修理の職務を、修理職へ集約したことで、ようやく木工寮の職務の負担が組織相応に軽減され、二組織による職務分担によって、安定した体制が確立したのである。

四　まとめ

以上、建物の維持管理に対する公的概念の萌芽および修理組織とその職務を明らかにした。建物の維持管理に対する概念の顕在化は天平期に確認できるが、実質的な法的整備は遅れ、奈良時代後半に入って、計画的な維持管理に対応するため、修理組織として修理司が初めて組織された。この組織の実態は不明であるが、少なくとも、神護景雲二年（七六八）から天応元年（七八一）頃まで存続しており、その四等官制から組織の格が「省」に近いと推察された。また修理司の成立以前には、主に地方の個別の災害などに対応するために、一時的な修理の任を有した「使」や修理専門の「専知官」を任じて、維持管理にあたっていた。

平安時代については、修理職・木工寮・京職・修理坊城使の関係性を踏まえ、修理に関わる組織の統廃合を再整理した。官司ごとの修理職務の分担を通して、その責務移譲と組織改編の関係を示し、最終的に修理の職務をすべて木工寮から取り除き、修理職へ移すことで、両組織を併立させることにより、安定体制の構築を図っていたことが明らかとなった。

ただし、これらの中央における修理司や修理職は、ともに宮殿や坊城を対象とした組織であり、宮殿以外の修理に対する組織の設置はみられない。すなわち中央の大寺、地方の寺社のいずれにおいても、修理に対する財源は確保されたが、基本的には修理に対する公的組織は設置されなかったのである。中央大寺に関しては、造寺司の廃止以前には、これが修理を行ったのであろうが、その廃止後の建物の維持管理には支障をきたしたと推察される。こうした背景が、平安時代の寺院内に造寺所を生み出していった一因として存在したのではないだろうか。この点については、平安時代の造営（新造）の体制を含め、今後の検討課題としたい。

註

（1）太田博太郎「上代の営繕官制」『日本建築学会研究報告』六、一九五〇年（『日本建築の特質』岩波書店、一九八三年所収）、同「造寺司と木工寮」（『日本建築史序説 増補第二版』彰国社、一九八九年所収）、渡邊保忠「律令的建築生産組織」『新訂 建築学大系』四―Ⅰ 日本建築史、彰国社、一九六八年、同「日本における古代的建築生産構造とその中世への発展過程について」『建築雑誌』六七―七八八、一九五二年（ともに『日本建築生産組織に関する研究 一九五九』明現社、二〇〇四年所収）、福山敏男「奈良時代に於ける法華寺の造営」および「奈良時代に於ける石山寺の造営」『日本建築史の研究』桑名文星堂、一九四三年（綜芸舎、一九八〇年再版）ほか。

（2）大岡實『南都七大寺の研究』中央公論美術出版、一九六六年、宮本長二郎「奈良時代における大安寺・西大寺の造営」『日本古美術全集』六、西大寺と奈良の古寺、集英社、一九八三年ほか。

（3）松原弘宣「修理職についての一研究」『ヒストリア』七八、一九七八年。

（4）海野聡「古代日本における建物に対する認識と記述方法―建物の認識・評価に関する歴史的研究 その一―」『日本建築学会大会学術講演梗概集F―二』二〇一三年。

（5）『国史大辞典』大宝律令（たいほうりつりょう）の項。

（6）『国史大辞典』養老律令（ようろうりつりょう）の項。

（7）註(5)前掲の項。

（8）『国史大辞典』例（れい）の項。

（9）本章で修理司とする修理を掌った官司に関しては、『国史大辞典』修理職（しゅりしき）の項に以下の記述がみえる。これによると、『続日本紀』の神護景雲二年（七六八）から宝亀九年（七七八）にかけてみえる修理長官・次官の詳細は不明であるが、造宮省の職務の中の皇居造営を掌ったと推定されるとする。

（10）「使」に関しては、石山寺の造営の際に、「斧修理使」が一時的に斧の修理のために、造石山寺所から山作所へ送ることが画策された（天平宝字六年〈七六二〉三月四日「造石山寺所符案」『大日本古文書』編年十五ノ一五八）。「造宮使」（『続日本紀』天平宝字五年十月己卯〈二十八日〉条)・「造長岡宮使」(『続日本紀』延暦三年〈七八四〉六月己酉〈十日〉条)など、宮殿の改作や造営の例もみられる。これらの派遣も一時的な任務・出向で、「使」は目的をもって、派遣される役目であったと考えられる。

(11) 太田博太郎「上代の営繕官制」(註(1)前掲論文)。

(12) 註(3)前掲論文。

(13) 西隆寺調査委員会『西隆寺発掘調査報告書』一九七六年。

(14) 伊勢朝臣老人は修理長官の任官後、晩年に正四位下で木工頭に任じられており、実態としては令内官司の木工寮の位置づけは高かった可能性がある。

(15) 『続日本紀』神護景雲元年(七六七)三月戊午(九日)条。

(16) 『続日本紀』宝亀二年(七七一)十月己卯(二十七日)条。

(17) 渡邊保忠「律令的建築生産組織」(註(1)前掲論文)。

(18) 註(3)前掲論文、東野治之「木簡からみた西隆寺造営」『西隆寺発掘調査報告書』(註(13)前掲書)。

(19) 「延喜左右衛門府式」。
 凡宮城諸門守屋者。各本府修造。

(20) 以前は、西大寺の寺地が北辺坊に展開する可能性も指摘されており、これらの背景から、西大寺の造営により平城京の北辺坊が整備され、これにともなって修理司が設置された可能性が指摘されていた。ただし発掘調査により、食堂院の北門SB九七五を一条大路の南側溝の南方で検出し、また北辺三坊三坪では奈良時代前半・後半ともに顕著な遺構が確認されなかった(『西大寺食堂院・右京北辺発掘調査報告』奈良文化財研究所、二〇〇七年)。もちろん、北辺三坊三坪以外の北辺坊に西大寺の寺地が展開した可能性もあるが、現状の発掘成果からは、西大寺造営にともなう北辺坊の開発を積極的には支持しがたい。

(21) 第I部第一章参照。

(22) 井上薫「造宮省と造京司」『日本古代の政治と宗教』吉川弘文館、一九六一年。

(23) 和田英松『官職要解』講談社、一九八三年。

(24)『国史大辞典』修理職（しゅりしき）の項。

(25)斉衡二年（八五五）九月十九日付「太政官符」（『類聚三代格』所収）。

(26)渡邊保忠「律令的建築生産組織」（註(1)前掲論文）。同論文の本文中では、修理坊城使と修理職の系譜、あるいは継承について直接的な言及はないが、図表中で「造京使→修理職」「修理左右坊城使→木工寮」「修理左右坊城使→修理職」の矢印を記している（『新訂　建築学大系』四―I　日本建築史、一―一七図、一三二頁、『日本建築生産組織に関する研究　一九五九』図三―一、二三頁）。この図表の矢印に関する説明はみられないが、これは継承・系譜を示していると考えられる。

(27)太田博太郎「上代の営繕官制」（註(1)前掲論文）。

(28)『日本国語大辞典』坊城使（ぼうじょうし）の項によると、坊城の修理を担ったとする。

(29)前者は災害など、不可抗力による破損の修理、後者はこれ以外の破損による修理と推察されており（註(3)前掲論文）、これは妥当な解釈と考える。

(30)『三代実録』貞観十五年（八七三）十月十日辛丑条。

勅。左右坊城使。仁寿二年既従㆓停廃㆒。隷㆓木工寮㆒。今彼寮作事繁多。難㆑耐㆓兼済㆒。宜㆓復㆑旧置㆒之。

なお『類聚三代格』巻四「廃置諸司事」にも同様の記述がみえる。

(31)太田博太郎「上代の営繕官制」（註(1)前掲論文）。太田氏は『類聚三代格』「廃置諸司事」の記述をもって、併合ではなく、新設と判断した可能性があるが、詳細は不明である。なお、この『類聚三代格』の記述は、欠損が多く、年紀も定かではなかったが、近年、狩野家本による補訂により、年紀は貞観十五年（八七三）十月十日と推定されている。一方、『日本紀略』の仁和三年（八八七）以降の記述は、六国史の抜粋ではない点を考慮する必要があるが、年紀の明らかな『日本紀略』の記述は信頼しうると考える。

(32)『類聚国史』修理職、弘仁九年（八一八）七月八日（『日本後紀』逸文）。

定㆓修理職史生八員㆒。（後略）

(33)井上薫氏によると、造宮省は奈良時代を通じて、造宮・修理の常置機関であったとする（註(22)前掲論文）。これに対し、造宮職の設置された平安京の時期には、平城京とは異なり、京の造宮機関が置かれなかった。松原弘宣氏はこれをもって、造宮職が造京の役を兼ねたと推察している（註(3)前掲論文）。

(34) 算師は律令制において計数を掌る官職。主計寮・主税寮・大宰府に設置された。後に木工寮・造宮省など、造営に関わる役所にも令外官として設置された（『国史大辞典』算師〈さんし〉の項）。

(35) 渡邊保忠氏は、修理職の設置（天長三年〈八二六〉）にともなって修理左右坊城使が廃止され、天長八年に再度、設置されたと判断している（註(1)前掲論文）。この判断は天長八年十二月九日付の「太政官符」（『類聚三代格』所収）「応左右坊城使并侍従厨防鴨河葛野河両所五位以下別当四年遷替兼責解由事」に基づくと考えられるが、この史料は長官である別当の任期を三年から四年に変更したという内容で、修理左右坊城使の新設を示す「太政官符」ではない。また天長三年に修理坊城使が廃止されたことを示す史料はなく、むしろ任期の変更ということを鑑みると、組織は存続していたと考えられる。

第三章　資財帳にみえる建築用語とその類型

一　はじめに

資財帳は古代に作成された、主として寺院の公的な財産目録であり、寺院の資産管理のために台帳・目録は不可欠で、各時代に諸種の財産目録が作成された。特に官は寺院の資産の厳正な管理のため、資財帳を作成・提出させており、霊亀二年（七一六）、諸寺の財物田園を、国師・衆僧・国司・檀越などが検校・案記し、ともに出納すべきことが令された。この資財帳の作成・提出は、あくまで寺院の財産管理が目的であり、建物などの維持管理を目的としたものではなかったが、後述のように、実際には資財帳は交替実録帳の作成に際して、台帳・目録として用いられたことが知られる。

資財帳は、奈良時代の伽藍の復元や建物の規模などの解明に有用な史料で、先行研究により、これをもとに古代建築の技術や失われた建物の柱配置が解明されてきた。これらの功績は非常に大きく、枚挙にいとまがない。しかしこれらの検討は個別の資財帳の扱いに留まっており、資財帳を概観し、その作成・記述経緯を建築史的に指摘したものはみられない(1)。

資財帳の特徴を示す一つの要素として、建物名などの建築用語があげられる。もちろん金堂や講堂といった、個別の建物名で指し示す場合には、建物の特徴に言及しないものもあるが、特定の名称のない建物については、その特徴が記される。これらの特定の名称のない建物に関する記述は、奈良時代の主要建物以外の一般的な建物を考えるうえで非常に重要である。しかしながら、この主要建物以外の建物の特徴に関する記述に着目した研究はほとんどみられない。もちろん文献史料ごとに、記述方法が異なる可能性を考慮する必要があるが、財産を書き上げるという性格を一にする史料であることや、平安時代に間面記法が確立していることを鑑みても、古代の資財帳にも、建築の記述に対する共通のルールがある程度、存在したと考えられる。

資財帳における建築形式の記述の違いや区別に言及した、数少ない先行研究には、大岡實氏のものがあり、「西大寺資財流記帳」では重層・高層建築を「基」、他の単層建物を「宇」で数え、助数詞を使い分けていることを指摘している。(2) また筆者は奈良時代の楼閣や二重建築、双堂・双廊・双倉など、「双」の字を冠した建築（以下、「双建築」とする）に対する類型化を以前に指摘した。(3) これらの検討を通じて、奈良時代の文書の記述者が楼や「双建築」といった一定の建築形式で分類し、記述していることが一部、明らかとなっている。この点は本章の内容とも深く関わるため、適宜、改めて言及する。

これらの経緯を踏まえ、本章では九世紀以前の文献史料における建物の記述方法に着目する。記述方法は、文献史料の性格との関係も大きいため、ここでは、九世紀までの寺院の資財帳と「桑原庄券」を対象としたい。「桑原庄券」は資財帳ではないが、東大寺庄園桑原庄の収支決算報告書であり、資財帳と性格を一にする部分も多く、建物に関する記述が多い。(4) 本章の検討内容は以下の三点である。

①個々の資財帳に対する指摘はあるが、悉皆的に整理した先行研究はないため、まずは各史料の建物に関する記述方法と助数詞を整理する。

②奈良時代〜九世紀の人々が、建物を管理するうえで、どのように建築形式を類型化していたかを検討する。

③建築形式が類型化されない建物について、どの部分に着目し、管理・把握・分類していたかという点を検討する。

①は資財帳記載の建築情報を整理することで、古代建築研究の基礎資料として有用である。②の建築の類型化の解明を通して、当時の人々の建築に対する扱いを知ることができる。③は既存研究で言及の少ない普及建築の実態を知る手がかりとなろう。

なお資財帳以外にも石山寺や法華寺の造営に関する「正倉院文書」の記述には部材名を含め、多くの建築用語がみられる。建物名に関しても、「板葺堂一宇」「鐘楼」「経蔵」などがみられるが、その数は資財帳に比べて非常に少ない。またこれらの史料は造営現場における建築専門技術者による実務的把握という面が強く、資財帳の作成に関与する、建物の管理者（責任者）の目線とは異なる可能性が考えられるため、別の機会に譲りたい。

二　検討対象の史料

1　各資財帳と助数詞の記述

A　「西大寺資財流記帳」（表9）　宝亀十一年（七八〇）に書かれた資財帳で、伽藍・建物・仏像などが記される。建物に関する特に詳細な記述があり、前述のように、多層建築を「基」、単層建築を「宇」で数えており、区別して記述している。

B　「法隆寺伽藍縁起并流記資財帳」（表9）　「法隆寺伽藍縁起並流記資財帳」は天平十九年（七四七）に記された

資財帳で、金堂・五重塔・双倉・土倉・甲倉・木屋などが記される。多重建築である五重塔は「基」で数えるが、楼や二重の金堂といった重層建築も、単層の建物と同じく「口」で数えており、「西大寺資財流記帳」ほど、助数詞を区別していない。

C　「**法隆寺東院縁起資財帳**」（表9）　天平宝字五年（七六一）に記された、法隆寺東院の縁起と資財を記した史料で、「八角仏殿」（夢殿）・講堂・僧房といった建物名が確認できる。夢殿を示す「八角仏殿」は「基」で数えられるが、それ以外は「間」で数えられる。

D　「**大安寺伽藍縁起幷流記資財帳**」（表9）　天平十九年に作成された史料で、大安寺の縁起・伽藍・仏像・教典・仏具・財物・寺領・奴碑などが書き上げられている。建物に関しては、金堂・講堂・鐘楼・経楼のほか、板倉・双倉・甲倉などが記される。講堂は規模から裳階付の可能性が高いと考えられるが、(5)「二重」とは記されていない。

E　「**神宮寺伽藍縁起並資財帳**」（表9）　延暦寺二十年（八〇一）に作られた神宮寺の縁起と資財を記した史料で、塔・法堂・湯屋など多くの建物が記される。また細部についても、「泥塗」といった壁に対する記述や、「椛敷」といった板敷とは異なる敷材の記述がみられる。

F　「**宇治院資財帳写**」（表9）　貞観三年（八六一）の宇治院の見物帳で、建物・寺物に関する記述があり、建物については、堂・僧房・倉の記述がある。多くが「大破」と記され、荒廃していた様子が窺える。

G　「**安祥寺資財帳**」（表9）　貞観九年に作成された安祥寺の創立縁起・寺域・資財について記した資料で、(6)建物に関しては、堂塔や僧房に関する記述がみられる。また「四面」や「二面」といった庇の位置や数に関する記述も多い。

表9　資財帳に記された建物名と特徴

A　西大寺資財流記帳

項　目	建　物　名	建築形式	重層建築	外観・細部	
				葺材	その他
金堂院	薬師金堂一宇				「蓋上東西金銅沓形各重立金銅鳳形各咋銅鐸蓋上中間金銅火炎一基中在金銅茄形居銅蓮花形令持於金銅師子形二頭踏金銅雲形又宇上周廻火炎三十六枚並在銅瓦形角堤瓦端銅華形八枚角木端金銅花形四十六枚各着鈴鐸等又四角各懸鐸堂扇並長押在金銅鋪肱金等」
	弥勒金堂一基	二重	○		「二重」「蓋東西堤瓦端各在銅鋳枚金又両端金銅龍舌十枚角木端各着金銅葛形又角各銅鐸堂扇並長押在金銅鋪肱金等」
	双廊一周				
	中門一宇				
	東西脇門二宇				
	中大門一基	二重	○		「二重」「在鐸八口」
	東西楼門二基	楼門	○		
	塔二基	五重塔	○		「五重」
十一面堂院	檜皮葺双堂二宇	双建築		檜皮葺	「蓋頭在龍舌二十八枚」
	中檜皮葺楼	楼	○	檜皮葺	
	東西各檜皮葺楼	楼	○	檜皮葺	「板敷二重」
	東檜皮葺僧房			檜皮葺	
	西一檜皮葺僧房			檜皮葺	「板敷」
	西二檜皮葺小房			檜皮葺	「板敷」
	西三檜皮葺僧房			檜皮葺	「板敷」
	西北檜皮葺屋			檜皮葺	「板敷」
	南檜皮葺門屋			檜皮葺	
西南角院	中檜皮屋			檜皮葺	「板敷」
	東南檜皮屋			檜皮葺	
	東檜皮屋			檜皮葺	
	南檜皮屋			檜皮葺	「板敷」
	西檜皮屋			檜皮葺	
	西北一草葺板倉	倉		草葺	
	二草葺丸木倉	倉		草葺	
	三草葺板倉	倉		草葺	
	四草葺板倉	倉		草葺	
東南角院	南檜皮屋			檜皮葺	
	東檜皮倉代	倉代		檜皮葺	
	東檜皮甲倉	倉		檜皮葺	
	東北檜皮屋			檜皮葺	

	北西檜皮屋			檜皮葺	
四王院	檜皮葺双堂二宇	双建築		檜皮葺	「蓋頭在龍舌二十八枚」
	東南葺瓦房			瓦葺	
	西南檜皮葺房			檜皮葺	
	東北檜皮葺房			檜皮葺	
	次檜皮葺小房			檜皮葺	
	次檜皮小房			檜皮葺	
	檜皮小屋			檜皮葺	
小塔院	檜皮堂一宇			檜皮葺	板敷カ
	檜皮細殿一宇			檜皮葺	「並板敷」
	北檜皮房			檜皮葺	
	次檜皮小房			檜皮葺	
食堂院	瓦葺食堂一宇			瓦葺	
	檜皮殿			檜皮葺	
	檜皮双軒廊三宇	双建築		檜皮葺	
	瓦葺大炊殿			瓦葺	
	東檜皮厨			檜皮葺	
	瓦葺倉代	倉代		瓦葺	
	西檜皮厨			檜皮葺	
	瓦葺倉代	倉代		瓦葺	
	瓦葺甲双倉	双倉		瓦葺	
馬屋房	東南檜皮屋			檜皮葺	「敷板」
	草葺屋			草葺	
	草葺厩			草葺	
	瓦葺厠			瓦葺	
	檜皮板倉	倉		檜皮葺	
	檜皮屋			檜皮葺	「敷板」
	檜皮屋			檜皮葺	
	檜皮温屋			檜皮葺	
政所院	東南檜皮屋			檜皮葺	「敷板」
	次檜皮屋			檜皮葺	
	東檜皮屋			檜皮葺	
	北檜皮厨			檜皮葺	
	次檜皮厨			檜皮葺	
	檜皮政庁			檜皮葺	
	西北草葺板倉	倉		草葺	
	西草葺厨			草葺	
	西檜皮板倉	倉		檜皮葺	
	西南檜皮板倉	倉		檜皮葺	
	南一瓦葺甲倉	倉		瓦葺	
	二瓦甲倉	倉		瓦葺	
	三瓦板倉	倉		瓦葺	

正倉院	四瓦板倉	倉		瓦葺	
	五瓦板倉	倉		瓦葺	
	六瓦板倉	倉		瓦葺	
	七檜皮甲倉	倉		檜皮葺	
	八檜皮甲倉	倉		檜皮葺	
	九檜皮板倉	倉		檜皮葺	
	十檜皮板倉	倉		檜皮葺	
	十一檜皮板倉	倉		檜皮葺	
	十二檜皮板倉	倉		檜皮葺	
	十三中檜皮甲倉	倉		檜皮葺	
	十四檜皮庁			檜皮葺	
	十五北瓦板屋			瓦葺	「交葺」「敷板」
	十六次瓦板倉代	倉代		瓦葺	「交葺」
	十七東北瓦葺甲倉	倉		瓦葺	
	十八東檜皮屋			檜皮葺	
	十九東南檜皮厨			檜皮葺	
	二十南檜皮客房			檜皮葺	
	二十一檜皮房			檜皮葺	
	二十二瓦葺屋一宇			瓦葺	「敷板」
瓦葺仏門	東南門一宇			瓦葺	
	東北門一宇			瓦葺	
	西南門一宇			瓦葺	
離散屋倉九宇	瓦葺甲倉一宇	倉		瓦葺	
	檜皮板倉一宇	倉		檜皮葺	
	草葺板倉一宇	倉		草葺	
	檜皮葺屋一宇			檜皮葺	
	板屋一宇			板葺	
	板葺甲倉一宇			板葺	
	草葺板甲倉一宇	倉		草葺	
	草葺板倉屋一宇	倉カ		草葺	
	檜皮葺屋一宇			檜皮葺	

B　法隆寺伽藍縁起並流記資財帳

項目	建物名	建築形式	重層建築	外観・細部	
				葺材	その他
門五口	仏門二口 僧門三口				
塔一基	塔一基	五重塔	○		「五重」
堂二口	一口金堂 一口食堂	二重	○		「二重」
廡廊一廻					

楼二口	一口経楼 一口鐘楼	楼 楼	○ ○		
僧房四口					
温室一口					
太衆院屋一十口	二口厨 一口竈屋 二口政屋 一口碓屋 一口稲屋 一口木屋 二口客房			瓦葺 瓦葺 瓦葺 檜皮葺 檜皮葺 檜皮葺 檜皮葺	
倉七口	二口双倉 一口土倉 一口甲倉 三口	双倉 倉 倉 倉		瓦葺 瓦葺 瓦葺 草葺	

C　法隆寺東院縁起資財帳

項　目	建　物　名	建築形式	重層建築	外　観・細　部	
				葺 材	そ　の　他
院地一区	瓦葺八角仏殿一基 檜皮葺廡廊一廻 檜皮葺門二間 檜皮葺屋三間 瓦葺講堂一間 瓦葺僧房二間			瓦葺 檜皮葺 檜皮葺 檜皮葺 瓦葺 瓦葺	「在露盤」

D　大安寺伽藍縁起幷流記資財帳

項　目	建　物　名	建築形式	重層建築	外　観・細　部	
				葺 材	そ　の　他
門九口	仏門二口 僧門七口				
堂三口	一口金堂 一口講堂 一口食堂		△ ○カ		
楼二口	一口経楼 一口鐘楼	楼 楼	○ ○		 「丈尺如経楼」
廊一院	金堂東西脇 東西				
食堂前廡廊	食堂前廡廊				

通左右廡廊六条	一行経楼				
	一行鐘				
	二向講堂東西				
	一講堂北廊				
	一食堂				
僧房一十三条	二列東西太房			檜皮葺	
	二列東西太房北			檜皮葺	
	二列東西南列中房			檜皮葺	
	二列東西中房北			檜皮葺	
	二列北太房			檜皮葺	
	一列北東中房			檜皮葺	
	一列小子房南			檜皮葺	
	一列東小子房			檜皮葺	
井屋二口					「並六角」
宿直屋六口	二口金堂東西				
	二口南大門東西曲屋				
	葺瓦二口南中門東西			瓦葺	
温室院室三口				檜皮葺	
禅院舎八口	堂一口			檜皮葺	
	僧房六口			檜皮葺	
	廡廊一条			檜皮葺	
大衆院屋六口	一厨			檜皮葺	
	一竈屋			瓦葺	
	二維那房			檜皮葺	
	一井屋			檜皮葺	
	一碓屋			檜皮葺	
政所院三口	一口			檜皮葺	
	一口			檜皮葺	
	一口			草葺	
倉二十四口	双倉四口	双倉			
	板倉三口	倉			
	甲倉一口	倉			
	板倉二口	倉			
	甲倉十三口	倉			

E　神宮寺伽藍縁起並資財帳

項目	建物名	建築形式	重層建築	外観・細部	
				葺材	その他
塔	東	塔	○	檜皮葺	
	西	塔	○	瓦葺	

法物	板葺堂一間			板葺	「板敷代板立」
	檜皮葺法堂一宇			檜皮葺	「板敷三間」
	板葺小堂一間			板葺	「板敷」
	檜皮鐘台一宇			檜皮葺	
僧物	板葺板敷僧房一間			板葺	「板敷」「土塗」
	板葺小子房一間			板葺	「泥塗」「椐敷在」
	草葺僧房一間			草葺	「土塗」「南方板葺庇在」
	草葺小子房一間			草葺	「泥塗」
大衆	板葺屋一間			板葺	
	板葺竈屋一間			板葺	「泥塗」
	草葺韓室二間			草葺	「並塗」
	草葺厨一間			草葺	「泥塗」
	草葺板倉三間	倉		草葺	
	草葺湯屋一間			草葺	「泥塗」

F　宇治院資財帳写

建　物　名	建築形式	重層建築	外　観・細　部	
			葺材	その他
五間檜皮葺堂一宇			檜皮葺	「在板庇南北」
僧房二宇				
三間妙見堂				
甲倉一宇	倉			
板校倉一宇	倉			
五間収屋一宇				
五間大炊屋一宇				
三間中門一宇				
三間大門一宇				
五間板敷屋一宇				「板敷」
五間板敷檜皮葺一宇			檜皮葺	「板敷」「在庇四面」

G　安祥寺資財帳

項目	建物名	建築形式	重層建築	外　観・細　部	
				葺材	その他
堂院	礼仏堂一間				
	五大堂一間				
	仏頂最勝陀羅石塔一基	石塔	○		
僧房	東房二間			檜皮葺・板葺	「一檜皮葺」「一板葺二面有庇」
	西房二間			檜皮葺・板葺	「一檜皮葺」「一板葺二面有庇」
	東西軒廊			檜皮葺	
	檜皮葺屋一間			檜皮葺	

庫頭	檜皮葺井屋一間 檜皮葺客亭十一間 板葺大宜所一間			檜皮葺 檜皮葺 板葺	
浴堂一院	檜皮葺屋二間			檜皮葺	「床代二所」
堂院	檜皮葺仏堂一間 檜皮葺軒廊二間 檜皮葺門楼一間 檜皮葺僧房二間	 楼門カ	 ○カ	檜皮葺 檜皮葺 檜皮葺 檜皮葺	「四面有庇」 「四面有庇」
庫頭	檜皮葺倉一間 板葺屋四間 檜皮葺門屋三間 築垣	倉		檜皮葺 板葺 檜皮葺	 「二面有庇」

H　広隆寺資財交替実録帳

項目	建物名	建築形式	重層建築	外観・細部	
				葺材	その他
仏物章	四方築地合三百一十五丈			瓦葺	
	檜皮葺五間金堂一宇			檜皮葺	「有庇四面」「堤瓦」「懸魚」「有戸八具」「小戸四具」「前庇一面(中略)在高欄(中略)敷歩板一百三十六枚(中略)懸半蔀四面(中略)行戸二具」
	檜皮葺歩廊一廻五十間			檜皮葺	「堤瓦」「有脇戸二具(中略)戸六具」
	檜皮葺中門一基			檜皮葺	「懸魚」「在戸一具」
法物章	檜皮葺五間講法堂一宇			檜皮葺	「有庇四面」「堤瓦」「懸魚」「有大戸九具」「小戸二具」「前庇一面」
	鐘楼一基	楼	○		「在戸一具」「敷歩板」「連子八所高蘭等」「懸魚」
常住僧物章	檜皮葺五間食堂一宇			檜皮葺	「在庇二面戸六具」「堤瓦」「裏塗」
	檜皮葺九間僧房一宇			檜皮葺	「隔房各三間毎房有戸二具 歩板毎房敷也」「西妻庇板葺」「北方板庇」
	板葺九間僧房一宇			板葺	「在庇二面戸三具」「関板棟押」「在毎房蔀二懸」
	板葺六間僧房一宇			板葺	「在庇二面戸六具」「堤瓦」「葺板」「関板」「但歩板在玄葉法師房。余房不敷之」
	板葺六間僧房一宇			板葺	「在庇三面戸四具」「蔀戸」「南北庇」「関板」
	檜皮葺宝蔵二宇	倉		檜皮葺	「南倉」「有戸一具」 「北倉」「有戸一具」
	檜皮葺長倉一宇	長倉		檜皮葺	「隔五間戸五具」
	草葺倉一宇	倉		草葺	「有戸一具」
	板葺甲小居倉一宇	倉		板葺	「有戸一具」

通物章	板葺七間政所庁屋一宇			板葺	「有庇二面。戸二具」「在小戸一具」「懸蔀四枚」
	板葺十一間厨屋一宇			板葺	「有庇一面。戸三具」「在蔀戸一具」
	板葺五間炊屋一宇			板葺	「有戸二具。庇二面」「一具蔀戸」
	板葺五間湯屋一宇			板葺	「有庇一面」「敷板」
	板葺五間厩屋一宇			板葺	「在庇一面」
	板葺門屋一基			板葺	「有戸一具」「椽開板戸枚」
	板葺五間客房一宇			板葺	「有庇二面。敷歩板。戸三具。二具蔀戸」「懸蔀二枚」「棟押」「南妻庇関板」「敷板四十枚」
	檜皮葺南大門一基			檜皮葺	「有戸一具」「懸魚」
	檜皮葺東大門一基			檜皮葺	
	檜皮葺西大門一基			檜皮葺	「有戸一具」「裏塗」
	倉代二合	倉代			
	東一倉一宇	倉		草葺	「丸木作。有戸各一具」
	東二倉一宇	倉		草葺	「丸木作。有戸各一具」
	東三倉一宇	倉		板葺	「丸木作。有戸各一具」
	板葺小倉一宇	倉		板葺	
別院塔院	檜皮葺三重塔一基	三重塔	○	檜皮葺	「有戸四具」「堤瓦」「宝鐸」「露盤」「趣形葉」
	檜皮葺三間堂一宇			檜皮葺	「裏板葺」「有戸六具」
	板葺七間僧房一宇			板葺	「有庇一面戸三具」
	檜皮葺南門一基			檜皮葺	「有戸一具」「堤瓦」
別院般若院	檜皮葺三間堂一宇			檜皮葺	「有庇四面。前庇一面。戸八具」「堤瓦」
	板葺五間僧房一宇			板葺	「有庇三面戸四具」
	板葺七間屋一宇			板葺	「有庇一面戸二具」
別院寺東院	檜皮葺五間堂一宇			板葺	「有庇四面。既板敷」「前礼堂七間。在戸八具」
	板葺僧房十一間一宇			板葺	「有庇三面。戸六具」
	板葺五間屋一宇			板葺	「有庇三面。戸一具」
	檜皮葺倉一宇	倉		檜皮葺	
	板葺倉一宇	倉		板葺	
	板葺門屋一宇			板葺	
別院新堂院	檜皮葺五間堂一宇			檜皮葺	「有庇四面戸六具」「前礼堂七間。歩板既敷」
	板葺五間屋一宇			板葺	「有庇三面戸一具」
	檜皮葺五間堂一宇			檜皮葺	「有庇四面戸十具」「前庇等既同」
	檜皮葺十三間僧房一宇	倉		檜皮葺	「有庇四面戸」
	檜皮葺倉一宇	倉		檜皮葺	
	板葺五間屋一宇			板葺	「有庇三面戸二具」

J　桑原庄券

史料名	建物名	外観	
		葺材	その他
「桑原庄券」第一	草葺板敷東屋	草葺	板敷・前後庇
	板葺屋	板葺	
	板倉		
	草葺東屋	草葺	
	草葺真屋	草葺	
	草葺東屋	草葺	
「桑原庄券」第二	板屋	板葺	
	草葺板敷東屋	草葺	板敷・前後庇
	板倉		
	板葺屋	板葺	
	草葺真屋	草葺	
	草葺東屋	草葺	
	草葺東屋	草葺	
	板屋	板葺	
	楉垣		
「桑原庄券」第三	草葺板敷東屋	草葺	板敷・前後庇
	板倉		
	板屋	板葺	
	板葺屋	板葺	
	板葺屋	板葺	
	草葺東屋	草葺	
	草葺真屋	草葺	
	草葺東屋	草葺	
	楉垣		
「桑原庄券」第四	草葺板敷東屋	草葺	板敷・前後庇
	板倉		
	板屋	板葺	
	板葺屋	板葺	
	板葺屋	板葺	
	草葺東屋	草葺	
	草葺真屋	草葺	
	草葺東屋	草葺	
	楉垣		

H　「広隆寺資財交替実録帳」（表9）　平安初期に作成された実録帳で、貞観十五年や仁和二年（八八六）の資財帳を参照しながら作成されたものとされる。[7]また「今校……」という注記があるが、これは「広隆寺資財交替実録帳」の作成時に過去の資財帳と比較し、実地調査した時のもので、当時の建物の維持管理の様相を示す点でも貴重である。そのため、建具・床の様子、破損状況など建物の細部が詳細に記されるが、この点については、第Ⅱ部第四章で検討したい。

I　その他の資財帳　このほか、以下の資財帳がある。「元興寺伽藍縁起幷流記資財帳」は、天平十九年に僧綱所へ提出した元興寺の縁起・資財帳であるが、上述の資財帳とは異なり、建物に関する記述がほとんどみられない。また「阿弥陀悔過料資財帳」は神護景雲元年（七六七）の東大寺上院地区にあった阿弥陀堂の悔過行事に使用する資財を記したもので、厨子等は記されるが、建物に関する記述はみられない。なお「興福寺流記」や「薬師寺縁起」なども資財帳をもとに作成されたと考えられ、資財帳の記述が含まれる可能性があるが、編纂時の影響が大きいため、双堂の検討を除き、除外する。

J　桑原庄券（表9）　天平勝宝七歳（七五五）から天平宝字元年にかけて作成された東大寺庄園の越前国桑原庄の経営収支決算報告書で、「桑原庄券」第一〜四の四通からなる。年ごとに田使が庄園の所有する寺地・稲・建物、購入した物、修理費用を検校し、その内容が「桑原庄券」に記述された。第Ⅱ部第五章にて「桑原庄券」の建物の記述を整理しており、同じ建物について記述する場合にも、記述方法が異なること、文書作成時に実測をするのではなく、前年度の文書を転記した可能性が高いことを明らかとしている。(8)

2　助　数　詞

助数詞については、前述のように「西大寺資財流記帳」において重層・高層と単層で「基」と「宇」の書き分けを行っている。これを受けて、まずは上記の史料について助数詞のルールの有無を整理・検討することが必要不可欠である。

建物の数を数える際には、「西大寺資財流記帳」の「薬師金堂一宇」のように、建物名の後に数を記述するものと、「大安寺伽藍縁起幷流記資財帳」の「一口金堂」のように、建物名の前に数を記述するものがある。そして建物を数える助数詞としては、「宇」「基」「口」「間」「条」「廻」「周」が確認できる。

「口」と「宇」に関しては、「双建築」の検討を通して、「口」がひとまとまりを示し、「宇」が「宗」と同義、すなわち「棟」（大棟）の数を示すことを論証した。(9) ただし、一つの建物に大棟が二つ存在すると考えられる建物は「双建築」に限定されるため、実質的には、「口」と「宇」は同義的に使われたと考えられる。

「間」に関しては、「宇」や「口」と同様の使用が窺えるが、平安時代の「宇治院資財帳写」や「広隆寺資財交替実録帳」のように、建物の柱間数を併記する場合には、「間」を用いずに、「宇」や「口」を用いている。混用を避けるためであろう。

「宇」と「基」の使い分けに関しては、「西大寺資財流記帳」以外の史料では、「二重」や「二蓋」などの記述や「楼」の記述はなく、重層と単層の区別ができないため、助数詞による明確な書き分けが判断できない。また助数詞として「基」を使用する例自体が少なく、塔・門以外では「八角仏殿一基」(「法隆寺東院縁起資財帳」)・「鐘楼一基」(「広隆寺資財交替実録帳」)のみである。門についても、「基」の使用は中門や大門、別院の南門に限定されており、重要視された建物のみ「基」で数えた可能性、あるいは、これらの門が重層であった可能性が考えられる。

「廻」「周」に関しては、「周」は「西大寺資財流記帳」、「廻」は「法隆寺伽藍縁起並流記資財帳」「法隆寺東院縁起資財帳」「広隆寺資財交替実録帳」で確認できる。用いられる対象は「双廊」「廡廊」「歩廊」で、回廊である。一定の区画を囲む回廊の平面を考えれば妥当であろう。

これに対し、「条」は「大安寺伽藍縁起幷流記資財帳」にのみ確認でき、僧房や経楼・講堂・食堂など、特定の建物に向かう廊と禅院舎の廡廊を「条」で数えている。この点から、「条」は回廊のように区画を囲むものではなく、長大な建物に対する助数詞と推察できる。なお同文書では「廊一院」という記述があり、「廻」「周」といった語を用いておらず、回廊との区別も確認できる。

このように史料を概観すると、明確な助数詞の使い分けが確認できるものは「西大寺資財流記帳」のみであるが、他の史料においても回廊・塔や一部の門、その他の建物で、助数詞の一定の書き分けがなされている。

三　建築形式に関する記述

1　多層建築

古代には二重の建物や楼などの重層建築と多層建築である塔が一つの建築形式として類型化されていた。また「西大寺資財流記帳」では前述のように多層建築と単層建築の助数詞を区別して記述している。

「西大寺資財流記帳」をみると、助数詞以外にも、重層建築のうち楼と二重の書き分けを行っている。重層建築として、弥勒金堂・中大門・東西楼門・塔・中檜皮葺楼・東西各檜皮葺楼があるが、金堂院の東西楼門、十一面堂院の東西檜皮葺楼や中檜皮葺楼などの「楼」は、「二重」とは記されない。対して弥勒金堂・中大門は「二重」、塔は「五重」と記される。つまり「重」により屋根の数を数え、「楼」と「二重」の建物を区別していたのである[10]。

「法隆寺伽藍縁起並流記資財帳」では、多層建築として、金堂・塔・経楼・鐘楼が確認でき、金堂は「二重」、塔は「五重」と記されており、「重」による屋根の数に関する記述が確認できる。これらの記述から、楼と二重を区別していると判断できる。

「大安寺伽藍縁起幷流記資財帳」では、楼としては経楼・鐘楼が記されるものの、「二重」と記述される建物がなく、「楼」と「二重」の書き分けの有無は不明である。

このように奈良時代の一部の資財帳では、屋根の数を「重」により表現し、記述している。また重層建築の中でも楼と二重の建物を明確に区別した記述が確認でき、両者を屋根の数という外観上の特徴から別個のものとして類型化していたのである。

2　「双建築」

奈良時代の文献史料には、「双堂」「双倉」「双廊」など、「双」という字を冠した建物（「双建築」）が散見する。通説では法隆寺食堂・細殿や東大寺法華堂が双堂にあたるとされる。

しかし井上充夫氏は、法隆寺食堂・細殿は「法隆寺伽藍縁起並流記資財帳」に「政屋」、東大寺法華堂正堂・礼堂は『東大寺要録』に「正堂」「礼堂」と記され、両例とも双堂と記されないことから、これらを通説のように双堂と呼ぶ根拠はないとする(11)。

この疑問に対して、筆者は双堂のみではなく、双堂・双倉・双廊・双軒廊という「双建築」に対する解釈および、建築の分類方法について検討し、「双建築」とは「一つの屋根の下に、同形の立面（断面）が二つならぶ」形状の建物であることという結論が導かれた(12)。また二つの建物が近接する場合でも、梁間が異なる場合は細殿という語を用いており、双堂の建築形式とは別のものと分類されていた。

このように「双建築」の事例をみると、外観の特徴を記した名称より、建物の視覚的な確認作業の必要性が窺え、立面による類型化が推察できる。

3　倉　庫

「西大寺資財流記帳」には、「丸木倉」「甲倉」「板倉」「板甲倉」などの倉の名称が記されている。この「甲倉」は「校倉」に通じ(13)、丸木倉は丸太を積層させて壁面を構成したものであり、板倉・板甲倉については、諸説あるが、いずれも壁材は板と考えられている。[14]このように倉庫に関しては、壁面の構成によって分類したと考えられる。この点は葺材を記す「屋」とは大きく異なる特徴であろう。

また諸国の財務状況を記した正税帳[15]にも倉庫に関する記述が多くみられ、正倉には「倉」のほかに「屋」が用いられたことが知られる。[16]「倉」は高床の倉庫、「屋」は側柱のみで構成される建物とされる。同じ収納機能を有した建物であっても、高床という外観上、確認できる構造に起因して、記述方法を変えていると考えられる。なお正税帳には資財帳にみられない構木倉・格倉・土倉といった記述があるが、やはり壁面の構成を記述している。これらのことより、奈良時代の「倉」に対する壁面による類型化が窺える。

このように倉庫は、高床の有無によって「屋」と「倉」に区別され、さらに「倉」は壁面により分類されている。これらの類型化は倉庫に関して外観の中でも高床と壁面構成を重視していたことを示している。

四　建築部位に対する記述方法

前節で多層建築・「双建築」・倉庫といった特徴的な建物に関しては、一つの建築形式として類型化されていることが示された。しかし、これら以外の「屋」と記される一般的な建物については、大きな特徴がないため、細部に関して記述し、区別されることも多い。こうした記述を通して、建築部位や細部について検討したい。

1　屋根形状

資財帳には屋根形状に関する記述はみられないが、「桑原庄券」では真屋と東屋という書き分けが確認できる。『日

本建築辞彙』によると、真屋は切妻造、東屋は寄棟造もしくは入母屋造とされる。(17)

屋根形状の記述は資財帳以外の奈良時代の史料でも非常に少ない。管見の限りで上述の史料以外の「正倉院文書」をみても、真屋は「造石山院所解」(『大日本古文書』編年五ノ三三五）など五例、東屋は「普光寺牒」(『大日本古文書』編年六ノ一）の「檜皮葺東屋」、「家屋資財請返解案」(『大日本古文書』編年六ノ一一八）の「草葺板敷東屋」など一一例が確認できる程度である。さらに『続日本紀』や『東大寺要録』にもみられないことから、屋根形式の記述は非常に稀であったと考えられる。これらのことを鑑みると、建物を把握・分類する際に屋根形状は大きな要素とはならなかったと判断できる。(18)さらに入母屋造と寄棟造の区別は全くなされておらず、どの程度、両者を区別していたかも定かではない。

2　葺　材

葺材の記述としては、「板屋」「草葺東屋」(「桑原庄券」）や「檜皮屋」「瓦板倉」(「西大寺資財流記帳」）などの記述がみられ、ほとんどの建物について葺材が記述されており、建物を区別する要素として、重要視されたことがわかる。また「板屋」「檜皮屋」にみられるように、「葺」の字を省略することも多い。なお「草屋」という記述があり、先行研究では「草」が倉のように壁の構造を示すと考えて、「茅壁」などの構造とするが、(19)「屋」に関しては壁面構造ではなく、葺材を記すことからみて、「草葺屋」の可能性が高い。

葺材が多く記される要因として、外観の中でも視覚的に大きな部位を占めるため、建物を分類する重要な要素であったということが第一に考えられる。加えて資財帳という史料の性格を考慮すると、葺替えという維持管理のための情報が重視されたという点がある。現に「広隆寺資財交替実録帳」では、「改二板葺一」といった改修の記述が確認でき、これを裏付けている。ただし「桑原庄券」に記された購入時の価格の比較を通して、葺材が建物価格に与える影響は小さく、基本的には建物規模の影響が大きいことが明らかとなっている。[20]

このほか屋根上の細部意匠として、「法隆寺東院縁起資財帳」の「八角仏殿」、「広隆寺資財交替実録帳」の「別院登東院」の檜皮葺三重塔に「露盤」が記されており、特別な要素として露盤が注記されたと判断できる。ただし現存の法隆寺五重塔はもちろん、西大寺五重塔にも露盤が用いられたと考えられるが、資財帳には記述されておらず、必須項目ではないと考えられる。[21]

3　床

「板敷」という語によって床の有無が記されることもあり、「西大寺資財流記帳」には十一面堂院の多くの建物、小塔院・馬屋房などが板敷と記される。この西大寺の事例をみると、床張りの建物は僧房や「屋」が中心で、板敷の「堂」は小塔院の檜皮堂・檜皮細殿のみである。また楼の上層にも床が張られたが、倉と同様に、床の存在は明白であるために、記述されなかったようである。[22] ただし床板を二重に敷くという特殊な十一面堂院の檜皮葺楼については、「板敷二重」と記されている。[23]

また「桑原庄券」では「草葺板敷東屋」が板敷と記されている。この板敷という要素も、他の建物との価格の比較を通して、葺材と同様に建物の価格に与える影響は小さいことがわかっている。[24]

むしろ床に関しては、平安時代の「神宮寺伽藍縁起并資財帳」や「広隆寺資財交替実録帳」などに詳しい。「神宮寺伽藍縁起并資財帳」では板葺堂・檜皮葺法堂・板葺小堂・板葺板敷僧房が板敷で、板葺小子房が榍敷と記されている。この事例から僧房や屋のみではなく、平安時代には「堂」にも板敷がある程度、普及した様子が窺える。

さらに檜皮葺法堂では三間分のみ板敷と記され、その範囲が重視されたことがわかる。「宇治院資財帳写」には、五間板敷屋と記され、板敷が建物を区別する大きな特徴の一つの要素とされていた。ただし後述の安祥寺の事例と同様に、床張りと推察される僧房には板敷の記述はみられない。「広隆寺資財交替実録帳」には、僧房・客房・湯屋、二棟の檜皮葺五間堂が板敷と記される。ただし僧房のうち、檜皮葺九間僧房のみ「歩板毎房敷」とあるが、他の僧房に対しては板敷の記述はなされない。また檜皮葺五間堂二棟のうち、寺東院については、礼堂以外が板敷、新堂院については礼堂が板敷と記述方法に違いがある。(25)

これに対して、「安祥寺資財帳」には床に関する記述が全くなく、通常、床張りと考えられる僧房についても、板敷の記述がない。「宇治院資財帳写」や「広隆寺資財交替実録帳」の事例と合わせ、平安時代には倉や楼と同様に、僧房に床を張ることが特筆すべきものではなく、僧房が板敷の建物として定型化していたことが窺える。

4　庇

庇に関しては、身舎と庇の関係、庇の付加の記載方法に着目したい。身舎と庇の関係は、「身舎・庇一体型」と「身舎・庇分離型」の二つに分類される。(26)

奈良時代の史料で庇について詳しく記したものは、「桑原庄券」に限られる。「桑原庄券」第一にみえる草葺板敷東屋は足羽郡から移築されたもので、「更作著庇二間」という記述から、移築以前の建物に付いていた庇を撤去して、新たに身舎の前後に庇を付け加えたことがわかる。庇のみ、撤去、付加されていることから「身舎・庇分離型」が想起される。さらに庇の付加に対する労働力の見積りが、身舎と別項目で数えられていることからも、(27)「身舎・庇分離型」の可能性は高いといえる。

同様に、「神宮寺伽藍縁起並資財帳」では、草葺僧房に板葺の庇、「宇治院資財帳写」では五間檜皮葺堂に板庇、「安祥寺資財帳」では僧房の二面にそれぞれ檜皮葺・板葺の庇が付いたことが知られ、「身舎・庇分離型」の建物であったことを示している。

これら以外の庇に関する記述では、「身舎・庇分離型」と「身舎・庇一体型」の判別はできないが、法隆寺金堂・西大寺薬師金堂など(28)、「身舎・庇一体型」と考えられる建物には、庇に関する記述がない。もちろん、これらが固有名詞で区別される建物である点を考慮する必要があるが、僧房に庇の記述があることからも、外観意匠から身舎と庇の分離が区別できる「身舎・庇分離型」のみ、資財帳に「庇」と記したと考えられる。

次に庇の記載方法について検討しよう。奈良時代の「桑原庄券」第二〜四では「前後庇」と記され、二面や四面といった何面に庇が付くという記載方法はみられない。資財帳ではないが、天平宝字六年（七六二）三月二十六日付の「申請仏殿檜皮葺料様功食事」（『大日本古文書』編年十五ノ三六〇）に「仏殿一宇五間在四方庇」とあり、奈良時代にも間面記法の萌芽的記述が確認できる。

これに対し、平安時代の「宇治院資財帳写」では「庇四面」や南北庇が記され、庇が何面に付くかという記述方法が確認できる。また「安祥寺資財帳」では「二面庇」、「広隆寺資財交替実録帳」では「庇一面」「庇三面」「庇四面」と記される。なお「広隆寺資財交替実録帳」では庇を別項としており、「桑原庄券」と同様に、庇と身舎の独立した管理、あるいは庇の後補が窺える。

このように庇に関する記述が奈良時代の資財帳にはほとんどみられず、平安時代のものに多くみられる点が第一の傾向である。奈良時代から平安時代へと時代が降るにしたがって、庇付き建物が増加したことがその一因であろう。

また「身舎・庇分離型」を庇と記述するのに対し、「身舎・庇一体型」と考えられる法隆寺金堂・西大寺薬師金堂などについては、庇が記されないことから、資財帳に記す「庇」の多くは「身舎・庇分離型」のものと推察される。特に「桑原庄券」や「広隆寺資財交替実録帳」では庇を身舎と別項目としており、さらに「桑原庄券」では、庇の作業のための労働力（単功）も別個で数えている。これらの点は財産管理のうえで、庇が身舎から独立して考えられていたことの証左である。また庇を身舎と分けて記述する点は、葺材の違いなどの管理上の側面に加え、外観意匠により、建物を分類・類型化し、資財帳を作成していた様子が窺える。

5　その他

上記のほか、建具・壁・細部に関する記述が資財帳に散見される。これらについては、特定の資財帳にのみ記されることが多く、共通のルールは見出せないため、個々の事例を整理・提示するにとどめる。

建具については、「正倉院文書」から「戸」「扇（扉）」「連子」「間戸」「蔀」[29]など、さまざまな建具の存在が知られるが、資財帳に建具の記述は少なく、「広隆寺資財交替実録帳」には戸に関する記述があるのみであり、その記述内容も戸の数に限定されており、詳細は不明である。

壁については、「神宮寺伽藍縁起並資財帳」の「土塗」「泥塗」「並塗」といった記述が確認でき、これらは塗壁を示すと考えられる。この塗壁は僧房・小子房・竈屋・韓室・厨・湯屋といった付属施設に限定されており、堂や鐘台にはみられない。また僧房や小子房についても、「神宮寺伽藍縁起並資財帳」以外の資財帳には壁に関する記述はみえず、資財帳では壁の記載は重視されなかったようである。

荘厳に関する記述も、「西大寺資財流記帳」「広隆寺資財交替実録帳」にみられ、ともに風鐸の記述があり、これが重視されたことがわかる。このほか「西大寺資財流記帳」には「沓形」「鳳形」「龍舌」をはじめ、数多くの荘厳に関する記述があり、他の資財帳にはみられない特徴である。

「広隆寺資財交替実録帳」には懸魚の有無や高欄に関する記述が多く、建物のチェック時には、これらに着目していたことがわかる。維持管理を目的として、破損しやすい部材、あるいは修理が必要な部位の把握が、求められたことが背景にあると考えられる。ただし現存する高欄付の法隆寺金堂に対してもその記述はなく、必須項目ではなかったと判断できる。

五 まとめ

以上、九世紀以前の資財帳と「桑原庄券」における建物の記載方法の整理と分析を行った。表9にまとめた建物に関する記載方法の整理が第一の成果である。この整理は今後、各寺院の特徴や建築形式を比較する際に有用な資料である。二点目に、それぞれの史料の記述内容を分析し、助数詞について、明確な書き分けは「西大寺資財流記帳」に限られるが、一定の書き分けが確認できた。

また資財帳に記された建築形式をみると、多重建築である塔・重層建築（楼と二重）・「双建築」・倉といった類型が確認でき、これらの建築形式の分類が当時、存在していた。そして、これらに分類されない「屋」については、主に葺材によって区別されていた。

このほか、記述内容は庇・床・屋根形状・建具といった部位に及んでおり、床を除いて、外観意匠に関するものである。これらの記述を通して「身舎・庇分離型」を庇と捉える点や床の定型化という建築形式の変化が垣間みえた。なお細部意匠・荘厳については、史料ごとに記載の有無・内容が大きく異なり、必須項目ではなかったようである。

以上のように、資財帳にみえる建築に関する記述には一定のルールがあり、主として外観による分類であったが、こうした外観意匠による分類や部位の記述は、建物の区別・把握・管理の表出であり、維持管理・修理の点から、新たに検討すべき課題である。

註

（1）資財帳を対象としたものではないが、近年、小岩正樹氏が建築を巡礼した際の記述に関する研究を発表している（「巡礼記にみる建築の様相の記述―『七大寺日記』と『入唐求法巡礼行記』を例に―」『二〇一二年度日本建築学会関東支部研究報告集』Ⅱ、二〇一三年）。

（2）大岡實『南都七大寺の研究』二二一頁、中央公論美術出版、一九六六年。

（3）「楼」や「双」といった字を冠した建物が視覚面に重点が置かれていたことを示した（①海野聡「「楼」建築の「見られる」「登れる」要素―奈良時代における重層建築に関する考察（その一）―」『日本建築学会計画系論文集』六六九、二〇一一年、②同「双建築の再検討」『仏教芸術』三二〇、二〇一二年）。これらの論文中で検討した内容で、本章の内容と深くかかわる部分については、重複する部分もあるが、改めて指摘したい。

（4）竹内理三氏によると、資財帳の作成は、寺の三綱のみではなく、国師と国司および衆僧と壇越とが立ち会って実物を検知して記帳するものとする（竹内理三『寧樂遺文』上、五四頁、東京堂出版、一九六二年）。ただし「桑原庄券」の検討を通して、こうした財産目録作成の際に、毎回、実測したのではなく、以前の文書をもとに転記したことを指摘している（第Ⅱ部第五章参照）。

（5）大岡實氏によると、講堂は桁行五間、梁行二間（一八尺等間）の四面に庇（一八尺等間）、その外に裳階（一〇尺）の廻る柱配置とし、「二重」の建物としている（註(2)前掲書）。

（6）「安祥寺資財帳」については、『続群書類従』『大日本仏教全書』『平安遺文』などの活字本が刊行されており、文字の異同も多く問題もあるが、建物に関する記述部分に関しては、問題ないと考える。

（7）『大日本仏教全書』九九、解題三、鈴木学術財団、一九七三年。
なお活字本の『大日本仏教全書』では、「広隆寺資財交替実録帳」を底本とする部分と「広隆寺資財帳」を底本とする部分が混合している。そのため、『平安遺文』一―一七五をもとに検証した。なお、それぞれの校訂については、清滝淑夫氏や川尻秋生氏の成果がある（清滝淑夫「広隆寺の成立に就いて」『南都仏教』一四、一九六三年、川尻秋生「広隆寺資財帳及び広隆寺資財交替実録帳について」『古文書研究』三一、一九八九年）。適宜、これらも参照した。詳細は第Ⅱ部第四章参照。

（8）第Ⅱ部第五章参照。

（9）註（3）海野前掲論文②。

（10）註（3）海野前掲論文①。たとえば、法隆寺金堂は「法隆寺伽藍縁起并流記資財帳」に「二重」と記され、「楼」とは記されていない。つまり法隆寺金堂は「二重」ではあっても、「楼」ではないといえる。また管見の限り、「楼」で「二重」と記述された例は、奈良時代の文献史料には確認できない。

（11）井上充夫「双堂への疑問」『建築史学』一一、一九八八年。

（12）註（3）海野前掲論文②。なお『仏教芸術』三二〇の編集後記にて、鈴木嘉吉氏は同論文の妥当性を述べている。

（13）村田治郎「甲倉という名称の解釈」『史跡と美術』二二一―五、一九五二年など。

（14）山中敏史「正倉の建築構造」『古代の官衙遺跡』Ⅱ遺物・遺跡編、奈良文化財研究所、二〇〇四年。

（15）このほか倉に関しては正税帳にも数多くの事例が記される。

奈良時代の正税帳には、天平元年（七二九）の隠岐、同二年の大倭・尾張・紀伊、同三年の伊賀・越前、同五年の隠岐、同六年の尾張国、同七年の周防、同八年の伊予・摂津・佐渡、同九年の豊後・但馬・長門、同十年の駿河・和泉監・淡路・左京職・周防・筑後・播磨、同十一年の伊豆の正税帳が確認できる。「正倉」「屋」といった記述がなされ、収納物によって「穎倉」や「不動倉」とも記される。また資財帳にはみられず、正税帳で確認できる語として、格倉・箱倉・横木倉・構木倉・円倉・土倉・丸倉・塗壁屋・草屋がある。「横木倉」「構木倉」は「丸木倉」と同様に、木材を積層させた倉であろうか。「円倉」は多角形あるいは円形の平面をもつ高床の倉庫ではないだろうか。平安時代の史料となるが、「上野国交替実録帳」には「八面甲倉」と記され、発掘調査によって八角形平面の総柱建物が確認されている。「塗壁屋」については、やはり壁を塗った建物と考えられる。これらの正税帳に記された倉の検討については、発掘遺構を含め、別の機会に譲りたい。

（16）註（14）前掲論文。

(17) 中村達太郎『日本建築辞彙』新訂、中央公論美術出版、二〇一一年。
(18) 屋根形状が資財帳や正税帳などに記されない一因として、管理の視点からみて、修理には屋根形状が大きく影響しないと判断された可能性がある。
(19) 註(14)前掲論文。
(20) 第Ⅱ部第五章参照。
(21) 露盤の位置が高く、目視で確認できなかったために記されなかった可能性がある。
(22) 「倉」は「収納するための施設」といった機能による分類ではなく、高床を張った建物という建物形状による分類である。そのため通常、倉自体が高床の建物を示すため、板敷と記されることはない。ただし管見の限り、一例のみ、「一間檜皮葺板敷倉一宇」(『大日本古文書』編年二十五ノ二〇一)という記述がある。記述者が「屋」と記すべきところを「倉」と記した可能性など、さまざまな可能性が考えられる。
(23) 註(3)海野前掲論文①。同論文中で、以下の考察を行っている。中檜皮葺楼と東西各檜皮葺楼をあわせて「板敷」とする可能性もあるが、「西大寺資財流記帳」のほかの「楼」建築は「板敷」とは記されていない。
　この「板敷二重」の形態については、下層・上層の両方に板を敷くという形態や一層目には床を張らず、二層目・三層目に床を張った三層の建築の可能性が考えられる。また「板敷」で屋根が「二重」という可能性も考えられるが、この場合、前述のように「楼」建築で「二重」であることが特殊であることを示すこととなる。いずれの場合も、「板敷二重」という記述は特殊な形状に起因すると考えられる。
(24) 第Ⅱ部第五章参照。
(25) 新堂院については、「広隆寺資財帳」(貞観十五年〈八七三〉)には記されず、「広隆寺資財交替実録帳」(寛平元年〈八八九〉以降)には記されることから、この間に整備されたと考えられる。
(26) 海野聡「掘立柱建物の身舎・庇分離型―郡庁正殿の上部構造―」『日本建築学会大会学術講演梗概集F―二』二〇一一年。
(27) 第Ⅱ部第五章参照。
(28) 現存遺構および発掘遺構から、身舎・庇の柱配置であることが知られる。
(29) 蔀については、天平宝字六年六月三十日の「造石院所解」(『大日本古文書』編年十五ノ二一九)にみられ、ここでは窓に蔀を設けたことが記される。この蔀の形状については、平安時代の住宅建築にみられる半蔀や弥生時代の出土部材に確認できる入口の板蔀が考えられるが、詳細は明らかではない。このほかにも「正倉院文書」には蔀に記述がみられるが、奈良時代の蔀の検討については機会を改めたい。

校訂本一覧

A：『大日本仏教全書』寺誌叢書二
B：『大日本古文書』編年二ノ五七八
C：『大日本古文書』編年四ノ五一〇
D：『大日本古文書』編年二ノ六二四
E：『大日本仏教全書』寺誌叢書四
F：『平安遺文』一―一三三
G：『大日本仏教全書』寺誌叢書四
H：『大日本仏教全書』寺誌叢書三、『平安遺文』一―一七五
I：「元興寺伽藍縁起并流記資財帳」『大日本仏教全書』寺誌叢書二、「阿弥陀悔過料資財帳」『大日本古文書』編年五ノ六七一、「興福寺流記」『大日本仏教全書』興福寺叢書一、「薬師寺縁起」『護国寺本諸寺縁起集』
J：『大日本古文書』編年四ノ五二、『大日本古文書』編年四ノ一一一、『大日本古文書』編年四ノ二一九、『大日本古文書』家わけ十八―二ノ二四六

第四章　資財帳にみる建物の維持管理の実態

一　はじめに

これまでに、渡邊保忠氏・太田博太郎氏・福山敏男氏の先行研究(1)や本書第Ⅰ部により、古代の律令制度下における造営体制・生産組織が明らかにされてきた。また奈良時代には寺の財産を書き上げた資財帳が作成され、この記述をもとに、伽藍の復元や建物の構造や規模などが解明されてきた(2)。先行研究の成果は、ともに奈良時代の新規造営という面を描いているが、完成後の維持管理については、ほとんど検討されていない。

こうした研究背景のもと、前章までに古代における維持管理に関する法的規定や概念の萌芽、その修理体制について論じ、維持管理を取り巻く状況をある程度、明らかにしてきた。しかしながら、維持管理の実像に対する言及には至っていない。そこで、本章では建物の維持管理の実態を知る有用な史料である資財帳を検討したい。

資財帳は古代に作成された、主として寺院の公的な財産目録であり、寺院の資産管理のために、台帳・目録は不可欠で、各時代に、諸種の財産目録が作成された。特に官は寺院の資産の厳正な管理のため、資財帳を作成・提出させており、霊亀二年（七一六）、諸寺の財物田園を、国師・衆僧・国司・檀越などが検校・案記し、ともに出納すべきことが令された。この資財帳の作成・提出は、あくまで寺院の財産管理が目的であり、建物などの維持管理を目的としたものではなかったが、後述のように、実際には資財帳は交替実録帳の作成の際に、台帳・目録として用いられた。

こうした資財帳に関する規定としては、一定の資財帳の上申があげられる。寺家の財産目録は、毎年、朝集使に付して上申されたらしく、延暦十七年（七九八）に定額寺の資財帳の毎年上申を停めたが、弊害が生じ、天長二年（八二五）には、六年に一進とし、ついで貞観十年（八六八）には、四年に一進として、国司の任期に合わせることで、国司は任期終了と同時に、資財帳を提出する義務が課された。実例として延喜五年（九〇五）には、「観世音寺資財帳」が朝集使に付して上申されたが、このような形の資財帳の作成・提出はこの頃以後、廃絶した(3)。

具体的に資財帳をみると、奈良時代の資財帳には維持管理に関する記述は確認できないが、奈良時代の収支決算報告書である「桑原庄券」は、庄園の財産の状態を記しており、そこに修理に関する支出が確認できる。また平安時代の資財帳では、「宇治院資財帳写」や「観世音寺資財帳」に維持管理の記述があり、さらに資財帳と比較可能な「広隆寺資財交替実録帳」には維持管理における実態把握の記述があることをすでに指摘している(4)。

本章では、前章までに明らかにしてきた、維持管理の法的規制、概念の萌芽、修理体制を踏まえ、「観世音寺資財帳」（十世紀初頭）以前の史料を検討し、維持管理の実態の解明を目的とする。特に資財帳と実録帳が対比できる「広隆寺資財交替実録帳」と修理履歴が記された「観世音寺資財帳」を通して、具体的な修理に言及したい。

二　維持管理の記述内容

維持管理には、建物の現状の把握という作業が必要であり、検校がこれにあたる。この検校には過去の状況を知る基礎資料として、台帳が有用であり、資財帳の利用が窺える。そのため、資財帳の使用の有無を検討する前段として、まず以下の四つの史料の維持管理に関する記述を整理したい。

1　「桑原庄券」

「桑原庄券」については、第Ⅱ部第五章で建築に関する記述内容と作成過程を明らかにしており、詳細はそちらを参照していただきたい。ここでは本章と関係の深い維持管理に関する部分に絞って言及する。

「桑原庄券」は天平勝宝七歳（七五五）から天平宝字元年（七五七）にかけて、東大寺庄園の越前国桑原庄の経営収支決算報告書として作成された文書で、「桑原庄券」第一～四の四通からなる。年ごとに田使が庄園の所有する寺地・稲・建物、購入した物、修理費用を検校し、その内容が「桑原庄券」に記述された。

各年度の収支決算報告として、不動産である建物を記載する必要があり、そこには建物の屋根形状・葺材・板敷といった建物の特徴に基づいた各建物の名称と寸法が記載された。ただし、この建物のリストアップでは、各文書で名称が一致しておらず、第Ⅱ部第五章で詳述するが、年度ごとの調査や実測による実態把握はなく、前年度の文書を書き写して作成されており、維持管理の実態としては、あくまで文書上の調査に留まっていたと判断される。

ただし、維持管理に関する内容で特筆すべき点もある。桑原庄の整備当初の天平勝宝七・八歳の文書には、移築・購入する建物に破損があり、これを修理したことが記され、また天平宝字元年にも、建物の修理が確認できる。もちろん、修理費用は収支に関わるため、収支決算報告書である「桑原庄券」に記載されたのであろうが、この記述は建物の修理に対して、一定の注意が払われたことを示している。ただし「桑原庄券」は資財帳をもとに作成された文書ではないため、修理に関する記載は、資財帳への追記という形式ではなく、財産目録である建物の記述とは別に項目を立てて、あくまで支出の一項目として記している。このように「桑原庄券」から、修理における財政面としての支出は窺えるが、建物の修理に関する詳細は明らかではない。

2 「宇治院資財帳写」

「宇治院資財帳写」は、貞観三年（八六一）十一月十七日に作成されたもので、「勘渡宇治院見物帳事」と題しており、建物・寺物に関する記述がある。この史料には宇治院を実見して、調査・計算し、引渡した内容が記されており、多くの建物が「大破」とあり、伽藍が荒廃していた様子が窺える。

建物の状態は「甲倉一宇大破」のように、建物名の後ろに「大破」と追記されている。管見の限り、建物の維持管理の実務文書において、「大破」といった破損の程度が確認できる初例である。

小破のうちに修理し、大破を防ぐという維持管理の基本指針は弘仁二・三年頃（八一一・八一二）に示され、建物の破損の程度判断は、貞観九年の『貞観交替式』によって、十分の四以下の破損を小破、十分の五〜六を中破、十分の七以上を大破と定められた。宇治院の資財帳はこれに先行するが、この作成に際しても、この判断に基づいて、建物の状態が記録されたと考えられ、貞観期における維持管理に対する意識が窺える。

このように、「宇治院資財帳写」には、基本的に建物名の後ろに大破という形式で破損状況が記されるが、以下の四つの建物については、記載方法が特殊であり、これをもとに本来の台帳としての資財帳の復元が可能である。これを通して、実見時の追記について検討したい。

僧房については、「僧房二宇之中一宇十二間大破 一宇九間大破」とあり、二棟のうち、一つは一二間、もう一つは九間の規模で、ともに大破していた。この一二間、九間という記述は、破損部分を示す追記ではなく、二棟の僧房について、それぞれの規模を示した、もともとの資財帳の記述で、そこに大破と書き加えたと判断される。同様に、「五間檜皮葺堂一宇在板庇南北大破」については、板庇が南北面に付いていたが、建物が大破していた。[5]本来の資財帳に記された「在板庇南北」という内容に「大破」と書き加えたのであろう。

五間の大炊屋については、「五間大炊屋一宇上已無下大破」と記され、この「上已無下大破」も、資財帳に書き加えたものと判断できる。「上」がすでになく、「下」が大破ということから、この「上」は屋根、あるいは小屋組の構造、「下」は軸部の構造を示すと推察される。[6]この解釈に基づくと、屋根と軸部という建物内の構造的な部分に分けた破損状況の記載例として評価できる。

五間の板敷の檜皮葺の建物については、「五間板敷檜皮葺一宇在庇四面一面破」とあり、もともとの「在庇四面」という記述に、「一面破」という破損の状況を追記したと考えられる。「五間大炊屋」の「上已無下大破」と同じく、破損部分に対する指摘であり、維持管理の実態が表れている。ただし、この庇が屋根構造としての庇と空間としての庇のいずれを示すかについては、判断できない。

このように、破損の程度を示した建物の状態が記され、規定に基づいたチェックの催行を「宇治院資財帳写」は示している。さらに「宇治院資財帳写」は、台帳としての資財帳に破損の状況を追記するという形式で作成されており、維持管理における資財帳の利用の実例である。そして「上」「下」に分けた破損状況の記述、破損した庇の部分の明示から、文書上に限った検校ではなく、実見が窺える。ただし、これらは破損の概要を示すものの、建物の部位や部材に関する記述や具体的な修理の指示・実行に対する言及はなく、あくまで建物の状態の把握に留まったのである。

3　「広隆寺資財交替実録帳」

「広隆寺資財交替実録帳」は貞観十五年と仁和二年（八八六）の資財帳を参照しながら、寛平元年（八八九）以降、あまり遠くない時期に作成されたものとされる。(7)「広隆寺資財交替実録帳」には「今校……」という注記があり、この記述は作成時に過去の資財帳と比較し、実地調査した際に追記されたもので、当時の建物の維持管理の実態を詳細に示す点で貴重である。また同一の建物に対し、建物の状態に関する複数の記述がみられ、検校が重ねて行われ、過去の資財帳と対比したことが確認できる。さらに貞観十五年に作成された「広隆寺資財帳」との比較が可能であり、資財帳・交替実録帳の作成過程を知る重要な手がかりである。

広隆寺に関する先行研究では、秦氏と広隆寺の関係、境内地の移転、広隆寺の仏像をはじめ、多岐にわたる指摘がなされている。(8)なかでも清滝淑夫氏によって、「広隆寺資財帳」と「広隆寺資財交替実録帳」の詳細な比較と校訂が行われており、(9)川尻秋生氏によって、両者の原史料の検討がなされている。(10)この両文書の比較は重要な視座であるが、あくまで、用字や文書作成の経緯に主眼が置かれ、建物の維持管理という本章の観点とは異なる。

「広隆寺資財帳」は仏物・法物・常住僧物・通物・唐楽具・水陸田・雑公文・別院に分けて書かれており、「広隆寺資財交替実録帳」も同じ構成である。両者を通じて、破損・修理・改造に関する詳細な情報が確認できるため、ここで紙幅を割き、以下、「広隆寺資財交替実録帳」について、章ごとに破損に関する記述を抽出しよう。なお「広隆寺資財交替実録帳」については、『大日本仏教全書』の解題で述べられているように、同書の校訂は、「広隆寺資財帳」と「広隆寺資財交替実録帳」を混用しており、問題が大きい。(11)そのため、ここでは『平安遺文』一―一七五号文書および清滝氏の校訂に依拠する。

仏物章

まず寺地を囲む「四方築地」の破損については、各面に分けて記される。東面は、長さ六〇丈で、「今校所々頽落」と記され、築地塀の一部が崩落していた。南面については、「南八十七丈二十三丈葺瓦 六十四丈瓦葺」とあり、「今校瓦葺二十三丈大破、自余於板朽損」と記され、長さ八七丈のうち、二三丈の瓦葺が大破し、これ以外の部分についても、板が朽ちて破損していた。西面は長さ七八丈で、「今校十丈既崩。自余所々頽落、板朽損」とあり、一〇丈分が崩落し、それ以外の部分も一部崩落し、板が朽ちて破損していた。北面は長さ九〇丈で、「今校於板所々頽落、於悉朽損也」とあり、板が一部崩れ落ち、すべて朽ちて破損していた。

四面庇の「檜皮葺五間金堂」については、「今校上檜皮中破、堤瓦同、懸魚既無」とあり、檜皮が中破し、甍棟の堤瓦には破損はないものの、懸魚が失われていた。また前面の庇については「今校同。但高欄大破」とあり、破損していないが、高欄は大破していた。続いて敷板について記され、「今校一枚大破。余中破百十枚庇内敷卅六枚高欄敷」とあり、敷板一枚が大破し、残りは中破していた。その内訳は、庇部分の一一〇枚と高欄部分の三六枚である。また四面に懸けていた半蔀がすでになく、東西の妻面の二つの遣戸も中破していた。

「檜皮葺歩廊」は三分の二の檜皮が破損していたが、甍棟の堤瓦には破損がなかった。また脇戸が二つあり、戸が六つあった。

「檜皮葺中門」については、「今校檜皮中破、無㆓懸魚㆒」とあり、檜皮が中破し、懸魚が失われていた。

法物章

四面庇の「檜皮葺五間講法堂」については、「今校上堤瓦同。檜皮中破、無㆓懸魚㆒」とあり、甍棟の堤瓦は破損していなかったが、檜皮が中破し、さらに懸魚が失われていた。また前面の庇部分では、檜皮が朽ちて破損し、雨漏りし、裏塗がすべて剝落し、三分の二が破損していた。この「裏塗」については、後述のように壁の裏塗を指すと考えられる。そして「鐘楼」は、戸一つと上層の敷板六四枚、連子、八ヵ所の高欄には破損がなく、檜皮が少々破損し、三つの懸魚が失われていた。

常住僧物章

「檜皮葺五間食堂」については、「今校、戸四具、檜皮堤瓦同。但無二裏塗一。所々柱本朽也」とあり、檜皮葺屋根の大棟に甍を載せており、戸が四つ入っていた。これらに破損はないが、「裏塗」がなく、柱は根元から腐朽していた。ここで柱の根元が腐るという状況から、この裏塗は壁の塗込と推察される。これを実証する史料はないが、「裏返し塗」や「裏壁」といった壁に関する語があり(12)、壁がないことによって、風雨に曝され、柱根が腐朽するという破損の過程は想起しうる(13)。

「檜皮葺九間僧房」については、「今校、母屋檜皮北方新葺替．南方中破。西妻庇板葺中破。柱皆朽損大破。又北方板庇大破」とあり、母屋の北面の檜皮を新たに葺替えており、南面の檜皮と西妻の板庇が中破し、柱はすべて朽ちて大破し、北面の板庇も大破していた。

「板葺九間僧房」については、「母屋幷北庇修理同。南庇中破。関板棟押既朽損也」とあり、母屋と北庇は修理されており、問題がなかったが、南庇は中破し、葺板の関板(14)や大棟の棟押えの材が朽ちていた。なお「広隆寺資財帳」には「板葺十一間僧房」と異なる規模で記されており、「広隆寺資財交替実録帳」の作成にあたって、規模の記載変更が行われたと推察される。ただし、貞観十五年から仁和二年の間の改造による規模の変更であるか、記載ミスの訂正であるかについては判断できない。

「板葺六間僧房」については、二面庇で六つの戸があったが、検校時には五つで、一つは蔀戸で、一つは失われていた。また葺板の三分の二が破損していたが、棟押えの材と南北の葺板には破損がなかった。また玄洋法師の房には歩板が敷かれていたが、他の房には敷かれていなかった。

もう一棟の「板葺六間僧房」は、もともと三面庇で、四つの戸があった。検校時には母屋九間で、六間については、過去の資財帳に記載されていたが、残り三間については、記載がなかった。戸は五つあり、蔀戸の一つの板が中破し、南北の庇の板が朽ち、北面の葺材の関板・柱などが悉く破損しており、「上押曽」が失われていた。

通物章

二棟の「檜皮葺宝蔵」は、南倉・北倉ともに檜皮が中破し、北倉は二本の柱が朽ちていた。また「檜皮葺長倉」については、「今校傾斜、上朽損、漏レ雨。亦柱皆朽大破」とあり、建物全体が傾いて、屋根（「上」）が朽ちて破損し、雨漏りし、柱がすべて朽ちて大破していた。

「草葺倉」については、「今校改二板葺一傾。咼大破」とあり、現状は、草葺から板葺に変更されており、建物が傾き、大破していた。ただし葺材の変更の時期は明らかではない。

「板葺甲小居倉」は大破しており、「広隆寺資財帳」によると、承和年間に購入したものであった。

「板葺七間政所庁屋」は二面庇で、戸が二つあった。検校時には小破し、庇に小戸を設けていた。また四つの蔀を懸けていたが、これは小破していた。

「板葺十一間厨屋」については、一面庇で戸が三つあった。検校時には北面の庇が大破しており、これ以外の部分は中破していた。また蔀戸が一つあり、これは中破していた。

「板葺五間炊屋」は二面庇で、検校時には二つの戸が小破しており、そのうち一つは蔀戸であった。

「板葺五間湯屋」については、庇が一面に付いていた。検校時に破損はなかったが、敷板が失われていた。敷板が失われた要因が、改造と破損のいずれかについては、記述がなく、判断できない。

「板葺五間厩屋」はかつて大破していたが、検校時に新たに庇が付されており、破損がなかった。また「板葺門屋」は、葺板が中破しており、垂木・板扉の板が朽ちて破損していた。

「板葺五間客房」は二面庇の板敷で、三つの戸（うち二つは蔀戸）があった。貞観時の記録には庇が三面、仁和時の記録には庇が二面とあるが、今回の検校で実見したところ、二面庇で、戸が二つあり、一間は二枚の蔀を懸けていた。そして棟押えの材がすでに朽ちて、南妻の庇の葺板の関板もすでに失われていた。また敷板は北側一二枚、南側二八枚の計四〇枚であった。

唐楽具章

「檜皮葺南大門」については、檜皮が中破し、懸魚のうち四つが失われ、三つが破損、五つが破損なしであった。「檜皮葺西大門」については、「今校裏塗悉頽落。戸小々破也」とあり、壁が悉く剝げ落ちて、戸が少々破損していた。

三棟の「草葺倉」のうち、「東一倉」と「東二倉」は仁和三年八月二十日の大風によって崩れており、一つは寛平元年建立で、もう一つは「広隆寺資財交替実録帳」を作成した月の建立で再建されていた。また「東三倉」が板葺に改造されていた。そして検校時に、構造が丸木造であり、小破しているが、おのおの一つの戸があり、その位置は寺の西方の畑であった。「板葺小倉」は、検校時には失われていた。

別院章

「檜皮葺三重塔」は、最上層の南西の隅棟の堤瓦が少々破損していた。一層目は堤瓦・風鐸ともに失われ、三層目は露盤・銅・鉄が折れて落下して、これらは政所の倉に納められていた。

「檜皮葺三間堂」は裏が板葺で、中破しており、「檜皮葺南門」は檜皮と甍棟の堤瓦が中破していた。また「板葺七間僧房」は、貞観時の記録には五間、仁和時の記録には七間とあったが、今回の検校で実見し、七間であると確認し、板が大破していた。この板が葺板か敷板かは定かではない。

また般若院の「檜皮葺三間堂」は四面庇で、前庇に八つの戸があったが、検校時には六つで、二つが失われており、檜皮と甍棟の堤瓦が中破していた。

「板葺五間僧房」は三面庇で、四つの戸があったが、検校時には戸は二つで、二つは失われていた。「板葺七間屋」は一面庇で二つの戸があったが、これに変更はなく、同じであった。

次に寺東院の「檜皮葺五間堂」は四面庇の板敷で、その前に七間の礼堂が付いており、八つの戸があったが、その檜皮の三分の二が破損していた。

「板葺僧房十一間」は三面庇で、六つの戸があった。貞観時の記録には五間とあるが、今回の検校で、実見したところ、規模は一一間で、また葺板が破損し、雨漏りしていた。

「板葺五間屋」「板葺倉」は、ともに葺板が破損し、後者は雨漏りしていた。また「檜皮葺倉」の檜皮が少々破損しており、「板葺門屋」は中破していた。

以下の新堂院は、大別当玄虚大法師や中納言在原朝臣の建立で、もともとの資財帳には記述がなく、貞観十五年以後の資財帳あるいは交替実録帳の作成時に追加された部分と考えられる。

この新堂院では、「今校……」という記述は「板葺五間屋」に限られる。この「板葺五間屋」は三面庇で戸が一つあったが、三分の一が破損していた。これ以外の建物では、「既」という語が用いられている。特に「檜皮葺五間堂」は四面庇で一〇の戸があったが、「前庇等既同」とあり、前庇に破損がないことが記される。ここで四面庇のうち、前庇のみを指して、現状、破損がないことを記す点から、ある時期には破損していたものが、検校時には「既に」破損のない状態であったと確認したと解釈できる。同様に、「檜皮葺五間堂」は四面庇で六つの戸があり、前面に礼堂を付していたが、「歩板既敷」とあり、これも板敷の復旧を示すと考えられる。これより、新造院に関しては、検校時以外にも、建物の状態を把握し、資財帳に記録した可能性が窺える。

このように、「広隆寺資財交替実録帳」の記述は、破損の多い屋根を中心としつつ、建具の破損にも及んだ。これらの部位については、具体的な破損の記述の中でも、特に多くの建物でチェックが行われており、検校時の基本的な確認部分であったと判断される。屋根の中でも、檜皮葺については、その破損とともに、堤瓦に問題がないことを併記しており、両者の耐久性の違いが窺える。また構造に大きく関わる破損部位としては、柱のみ確認でき、「檜皮葺長倉」では雨漏りによる柱の腐朽という破損原因が記述される。

金堂や三重塔などの中心建物については、高欄や風鐸・露盤といった細部のチェックが行われた。敷板に対する言及もみられ、「板葺五間湯屋」については、板敷であることは資財帳に記されていなかったにもかかわらず、検校時には板敷の破損が追記された。湯屋の構造上、板敷であることは常識で、もともと資財帳に、記載されなかったのであろう。同様に、「板葺六間僧房」についても、資財帳に板敷の記述はないにもかかわらず、玄葉法師の房のみ、板敷で、他の房には板が敷かれないと記されることから、僧房の板敷も通例として省略されたと考えられる。

また懸魚については、その有無は台帳たる資財帳には記されず、あくまで実録帳作成のための検校時に確認された。すべての建物が懸魚を有していたわけではないから、懸魚の有無は破損状況と取付きの痕跡などから判断したのであろう。

修理は、検校以前に行われたことが確認されており、「檜皮葺九間僧房」では身舎北側の葺替え、「板葺九間僧房」では、過去に身舎や北庇が修理され、問題がないことを記したうえで、他の部分の破損を記述している。

改造としては、常住僧物章や通物章の「草葺倉」では板葺への変更が確認できる。また「板葺六間僧房」では六間から九間に規模が変更されており、「板葺五門厩屋」では、新たに庇が付されており、これも改造とみられる。

表10「広隆寺資財交替実録帳」にみる破損部位

項目	建物名	屋根						柱	建具	敷板	傾斜	修理	その他
		瓦	檜皮	葺板	堤瓦	懸魚	雨漏						
仏物章	東面築地※			×									築地崩落
	南面築地※	×		×									
	西面築地※			×									築地崩落
	北面築地※			×									築地崩落カ
	檜皮葺五間金堂		×		○	×			×	×			高欄大破
	檜皮葺歩廊		×		○								
	檜皮葺中門		×			×							
法物章	檜皮葺五間講法堂		×		○	×	×						裏塗の剥落
	鐘楼		×			×							
常住僧物章	檜皮葺五間食堂		○		○			×	×				裏塗なし
	檜皮葺九間僧房		×	×				×				有	身舎北庇の檜皮に葺替えあり
	板葺九間僧房											有	母屋・北庇修理。南庇中破。棟押え腐朽
	板葺六間僧房			×					×				
	板葺六間僧房			×				×	×			＊	規模の変更あり
通物章	(檜皮葺宝蔵)南倉		×										
	(檜皮葺宝蔵)北倉		×					×					
	檜皮葺長倉						×	×			×		傾斜。小屋組の破損
	草葺倉										×	＊	板葺に改造。傾斜と大破
	板葺甲小居倉												大破
	板葺七間政所庁屋								×				小破
	板葺十一間厨屋								×				北庇大破。これ以外中破
	板葺五間炊屋								×				
	板葺五間湯屋									×			
	板葺五間厩屋											＊	庇付加の改造
	板葺門屋			×					×				
	板葺五間客房												棟押え腐朽。堰板なし
	檜皮葺南大門		×			×							

	檜皮葺東大門												新堂の前に建立
	檜皮葺西大門								×				裏塗の剥落
唐楽具章	東一倉												崩れ伏して、再建
	東二倉												崩れ伏して、再建
	東三倉											＊	板葺に改造。小破
	板葺小倉												無実
別院塔院	檜皮葺三重塔				×								風鐸なし。露盤・銅・鉄が折れ、落下
	檜皮葺三間堂												中破
	板葺七間僧房			×									板大破。葺板のことカ
	檜皮葺南門		×		×								
別院般若院	檜皮葺三間堂		×		×				×				
	板葺五間僧房								×				
	板葺七間屋												全く破損なし
別院寺東院	檜皮葺五間堂		×									有カ	
	板葺僧房十一間			×			×					＊	規模変更
	板葺五間屋			×									
	檜皮葺倉		×										
	板葺倉			×			×						
	板葺門屋												中破
別院新堂院	檜皮葺五間堂											有カ	以前に敷板を修理カ
	板葺五間屋												三分の一の破損
	檜皮葺五間堂											有カ	以前に前面庇破損、修理
	檜皮葺十三間僧房											有カ	以前に破損し、修理カ
	檜皮葺倉												
	板葺五間屋												新造

註　×は破損。○は破損なし。＊は改造の可能性あり。※説明のため、ここでの名称は史料上の記載とは異なる。

草葺から板葺の変更や庇の付加といった改造の過程は、資財帳には確認できず、あくまで検校にともなう実録帳の作成時に、現状のみ把握されたのである。すなわち、修理の際に台帳として利用されたが、「広隆寺資財帳」と「広隆寺資財交替実録帳」をみる限り、これらの史料は、個別の修理の履歴を記録するという性格は主としては有していないと判断される。これらの破損の状況をまとめたものが表10である。

4　「観世音寺資財帳」

延喜五年（九〇五）に官に上申した観世音寺の資財帳で、「大宰之印」という朱印が記載面に押されている。観世音寺三綱が作成し、大宰府の役人が証明し、朝集使に付して、報告したものである。大同四年（八〇九）・弘仁十三年（八二二）・承和九年（八四二）・貞観三年（八六一）などにチェックが行われ、「小破」「中破」「大破不用」などと記され、(15)記載内容と齟齬がなく、問題のない場合は「今校同」、建物自体が失われた場合には「無実」と記されている。二四章から成り、用器章・仏殿章・僧客房章・温室章・大衆物章・庄所章に建物の記載が確認できる。「観世音寺資財帳」については、第Ⅱ部第三章で取り上げていないため、ここでは紙幅を割いて提示する。以下、修理に関する記述のない庄所章を除き、章ごとにその記述を整理しよう。

用器章

東面の築垣については、一部、記述が欠損しているが、かつては六五丈の板葺であったが、貞観八年には五八丈が破損しており、七丈が問題なかった。延喜五年の検校時には五六丈二尺と規模が変わっていた。破損の範囲や規模の変更に関する記述から、検校時に実測が行われたと判断される。

南面築垣五七丈は瓦葺であったが、貞観八年には、一〇丈七尺にわたって、瓦葺・材木が中破し、一三丈七尺は板葺であった。延喜五年の検校時には二三丈を茅葺とし、一部、崩落するところもあった。

西面築垣六五丈では、瓦葺が中破し、一部、板で葺いていたが、延喜五年の検校時には一〇丈が茅葺、四五丈が板葺、一〇丈が葺かれていないことが記される。

北面築垣は、ある時の検校時には「無実」、すなわちそれ自体が失われていた。仁和二年（八八六）七月二十三日には、この北面の築垣の「無実」に対する責務から、前任者に対して解由状を渡さないことを言上しており、これ以前に破損し、検校により、「無実」と確認されていたと推察できる。

仏殿章

「瓦葺大門」については、「右。遭㆓元慶四年八月大風㆒顛倒。而以㆓同六年㆒新造同」とあり、元慶四年（八八〇）八月に大風によって顛倒したため、同六年に新造したという建物の履歴が記される。

「瓦葺中門」は南方に三尺傾いており、同八年に修理し、問題のない状態であった。

「瓦葺五重塔」は、ある時には四つの戸と風鐸四つが、すでに失われ、また貞観三年に小破し、隅棟の堤瓦二〇枚が落下し、三寸ほど垂木が垂下していた。そして同十三年の大風で中破したが、延喜五年の検校時には、修理されていた。

「瓦葺二層金堂」は、貞観三年に小破し、同八年には修理が完了していた。ただし、その後ろに「於下堤八条瓦落損長各二丈」と記され、この八条は八丈のことで、長さ各二丈の下層の四隅の堤瓦が八丈分、落下しており、延喜五年の検校時には、四隅の瓦が破損し、高欄・連子一二間分が失われていた。

「瓦葺講堂」は、貞観三年に小破し、一間の壁が傾き、倒れていたが、延喜五年の検校時には問題がなく、この間に修理されたと判断される。「瓦葺鐘楼」は貞観三年に小破していたが、検校時には問題なく、「瓦葺経蔵」は貞観三年に小破、同八年に中破で、検校時には問題なく、それぞれ修理が行われた。

次に菩薩院の建物が列挙され、西面の築垣は七丈が壊れ、一三丈が問題なかったが、検校時には「合」とあり、修理されたとみられる。北面の築垣は、貞観十三年に板葺が四丈にわたって壊れていたが、同八年には修理が完了していた。また「板葺門屋」は貞観三年に小破、同八年には問題がなく、この間に修理が行われた。ただし、延喜五年の検校時には、三本の柱が朽ちて失われていた。

「檜皮葺堂」は貞観三年に中破しており、その後の検校では、屋根の檜皮葺の半分が破損し、東妻の一丈分と平側の二丈分を茅で補修していた。この不適切な修理と半損に対する責務から、前任者に対して解由状を渡さず、仁和二年七月二十日に言上した。

続いて戒壇院の建物が記され、瓦葺の築垣が検校時に板葺に改められており、さらに東面は二一丈七尺分のうち、板葺は八丈で、残りの一三丈七尺は、板を葺いていなかった。北面の築垣一〇丈七尺については、貞観三年に中破であったが、延喜五年の検校時に修理が行われていたが、すべて屋根を葺いていなかった。

「檜皮葺堂」は貞観三年に小破しており、延喜五年の検校時には修理がなされていた。

「板葺礼堂」は、貞観三年に小破であったが、その後の検校時には失われており、この建物の維持管理に対する責務から、前任者に対して解由状を渡さず、仁和二年七月二十日に言上した。

また「瓦葺東門屋」「檜皮葺西門屋」は、ある時の検校では問題がなかったが、ともに貞観十三年に小破していた。

僧客房章

「瓦葺大房」は貞観三年には小破し、西方の端間が傾き、房内の五本の柱が朽ちていた。また三三間のうち、六間の壁が傾き倒れていた。同十六年の検校時には中破で、破損が進行しており、この間に修理がなされなかったと判断される。

「小子房」は二棟あり、うち一棟は瓦葺（桁行一九丈五寸）で、貞観三年に小破していたが、元慶四年に東寺の僧勝春によって、四間（桁行三丈八尺）が増築された。ある時の検校では、桁行総長が二三丈八尺五寸で、延喜五年の検校時には問題なしと記される。もう一棟は板葺で、貞観三年に小破していたが、ある検校時には建物が失われていた。この責務から、前任者に対して解由状を渡さず、仁和二年七月二十日に言上した。

「瓦葺馬道屋」は、貞観三年に小破で、延喜五年の検校時には問題がなかった。

「客僧房」は二棟あり、一棟は檜皮葺で、貞観十六年には大破しており、延喜五年の検校時には檜皮が大破し、南方に二尺五寸、傾いていた。「大破不レ用」とあり、破損が大きく、使用に堪えないと判断された。もう一棟は草葺で、貞観八年には小破であったが、その後の検校時には建物が失われており、この修理に対する責務から、前任者に対して解由状を渡さず、仁和二年七月二十日に言上した。

温室章

「茅葺屋」については、延喜五年の検校によって、桁行が二丈八寸から二丈八尺、高さが一丈一尺三寸から四尺に改められた。この寸法の変更のうち、桁行については、寸と尺の誤記の訂正と判断され、実測の有無は明らかではないが、高さ寸法は、大きく変わっており、ここから検校時の実測の実施が窺える。ただし「四尺」という高さは建物の構造上、不審であるため、「一丈四尺」の誤記の可能性も考えられる。

大衆物章

「比《(北カ)》檜皮葺厨」は天長四年（八二七）に半壊し、貞観二年には大破、同八年には身舎が倒れ、九間分の檜皮が小破していた。さらに、貞観十三年八月十三日の大風で大破した。その後の検校では、南五間の棟部分の檜皮葺が中破しており、元慶三年九月の大風によって倒壊し、失われた。

「西檜皮葺厨」は、承和九年に小破、貞観三年に中破していたため、同八年に修理し元の状態に復旧し、延喜五年の検校では問題はみられなかった。

「瓦葺竈屋」は、貞観十三年には中破しており、延喜五年の検校時には大破していた。

「草葺水屋」は、貞観二年には中破していたが、その後の検校時には、新造されており、問題なかった。ただし、元慶四年八月の大風で倒壊し、建物が失われたが、その後、再度、新造されたとみられ、延喜五年の検校では、規模の異なる板葺の建物であった。

「板葺備屋」は、承和九年に半壊しており、貞観八年には中破し、この時には瓦葺で、三間分の板壁が倒れていた。さらに貞観十三年八月十三日の大風により、大破し、延喜五年の検校では、瓦板葺となっており、大棟の堤瓦の半分が失われ、大破していた。

「草葺碓屋」は、貞観十三年には大破していたと記されるが、直後に、同八年には失われているとあることから、これは貞観三年の誤りであろう。この責務から、前任者に対して解由状を渡さず、仁和二年七月二十日に言上した。

「東方茅葺板倉」は、貞観三年の検校時には失われていた。そこで大同四年の交替帳を確認すると、この建物は政所院から移築されたものであった。その後、元慶九年九月の大風により、草葺が中破した。

「南方草葺板倉」は貞観三年に小破していたが、延喜五年の検校では問題がなかった。

「造瓦屋」は承和九年には大衆院にあり、草葺が中破しており、その後の検校時には失われていた。この記述の直後に、貞観二年には政所院に位置するとあることから、移築されたため、大衆院には「無実」と記されたのであろう。その後、九月十四日の大風（元慶九年とみられる）により大破した。延喜五年の検校時には、大衆院にないことが記され、政所院より大衆院に移築されたという建物の履歴が記され、この時は茅葺であった。

政所院では、「北茅葺屋」は貞観八年に小破していた。また四棟の板倉があったが、延喜五年（九〇五）の検校時には五棟に増えていた。

「東檜皮葺板倉」は貞観八年には小破しており、延喜五年の検校時には東面の屋根の檜皮葺が大破し、これを茅葺で補修していた。また元慶三・四年の大風で大破し、同八年に修理し、復旧した。そして延喜五年の検校時には檜皮葺が小破していた。

「第二檜皮葺板倉」は貞観八年に小破しており、ある時の検校時には、東面の檜皮葺が破損していたので、これを茅葺で補修していた。元慶四年八月の大風によって顚倒したが、延喜五年の検校時には問題なく、この間に修理が行われたと判断される。

「西第二草葺板倉」は貞観十三年に小破していたが、政所院の東側に移築し、この時に新造された。そのため、延喜五年の検校時には東の三番目に位置した。

「第五茅葺亀甲倉」は、延喜五年の検校時には北東隅の校木の端が朽ちて折れ、茅葺が半損し、大棟の堤瓦の三分の二が失われていた。

寺院西方外の区画には、「草厠」があり、貞観三年に小破していたが、その後、修理された。「西第北葺板倉」は、貞観三年の交替時には欠物であったため、政所院の東側に造立した。しかし、南方に五寸ほど傾いており、大棟の堤瓦が破損していた。また茅葺が半損し、南東の隅木が一材、朽ちて破損し、北東の木が倒れ、端部の二材（垂木カ）が裂け、落下した。(16)「檜皮葺西方間屋」は北方に建設していた。

このように、「観世音寺資財帳」には複数回の検校が確認でき、その時々の建物の状態が記された。これらの破損

表11　「観世音寺資財帳」にみる破損部位

項目	建物名	屋根								柱	建具	傾斜	修理	その他
		瓦	檜皮	葺板	葺草	堤瓦	垂木	懸魚	雨漏					
用器章	東面築垣※													規模変更。破損あり。板葺
	南面築垣※	×											○	材木中破。一部板葺。一部茅葺に変更。築地崩落
	西面築垣※	×											○	一部板葺に変更
	北面築垣※													無実
仏殿章	瓦葺大門												○	大風で顚倒し、新造
	瓦葺中門										×	×	○	傾斜
	瓦葺五重塔	×				×	×カ				×		○	
	瓦葺二層金堂	×				×					×		○	高欄・連子破損
	瓦葺講堂											×	○	壁の傾倒
	瓦葺鐘楼												○	以前は小破していたが、修理
	瓦葺経蔵												○	以前は小破・中破と破損進行していたが、修理
	菩薩院西面築垣※												△*	破損
	菩薩院北面築垣※			×									○	
	板葺門屋									×			○	
	檜皮葺堂		×										○	一部を茅で補修
	東面築垣※	×		×									△*	瓦葺から板葺に変更
	北面築垣※	×		×									○	瓦葺から板葺に変更
	檜皮葺堂												○	
	板葺礼堂													無実
	瓦葺東門屋													小破
	檜皮葺西門屋													小破
僧客房章	瓦葺大房									×		×		壁傾斜。小破から中破に破損進行
	小子房瓦葺※												△*	小破。四間増築
	小子房板葺※													無実
	瓦葺馬道屋												○	小破
	(客僧房)檜皮葺屋		×									×		大破。傾斜。使用に耐えない
	(客僧房)草葺屋													無実

大衆物章	北檜皮葺厨		×											以前に顚倒。無実
	西檜皮葺厨												○	小破・中破と破損進行し、修理
	瓦葺竈屋													中破・大破と破損進行
	草葺水屋												○	中破し、新造したが、顚倒し、無実で、その後再建
	板葺備屋					×								半損、中破と破損進行。壁の傾斜
	草葺碓屋													大破。無実
	東方草葺板倉				×								○	移築。以前に中破も、現状は修理済
	南方草葺板倉												○	小破
	造瓦屋				×								△*	移築。無実。大破
	北茅葺屋													小破
	東檜皮葺板倉		×								×		○	大破。一部茅葺で補修
	第二檜皮葺板倉		×										○	一部茅葺で補修。以前に顚倒し、現状は修理済
	西第二草葺板倉												○	移築し、新造
	第五茅葺亀甲倉				×	×								校木折損。堤瓦破損
	寺院西方外草厠												○	小破後、修理
	西第北葺板倉				×	×	×					×		移築。隅木・垂木破損か。堤瓦破損
	檜皮葺西方間屋													
庄所章	草葺屋三間													長尾庄
	東　屋													長尾庄
	西　屋													長尾庄
	東　屋													杷枝庄
	東二屋													杷枝庄
	西一屋													杷枝庄
	草屋三間													生葉庄
	東一屋													生葉庄
	北一屋													生葉庄
	草葺板倉													生葉庄

註　×は破損。○は修理が確認できるもの。＊は修理の可能性のある改造。※説明のため、ここでの名称は史料上の記載とは異なる。

部位や修理履歴をまとめたものが表11である。この状態の記述を比較することで、葺材の変更などの改造や破損に対する修理が確認できる。また破損原因として個別の災害が記録された。なお、破損の放置による全壊・撤去という事例も数多くみられ、修理の対象はすべての建物には及ばなかったようである。そして、この修理の未完了を理由に、解由状を与えず、前任者の責任を追及したのである。(17)

三　維持管理における実見の有無と資財帳の利用

維持管理において、現状把握のための実見、すなわち現地調査はなされたのであろうか。また実見にともなって、台帳として、資財帳が利用されたのであろうか。これらの点について検討しよう。

維持管理に関する規定は第Ⅱ部第一章で述べたように、具体的かつ基本的な指針として、小破のこまめな修理により、大破を防ぐという意向が示された。ただし、具体的に維持管理の判断となるべき小破・大破という破損の程度の判断は、貞観九年（八六七）の『貞観交替式』によって規定され、実質的な計画的維持管理は、この頃に始まったと推察される。よって、この前後に時期を分けて、史料を検討しよう。

なお地方における建物の状況把握の手段として、天長二年（八二五）には、資財帳を六年に一進とし、ついで貞観十年（八六八）には、四年に一進と定められた。この破損の程度判断の明示と上申の制度の確立は、維持管理の一つの画期であり、台帳の利用との関係が窺える。

まず『貞観交替式』以前の「桑原庄券」は、前述のように、東大寺庄園の収支決算報告であり、寺院の財産目録である資財帳とは性格の異なる文書である。そのため、元となる台帳に追記するのではなく、前文書を参照して、新たに、形式を一部、変更して作成されており、資財帳の上申と同じく、財産管理・把握という性格を有した文書であっても、台帳形式の文書を利用して、それに追記するという方法は採用されなかった。また寸法の誤転写があり、実測をともなう実見の可能性は低い(18)。同時代の資財帳は、主に天平期に財産目録として提出されたもので、維持管理に使用された例は確認できず、その実態は明らかではないが、これは台帳に追記するという形式が、八世紀中頃には成立していなかった可能性や文書の性格が異なることに起因すると考えられる。

次に貞観期以降の文書を検討しよう。貞観三年に作成された「宇治院資財帳写」は、『貞観交替式』よりも前の史料であるが、資財帳を台帳として活用しており、これに破損状況を追記する形式がとられた。ただし、あくまで現状把握に留まっている。また現状についても、破損の程度は『貞観交替式』にみえる規定と同様に記されるが、破損部位への言及はなされず、建物の修理に関する記述も確認できない。ただし破損の有無を記すことから、実見をともなったと考えられる。またこの頃には、破損の程度判断が行われていたのである。

「広隆寺資財交替実録帳」は、前述のように貞観十五年や仁和二年（八八六）の資財帳を台帳として参照しながら、これに追記する形式で作成された。この実録帳は、資財帳ではなく、前任者から後任者への引き継ぎ文書であり、現状の伝達に主眼が置かれたため、建物の修理の履歴を記す必要性は低いが、建物の詳細に及ぶ現状把握には、実見をともなったと考えられる。

延喜五年（九〇五）に官に上申した「観世音寺資財帳」には、建物の状況把握に加え、修理の経緯が記されており、ここから実見が窺える。そして官が寺院の財産を把握するという資財帳の性格に、実録帳あるいは損色帳としての性格が加わり、建物の修理履歴の記録帳としての性格も有したのである。

このように維持管理における八世紀の実見や資財帳の利用は明らかではないが、少なくとも九世紀には資財帳が台帳として現場で活用されており、以降の「広隆寺資財交替実録帳」「観世音寺資財帳」においても、活用が確認できる。すなわち資財帳の上申による建物の状況把握という形式が、建物の維持管理において一定の有効性を保っていたのである。ただし「観世音寺資財帳」以外には、修理履歴の記述は確認できず、検校時における建物の状態を記すに留まっており、実際の補修については明らかではない。

四　維持管理の実務

1　破損の程度判断

以上のように、維持管理に関する記述を通して、実見による現状把握、資財帳の利用が明らかになったが、古代における検校時の破損の程度判断の実施の実態はどうであったのであろうか。先に述べたように、小破・大破という破損の程度の判断は、『貞観交替式』によって規定されており、これが一つの画期である。

実際の管理に関する史料の記述をみると、貞観期以前の資財帳には維持管理に関する記述はみられず、「桑原庄券」に一部みられる程度である。ただし、「桑原庄券」においても修理は支出に関する項目での記述であり、修理の具体的な内容は記述されない。

これに対して、貞観期以降の「宇治院資財帳写」「広隆寺資財交替実録帳」「観世音寺資財帳」には、「大破」といった破損の程度の記述が確認でき、「太政官符」の規定に従った建物の現状把握がなされていた。また建物規模の修正、破損の範囲の具体的な提示、寸法の訂正が行われており、必要に応じて、実見にともなって、実測がなされたと判断できる。

これらの資財帳からも、貞観期を実質的かつ計画的な維持管理とその内容の記述に関する一つの画期とみて齟齬はなく、この規定時が維持管理における大きな転機であるといえよう。

2 修理の実態

これまでに述べたように、貞観九年（八六七）の『貞観交替式』によって、資財帳の上申、破損の程度の記載方法を定めており、これ以降、現状把握については、一定の枠組みに従って機能し、建物の維持管理の基礎は確立した。では、これらの現状把握によって確認された破損は修理されたのであろうか。建物の維持管理については、修理の実施という実態が重要である。また破損部位は建物の維持管理における更新材を知る有効な材料であり、修理に関する経験の蓄積が窺える。そこで破損状況や修理に関する記述のある「広隆寺資財交替実録帳」と「観世音寺資財帳」を通して、破損状況の把握と修理の関係を検討し、修理の実態を解明したい。

破損部位・原因と耐久性

周知の通り、現存する古代建築の数は限られており、また各時代の修理により、取り替えられた材も多い。そのため、複数回の更新がなされた部位については、古代の修理に関して得られる情報に限界がある。それゆえ文献史料にみえる破損部位に関する記述は、古代において、破損しやすく、修理が必要となった部位を示す点で貴重である。また破損の原因や過程、あるいは材料の耐久性について、当時の理解がどの程度であったかについても解明する助けとなる。なお、現状把握後の修理の有無やその実態については後述する。

記述された破損部位は、前述のように、屋根の葺材に集中していた。葺板の破損も多いが、特に檜皮の破損が多く、甍棟に対するチェックが同時に行われた。この検校より、瓦よりも檜皮の耐久性が低く、これが当時も、経験的に認識されていたと推察できる。なお、これらの屋根の破損の数に比して、雨漏りの事実が記された例は少ない。また身舎に比べ、庇部分に破損の集中がみられた。もちろん、庇が軒先に近いことが破損要因の一つであろうが、この原因の一つには身舎と庇の建築構造上の違いが窺える。すなわち庇の構造が身舎から独立した差し掛け状の「身舎・庇分離型」[19]で、庇が身舎に比べ、構造的に弱かった可能性が想起される。広隆寺の「板葺五間厩屋」にみられる庇の付加は、この「身舎・庇分離型」を示す一例であろう。

また懸魚・高欄・敷板・垂木・建具の破損や変更に対して言及されており、ここから、これらの部位は破損しやすかったことが確認できる。ただし、懸魚に関しては、「観世音寺資財帳」に記述はなく、必須のチェック項目ではなかったと考えられる。また必ずしも材の更新による適切な修理は行われなかった。

では軸部の破損はどうであったのであろうか。軸部の中でも、柱の腐朽は深刻であり、壁の裏塗がない部分が破損に至ったとされ、破損の原因・過程が記される。さらに庇の葺板とともに、柱が腐朽しており、これも屋根破損による柱腐朽を示している。これ以外の屋根破損の記される建物において、柱の破損は確認できないが、主要構造材では、隅木の破損が確認できる。これらのことから、当時も屋根の破損から軸部材の腐朽に至るという破損の原因や過程が経験的に理解されていたと判断できる。小破による修理の推奨はこうした当時の維持管理に関する知識に基づいた対策であろう。

さらに事例は少ないが、傾斜や柱の沈下も確認できる。特に観世音寺の「瓦葺中門」は南方に三尺も傾いていた。この傾斜の原因は不明であるが、瓦葺の建物であることから、礎石建物と推察され、礎石の沈下が一因として考えられる。

また「無実」すなわち、すでにないと記される事例もあるが、これが破損ののちに撤去されたのか、新たな建物に建て替えられたのかを判断することはできない。

このように、特に破損は屋根に集中し、懸魚・高欄・敷板・垂木・建具にも確認され、当時もこれらの部位が更新材と経験的に認識されていたと判断される。また大破も珍しくなく、軸部の腐朽や沈下という建物の構造の根幹に関わる決定的な破損を招くこともあった。

この現状把握を通じて、檜皮と瓦の耐久性の違いや屋根破損・雨漏りからの軸部材の腐朽に至るという破損の原因と過程など、木造建築の維持管理に必要な知識が蓄積されていった。こうした木造建築の維持管理上の課題を中央は理解しており、小破による修理を強く求めたが、理想の域を出ず、実態としては、適切な修理が行われず、破損の進行という事態を招いていたのである。

修理の実施と修理履歴の記録

次に修理の実施と修理履歴の記録について検討しよう。まず、表10・11に示したように、多くの建物が修理によって、維持されていた。これらの修理には屋根葺替え・改造があり、これに新造による再整備を加えた三つの修理の方法が確認できる。

屋根葺材については、檜皮の破損が多く、葺替えがなされたが、檜皮葺の一部は、異なる材料である茅で補修された。すなわち、必ずしも現状復旧ではなく、屋根の破損に対し、別の葺材による応急的措置がとられたのである。木造建築の破損を最小限で止めるための苦肉の策であろう。ただし、実際には多くの破損が放置・進行してからの修理で、小破のこまめな修理という基本方針が守られず、さらに修理されないものも、少なからず存在した。

さらに資財帳に破損の追記を繰り返すことで、これらの建物の履歴として蓄積された。また検校時には、破損の有無といった、ある時点の状態のみが記され、具体的な修理という行為について直接、記されることは少ないが、建物の状態の好転の記述により、修理の実施が窺え、一定の維持管理の水準が保たれていたことがわかる。

改造では、規模の変更、葺材の変更、庇の付加が確認できる。このうち、葺材の変更には、草葺から板葺の変更と瓦葺から板葺への変更があり、前者の意図は明らかではない[20]が、後者は、前述の檜皮の茅による補修と同様に、応急的な補修であろう。

また顚倒後に部材を再利用して建設されることもあり、適宜、破損した部材は補修されたと考えられる。そして使月に耐えない場合には、新造による整備が行われることもあった。ただし、壁の傾斜や柱の傾斜など、建物の構造の根幹に対する修理は、観世音寺の「瓦葺中門」を除き、行われておらず、問題は十分に解決されなかった。

これらの修理の実態を鑑みると、修理の多くは屋根葺替えの部分修理に留まっており、傾斜の補正や軸部の補修などの構造の根本に関わる修理はほとんどなされなかった。ただし、顚倒後の修理は、実質的に全解体、あるいは再建とほぼ同様の修理であったと推察される。あるいは大規模な修理の方法が未成熟であったのかもしれない。こうした大規模な修理が困難な状況から、小破による修理という基本方針が非常に重要であったのである。

五　ま　と　め

以上、奈良時代から平安時代初期の資財帳の記述を通して、維持管理の実態について検討を重ねた結果、奈良時代には維持管理のための実見は窺えなかったが、平安時代以降は、実見による破損の程度や部位の記録作業が行われた。これらによると、破損の部位は屋根に集中しており、これらの部位は更新の必要な部位であったことが知られる。また雨漏りによる軸部の腐朽という破損の過程の経験が蓄積されていた。

さらに一部の資財帳は管理台帳としての性格を有し、破損の程度に加え、修理履歴を蓄積していた。特に修理履歴は単なる引き継ぎのための記録に留まらず、建物の状態の把握、すなわち、建物の恒常的な維持管理とこれによる建物の長寿命化の一端を表しているのである。

もちろん、史料の性格に依存する面も大きいため、安易に一般化することは憚られるが、維持管理の台帳としての資財帳の活用は、当時の建物の維持管理における実態を示す重要な手がかりである。また、破損状況、あるいは修理の経緯に関する記述は、維持管理に対する意識、あるいは恒常的な修繕の実態が表出した結果である。

修理の実態に目を向けると、屋根葺替えなどの部分修理や顚倒後の再建がほとんどで、柱の傾斜などの構造的な欠陥を、半解体修理によって解決するといった方法は窺えなかった。ここから古代における修理の技術は必ずしも成熟しておらず、適切な対応策を講じるレベルになかったと判断される。こうした未熟な修理方法で、長期的に建物を維持するために、小破による修理という基本方針が有効であったのである。こうした過去の修理の方法と方針の検討は、修理技術の発展を考えるうえでも、重要な布石となろう。

註

（1）太田博太郎「上代の営繕官制」『日本建築学会研究報告』六、一九五〇年（『日本建築の特質』岩波書店、一九八三年所収）、同「造寺司と木工寮」（『日本建築史序説 増補第二版』彰国社、一九八九年所収）、渡邊保忠「律令的建築生産組織」『新訂 建築学大系』四—I 日本建築史、彰国社、一九六八年、同「日本における古代的建築生産構造とその中世への発展過程について」『建築雑誌』六七—七八八、一九五二年（ともに『日本建築生産組織に関する研究 一九五九』明現社、二〇〇四年所収）、福山敏男「奈良時代に於ける法華寺の造営」および「奈良時代に於ける石山寺の造営」『日本建築史の研究』桑名文星堂、一九四三年（綜芸舎、一九八〇年再版）。拙稿については第I部参照。

(2) 大岡實「西大寺」『南都七大寺の研究』中央公論美術出版、一九六六年、宮本長二郎「奈良時代における大安寺・西大寺の造営」『日本古美術全集』六、西大寺と奈良の古寺、集英社、一九八三年など。
(3) 『国史大辞典』縁起流記資財帳（えんぎるきしざいちょう）の項。
(4) 海野聡「古代日本における建物に対する認識と記述方法―建物の認識・評価に関する歴史的研究　その一―」『日本建築学会大会学術講演梗概集F―二』二〇一三年。
(5) 大破した対象が檜皮葺堂か、南北の板庇かという疑問も生じるが、「在板庇南北」は元来、資財帳に記された檜皮葺堂を詳細説明する内容であるため、大破した場所は庇という部分を指すのではなく、檜皮葺堂を指すと考えられる。
(6) この「上」「下」が上手、下手という方向を指す可能性もあるが、上がすでになく、下は破損に留まっていることから、構造上の垂直方向の上下関係が窺える。また「檜皮葺長倉」では「上」が破損し、雨漏りしているという状況からも、「上」は屋根を示すと考えられる。
(7) 『大日本仏教全書』九九、解題三、鈴木学術財団、一九七三年。
(8) 向井芳彦「広隆寺草創考（一）～（四）」『史跡と美術』二二九～二三二、一九五三年、林南壽『広隆寺史の研究』中央公論美術出版、二〇〇三年、森井友之「広隆寺行動両脇侍像の造立年代について」『文化史学』六六、二〇一〇年など。なお、近年、藤井恵介氏が広隆寺の仏堂群を取り上げ、礼堂と床について論じている（藤井恵介「夢見と仏堂」『痕跡と叙述』空間史学叢書一、岩田書院、二〇一三年）。
(9) 清滝淑夫「広隆寺の成立に就いて」『南都仏教』一四、一九六三年。
(10) 川尻秋生「広隆寺資財帳及び広隆寺資財交替実録帳について」『古文書研究』三一、一九八九年。
(11) 註(7)前掲書。
(12) 中村達太郎『日本建築辞彙』新訂（中央公論美術出版、二〇一一年）裏返し塗（うらがえしぬり）の項。
(13) このほか、「裏塗」を基礎に関わるものであるとすると、亀腹を指す可能性も考えられる。
(14) 関板とは板屋根の中の粗末なもので、棟より軒まで一枚板とし、その板を羽重にして、上に押縁を打つか、石を置いて、屋根を押えるもの（中村達太郎『日本建築辞彙』新訂、註(12)前掲書、関板〈せきいた〉の項）。
(15) 註(7)前掲書。なお校訂本は『大日本仏教全書』寺誌叢書一を参照した。

(16) 原文は「又丑寅倒木端二枝析落」とある。「木端」と解釈すると、「又丑寅倒二木端一。二枝析落」となるが、木端、すなわち柿板が倒れるという解釈では、意味不明である。よって、「又丑寅倒レ木。端二枝析落」と解釈する方が妥当と考える。
(17) 当初は国司交替のみを対象に、不与解由状が作成されたが、貞観十二年（八七〇）に諸寺の別当・三綱の交替時にも不与解由状を作成するように定められた（『国史大辞典』不与解由状〈ふよげゆじょう〉の項）。
(18) 第Ⅱ部第五章参照。
(19) 海野聡「掘立柱建物の身舎・庇分離型―郡庁正殿の上部構造―」『日本建築学会大会学術講演梗概集F―二』二〇一一年。
(20) 通常、板葺の屋根勾配は緩く、草葺の屋根勾配は急である。そのため、草葺から板葺への変更には、小屋組の改造を含む大規模な変更が必要であるため、安易に応急的な補修と断ずることはできない。

第五章　桑原庄における建物整備と維持管理

一　はじめに

奈良時代の文献史料は数に限りがあるが、中央の大寺の資財帳などには、建物の規模や寸法の記述がなされ、これらをもとにした大岡實氏(1)をはじめとする中央寺院に関する諸研究が存在する。これに対し、地方の建築については十分な考察はなされていない。しかしながら地方の建築に関する文献史料が全く存在しないわけではなく、東大寺の初期庄園である桑原庄関連の史料には建築に関する記述が確認できる。

桑原庄は越前国坂井郡にあった東大寺領の庄園で、天平勝宝七歳（七五五）に大伴宿祢麻呂(2)から坂井郡堀江郷の地を買得して成立した(3)。この越前国桑原庄については、その経営状態を示す四つの史料が存在する。通常、「桑原庄券」と称される天平勝宝七歳五月三日付の「越前国使等解(4)」、天平勝宝八歳二月一日付の「越前国田使解(5)」、天平勝宝九歳二月一日付の「越前国田使解(6)」、天平宝字元年（七五七）十一月十二日付の「越前国使解(7)」の四つの史料である。以下、それぞれ「桑原庄券」第一から第四とする。年ごとに田使(8)が庄園の所有する寺地・稲・建物、購入した物、修理費用を検校し、その内容が「桑原庄券」に記述された。すなわち「桑原庄券」は庄園経営の収支決算報告書であり、地方における建築の整備や維持管理を示しており、重要な史料である。よって、ここで「桑原庄券」を通じて、維持管理の実態と地方建築の様相の一端を明らかとしたい。

「桑原庄券」を対象にした庄園に関する先行研究は数多く存在する。これらの先行研究では庄園領主直属の奴隷的労働力による直接経営や賃租経営に重点が置かれ、班田農民による自由な小作経営といった庄園経営の実態が解明されている。(9) また虫損のある「桑原庄券」第四については、欠字部分の復元がなされている。(10)

これらの先行研究の対象は主として、庄園経営の中心である寺田に集中しているが、「桑原庄券」には寺田以外に、建物名・寸法・修理といった建築に関する情報が多く記されている。しかしながら、これまでに建築に関する記述に着目した研究はなされていない。よって「桑原庄券」に記述される建築情報を通して、桑原庄の建物とその造営について検討する。

具体的には「桑原庄券」では第一から第四で建物の建物名・寸法・記述順といった記述方法が統一されていないため、第一にそれぞれの建物がどの建物であるか比定し、編年的に「桑原庄券」に記述される建物に関する情報の整理を行う。第二に「桑原庄券」に署名した官人および桑原庄の経営について検討する。第三に建物の規模と修理費用および購入価格の関係を比較する。第四に桑原庄の中心的建物である庇付の建物を復元する。

二 「桑原庄券」について

越前平野には畿内や近江と同様に、整然たる条里制が発達し、(11) 奈良時代において、越前国はすでに畿内につぐ極めて重要な経済源であった。(12) 越前における東大寺領の占定は東大寺大仏の建立の進捗と経済基盤の必要性から活発化し、早い例として天平十九年（七四七）にはすでに金光明寺封戸として越前国丹生郡五〇戸が充てられたことが確認できる。(13)また法師平栄が寺家野占寺使として造寺司史生大初位上生江臣東人とともに越前国を訪れ、越前国使医師外従八位下六人部東人および足羽郡司擬主帳槻本老らと足羽郡内の栗川庄地付近に寺家の野地を占定したことが「正倉院文書」により知られる。(14)このように越前国は東大寺領としての役割を担う準備が整いつつあった。(15)

この状況のもとで、桑原庄は前述のように大伴宿祢麻呂が坂井郡堀江郷の地一〇〇町を銭一八〇貫文で東大寺に売進することによって成立し、天平勝宝七歳（七五五）三月九日付の「越前国公験」をもって正式に東大寺領となった。(16)こうして天平勝宝七歳に桑原庄の収支決算報告書として「桑原庄券」は成立した。

「桑原庄券」では、収支が財産と収入・支出・繰越の三つの箇所に記載され、建物は財産の箇所に記され、購入や造営・修理がある場合には、さらに支出の箇所に記載される。

天平勝宝七歳の「桑原庄券」第一には、桑原庄が大伴宿祢麻呂から買得した未開の九町、未開を新しく開いた二三町、未開の六四町を占地したことが記される。そして初期の建物を整備するため、大伴宿祢麻呂の施入した三棟、購入し足羽郡から移築した二棟、新たに造った一棟の合計六棟の建物が整備され、これらの建物を囲む長さ一五〇丈の柵が新たに造られたことが記される。

これら六棟の建物の詳細は以下の通りである。大伴宿祢麻呂が施入した建物は、「草葺東屋一間」「草葺真屋一間」「草葺東屋一間」の合計三棟で、この三棟は、雪で押し潰されており、移築の際に修理が行われた。さらに足羽郡から「草葺板敷東屋一間」「板葺屋一間」の二棟が合計三六〇束で購入され、移築された。これに加えて新たに「板倉」一棟が造られた。これらを合わせた六棟の建物の名前と寸法が「桑原庄券」第一に記述される。また所有する建物についての記述のみならず、修理や新造の際の単功についての記述もなされる。(17)

天平勝宝八歳の「桑原庄券」第二には、新たに板屋二棟を購入し、そのうち一棟は板壁・板敷であったことが記さ

表12　桑原庄の建物寸法一覧

			天平勝宝7歳（755年）「桑原庄券」第一	天平勝宝8歳（756年）「桑原庄券」第二	天平勝宝9歳（757年）「桑原庄券」第三	天平宝字元年（757年）「桑原庄券」第四	寸法変化
A	板　屋	長(尺)	—	36	30	36	変化
		広(尺)	—	28	20	24	変化
B	草葺板敷東屋	長(尺)	33.5	33.5	35	35	変化
		広(尺)	17.6	17.6	17.6	17.6	
C	板　倉	長(尺)	18	18	18	18	
		広(尺)	16	16	16	16	
D	板葺屋	長(尺)	31.5	31.5	30	30	変化
		広(尺)	17	17	17	17	
E	草葺真屋	長(尺)	23	23	23	23	
		広(尺)	16	16	16	16	
F	草葺東屋	長(尺)	27	27	27	27	
		広(尺)	15	15	15	15	
G	草葺東屋	長(尺)	30	30	30	30	
		広(尺)	15	15	15	15	
H	板　屋	長(尺)	—	20	20	20	
		広(尺)	—	13	12	13	変化

れる。この二棟についても「桑原庄券」第一の時と同様に、修理の必要があり、移築の際に修理が行われた。そして所有する舎として、「桑原庄券」第一に記される六棟に新たに購入した二棟を加えた合計八棟の建物の名前と寸法が記される。

天平勝宝九歳の「桑原庄券」第三には、修理・購入・移築などの記述がみられず、所有する建物として「楉垣」を含めて合計「八箇九間」の建物の名前と寸法が記される。

天平宝字元年（七五七）の「桑原庄券」第四には、「板屋一間」「草葺東屋一間」「板屋一間」「□垣」への支出が記載される。これは修理であろう。また所有する建物として合計「倉屋八箇」の建物の名前と寸法が記される。板倉に穎稲二〇〇〇束、板屋に穎稲三八〇〇束、建物名は欠字により不明であるが、穎稲一三四三束九把が収納されたことが記される。

「桑原庄券」に記述される建物の名称は、すべての庄券で一致しておらず、その寸法も一致しないものが存在する。しかし先行研究では、個別の建物を編年的に追って、比定することは行われていない。「桑原庄券」に記される建物を考察するには、まずこの「桑原庄券」に記される建物を編年的に整理し、比定することが不可欠である。その比定にあたっては、まず名称と寸法の一致する建物を比定し、その後、残りの建物について名称や寸法が部分的に一致するものから順に比定していく。

四つの「桑原庄券」に記述される建物は、垣を除いて八棟である。この八棟すべてが記される「桑原庄券」第二をもとに便宜的に建物を以下のようにA～Hと表記する。これは「桑原庄券」において、草葺東屋と板屋が複数棟、存在するためである。

A　板屋一間長三丈六尺 以レ板作レ壁板敷 広二丈八尺

B　草葺板敷東屋一間長三丈三尺五寸 広一丈七尺六寸 前後在レ庇

C　板倉一間長一丈八尺高一丈二尺 広一丈六尺

D　板葺屋一間長三丈一尺五寸 広一丈七尺

E　草葺真屋一間長二丈三尺 広一丈六尺

F　草葺東屋一間長二丈七尺 広一丈五尺

G　草葺東屋一間長三丈 広一丈五尺

H　板屋一間長二丈 広一丈三尺

それぞれの建物を先述の方法で比定した結果とその寸法をまとめたものが表12である。一部、寸法および名称に異同がみられるが、建物名称も一致し、紛れはない。なおHについてみると、「桑原庄券」第二では板屋と記されるが第三では板葺屋と記される。このことから奈良時代の史料である「桑原庄券」においても板屋と板葺屋が同義で用いられたということが確認できる。

三　桑原庄における造営について

1　「桑原庄券」に記される人物

「桑原庄券」には、安都宿祢雄足・生江臣東人・曽祢連乙万呂の三名の署名が存在する。彼らは桑原庄の経営において、どのような役割を果たしたのであろうか。また彼らは造営に関する能力を有していたのであろうか。なお造営に求められる能力には、現場における建物の建設技術の他に、土木技術、材の確保および運搬、労働者（技術者）の見積りおよび確保といった能力があり、これらの点を含めて検討したい。

安都宿祢雄足は生没年不詳であるが、奈良時代に活躍した官人である。彼は天平末年から天平勝宝五年（七五三）五月頃まで造東大寺司舎人、のちに越前国史生となる。天平宝字二年（七五八）正月以降、再び奈良に戻り同年六月に造寺司主典、正八位上となった。のちに法華寺阿弥陀浄土院や石山寺の造営の際には、別当を兼ねるなど、造東大寺司の実務的下級官人として活躍し、同八年正月を最後に記録にみえない[18]。安都宿祢雄足が越前国で活躍した期間は「桑原庄券」の作成された時期と重なっており、彼が桑原庄の経営で重要な役割を担ったと考えられる。のちに彼が法華寺阿弥陀浄土院や石山寺の造営に従事したことから、造営における経営を担う人物として有能であり、東大寺側に信頼されていた可能性が窺える。

安都宿祢雄足については、吉田孝氏によって、交易を通して私財を形成したことが指摘されている。天平宝字六年には石山寺の造営のための食米が不足したため、越前国勢多庄にあった安都宿祢雄足の宅から多額の米を借用した。

さらに安都宿祢雄足はこの食米を対象とした私的経営のみならず、椙榑の価格の地域間格差を利用して、利を得た。天平宝字六年正月十五日に石山の造営のために高嶋山作所の勝屋主から榑二九三材を購入した際に、安都宿祢雄足も榑二〇材を購入し、安都宿祢雄足宅に収納した。[19] その椙榑を木津の泉木屋所に売却することで、利益を得た。この例をあげて、安都宿祢雄足の宅は材木の流通拠点であったと推定している。[20] この指摘のように、安都宿祢雄足は交易によって財を成していた。本章では、その中でも材の交易に絞って、さらなる検討を加える。

安都宿祢雄足は切り出した未製材を購入したのではなく、製材された榑を購入した。椙榑の購入時には、立石山から切り出した桁や柱や叉首といった大材が同時に収納されたが、[21] 安都宿祢雄足はこれらの大材は購入していないのである。なぜ安都宿祢雄足は榑のみを購入したのであろうか。これには材の規格化と流通に関係があろう。

榑については、延暦十年（七九一）六月二十二日付の「太政官符」（『類聚三代格』所収）によって、長さ一丈二尺、幅六寸、厚さ四寸という規格が定められた。

「太政官符」（延暦十年六月二十二日『類聚三代格』所収）

応レ定二榑丈尺一事

右被二右大臣宣一偁。奉レ勅。今聞。大和摂津山城伊賀近江丹波播磨等国。公私交易之榑。多有レ違レ法。徒費二其価一。不レ中二支用一。此則故挟二奸心一。詐二偽公私一。宜仰二所レ出国一。長一丈二尺。広六寸。厚四寸令レ作。若不二改正一猶有二違反一。国郡司等准レ状推科。又売買人加二刑罰一。物実擬二没官一。自今以後。永為二恒例一。

延暦十年六月二十二日

この「太政官符」では、大和・摂津・山城・伊賀・近江・丹波・播磨等の国において、大きさの異なる榑が流通していることが問題となり、材を切り出す国に対して規格に合った製材を求めた。このことは、少なくとも八世紀後半には榑が流通材であったことを示している。

これに対し、令や格には桁や柱や叉首などの大材については規格を定めた記述はみられない。ここから大材は造営する建物ごとに毎回個別に切り出されたため、規格を定める必要がなかった、すなわち大材は榑とは異なり、流通していなかったと考えられる。現に、石山における造営では、寸法を指定している。

こうした背景を鑑みると、安都宿祢雄足は流通しない大材ではなく、流通しており、需要が見込める榑を選択し、購入したのである。この点は安都宿祢雄足が造営に用いられる木材の流通に明るい人物であることを示している。つまり安都宿祢雄足は単なる事務官人であったのではなく、造営の一つの側面である、材の流通・確保という点において有能であったといえる。

では生江臣東人はどのような人物であったのだろうか。生江臣東人は生没年不詳であるが、奈良時代の豪族である。彼は造東大寺司史生を経て、足羽郡大領となった。彼は郡領に任じられる前、墾田一〇〇町をみずから治田とし、東大寺功徳料として寄進・経営にあたったほどの有力豪族であった。北陸庄園開発にあたって、東大寺側が生江臣東人を重用した理由もここにあった(22)。また原秀三郎氏によって、生江臣東人が墾田と用水路の造営の際に、郡司としての公権力を用いず、在地豪族として農民たちを組織し、労働力を編成したことが指摘されている(23)。

この指摘のように、東大寺に功徳料として寄進した足羽郡道守庄の墾田一〇〇町を、生江臣東人が「私功力」をもって開墾したことは、生江臣東人が公権力によらずに労働力を徴発することが可能であったこと、また中央の技術を用いずとも、墾田の開発や用水路の開発が可能な程度の技術力を有していたことを示している。つまり生江臣東人も土木造営に関して労働力（技術者）を徴発・確保することができる人物であったのである(24)。

これに対し、曽祢連乙万呂については、桑原庄の経営に参画したこと以外は不詳で、天平宝字元年十一月十二日から天平宝字二年三月二日の間に曽祢連乙万呂は田使の職を解かれたことがわかっている。[25] 造東大寺司に勤務した安都宿祢雄足や生江臣東人とは異なり、田使である曽祢連乙万呂の主な任務は庄園の田の管理であると考えられる。

安都宿祢雄足は椙榑の地域間格差によって利益をあげており、造営に用いられる木材の流通に明るい人物であった。また生江臣東人は私功力をもって開墾しており、土木造営に関しては、在地の労働力や技術者を統率する力を有していた。このような彼らの能力は、桑原庄の造営において、材木の見積りや在地労働力や技術者の指揮といった面で発揮されたと考えられる。

2　桑原庄の経営

「桑原庄券」には、安都宿祢雄足・生江臣東人・曽祢連乙万呂の三名の名が記されるが、誰が実際に桑原庄を経営したのであろうか。[26] 桑原庄の経営については「桑原庄券」第一の末尾に次のように記されている。

以前。被㆓去四月五日符㆒偁。検㆓進解文㆒。彼此参差。共不㆓連署㆒。仍還却如㆑件。加以曽祢乙麻呂。与㆓生江東人㆒二人。一事以上、共量㆓便宜㆒。毎事施行。独任㆓乙麻呂㆒。勿㆑令㆓専当㆒。以㆓去六年二月七日㆒。五月十四日符下已訖。而何故存意。不㆓承行㆒。事有㆓参差㆒。宜㆑知㆓此状㆒。専雄足率㆓而件二人㆒。彼開墾田数。幷庄所造作倉屋。及所用雑物。子細勘注。即附㆓便使㆒。早速申請者。謹依㆓符旨㆒。勘定申送如㆑件。仍具事状注。以解。

天平勝宝七歳五月三日田使曽祢連弟麻呂
足羽郡大領生江臣東人
勘史生安都宿祢雄足

東大寺側は生江臣東人と曽祢連乙万呂の二人が共同で事にあたることを求めた。さらに「独り乙麻呂に任せて専当せしむことなかれ」という記述からも、桑原庄の経営では曽祢連乙万呂による独断がしばしば行われていたとみられる。そのため桑原庄の経営では、東大寺側は安都宿祢雄足が他の二人を率いて収支報告をすることを求めた。

　この東大寺側の措置は曽祢連乙万呂の独断を防ぐために、越前国衙の官人である史生安都宿祢雄足と在地の有力豪族である足羽郡大領の生江臣東人を立ち合わせることによって、国衙との紛争を避け、在地と協調して桑原庄を経営しようという意図によるものであろう。(27) 実際に次の「桑原庄券」第四の末尾の記述から、その独断の様子がわかる。

以前。被二寺家去九月十五日口宣一偁。彼所公文者。国史生安都宿祢雄足。与二足羽郡大領生江臣東人等一共勘定署名進上仰既畢。何故去八九歳公文。田使曽祢連乙万呂一人耳署名進上。此不レ理。仍還却如レ件。宜レ承二知状一。与二上件人等一勘定署名。早速進上者。謹依二宣旨一。当年地子幷田並雑物勘定。去七八九三箇年公文。副二附寺家舎人粟田人麻呂一。謹申送以解。

「国史生安都宿祢雄足と足羽郡生江臣東人等、共に勘定し署名、進上せよと仰せ既に畢んぬ。何故、去八九歳の公文、田使曽祢連乙万呂一人のみ署名、進上するや、此れ理まらず。仍りて還却すること件の如し」このように、「桑原庄券」第二・三には、安都宿祢雄足や生江臣東人の署名がなく、曽祢連乙万呂のみの署名であったため、これらの文書は東大寺側には受理されなかった。つまりこの記述は東大寺側が安都宿祢雄足や生江臣東人を高く評価し、信頼していたことを示しているのである。

　これには「桑原庄券」が収支決算報告書であるという史料の性格が関係していると考えられる。「桑原庄券」第一の末尾に「開墾田数。幷庄所造作倉屋。及所用雑物。子細勘注」とあるように、「桑原庄券」には墾田だけではなく、建物、所有する農具などの雑物に関する収支決算を記すことが求められた。

　墾田に関しては、田使という役職にある曽祢連乙万呂が責を負っていたが、建物に関しては、前述のように東大寺側が安都宿祢雄足を造営に関する経営を担う人物として有能であると信頼していたことからも、安都宿祢雄足に期待していた部分が大きいのである。また所有する農具などの雑物に関しては、農具が土木造営に用いられたとされることからも、[28]土木造営に関係の深い生江臣東人の管理が窺われる。

そして実際に「桑原庄券」第一・四については、曽祢連乙万呂のほかに、安都宿祢雄足および生江臣東人の署名があることから収支報告書として東大寺側に信頼された。[29]このように桑原庄においては安都宿祢雄足と生江臣東人の二人が桑原庄の経営において重要な役割を担っており、彼らの署名が求められたのである。

四　造営に関する労働力と費用

1　造営項目の記述方法

「桑原庄券」には造作や修理を行った数量とその単功が造営項目に記述される。その記述方法について検討する。なお「桑原庄券」第三には、造営に関する記述は存在しない。

「桑原庄券」第一には、「合」造作幷修理舎」八箇」と記されており、その項目は「板倉一間」「草葺東屋一間」「板葺屋一間」「更作著庇二間」「修理東屋一間」「真屋一間」「東屋一間」「柵一条」の八つである。ここでは庇の造営が身舎と別の項目として数えられている。そして庇については「更作著庇二間」と記されており、付けた庇は二つであるが、項目は一つと数えた。つまりこの項目一つとは、庇の数を数えていないのである。このことから複数の庇が一つの建物に付く場合、庇の数ではなく、他の造営・修理項目と同じように庇を付ける建物の数が数えられたとみられる。

「桑原庄券」第二には、「合二運立屋幷修理垣一三箇」と記され、項目は、板屋二間と垣の二つであるが、建物の数は板屋二棟と垣一条の三つである。このように「板屋二間」と「垣一条」をあわせて三つと数えていることから、「桑原庄券」では造営の項目を数える際、建物の数が数えられたといえる。

「桑原庄券」第四には「理官□幷垣四箇」と記され、この「四箇」は「板屋一間」「草葺東屋一間」「板屋一間」「垣一条」である。ここでも建物の数が数えられたといえる。

このように「桑原庄券」の造営の項目では、建物の数が数えられ、庇の付加については身舎の造営とは別に数えられ、同一建物に庇が複数付く場合においても、項目は一つとして、すなわち庇の数ではなく、庇を付ける建物の数が数えられたのである。

2 単功と建物の購入価格

「桑原庄券」には造営の労働力と購入価格に関する記述がある。まず、わずか六棟のみであるが、「桑原庄券」に記される単功をもとに建物の造営に必要な労働力について検討しよう。

所有の箇所と同様に修理についても記述方法は統一されておらず、それぞれ比定し、建物の規模と単功の関係を比較する。ただし「桑原庄券」第二〜四については、考察するための数値が不足するため、各棟の単功が明らかな「桑原庄券」第一について建物の平面規模と単功についての関係を考察する。(30)

「桑原庄券」第一によると、造営と修理のために単功九七四人が用いられた。その内訳は板倉（C）の新造三五〇人、草葺東屋（B）の移築二〇〇人、板葺屋（D）の移築一六〇人、庇二間を付けるための六〇人、東屋（G）の修理一〇〇人、真屋（E）の修理四〇人、東屋（F）の修理五〇人、垣の造営一四人である。(31)

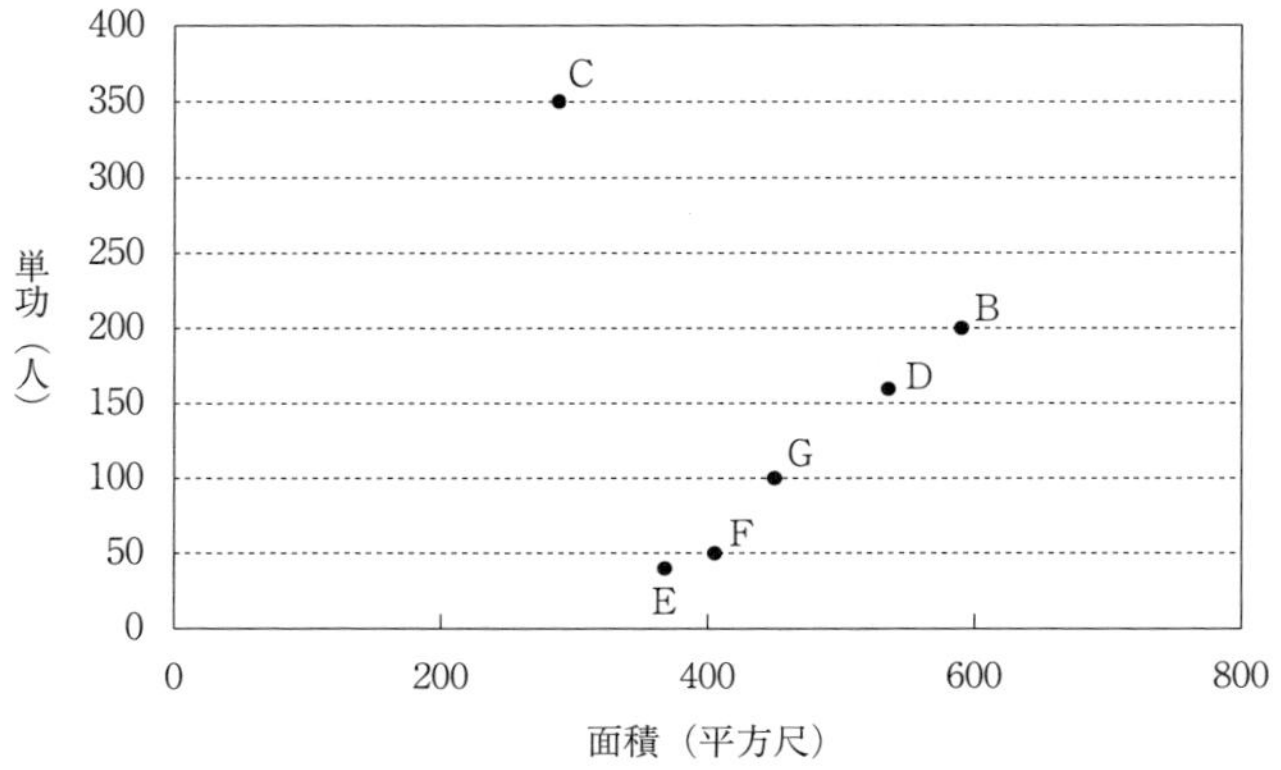

図４　建物規模と単功（筆者作成）

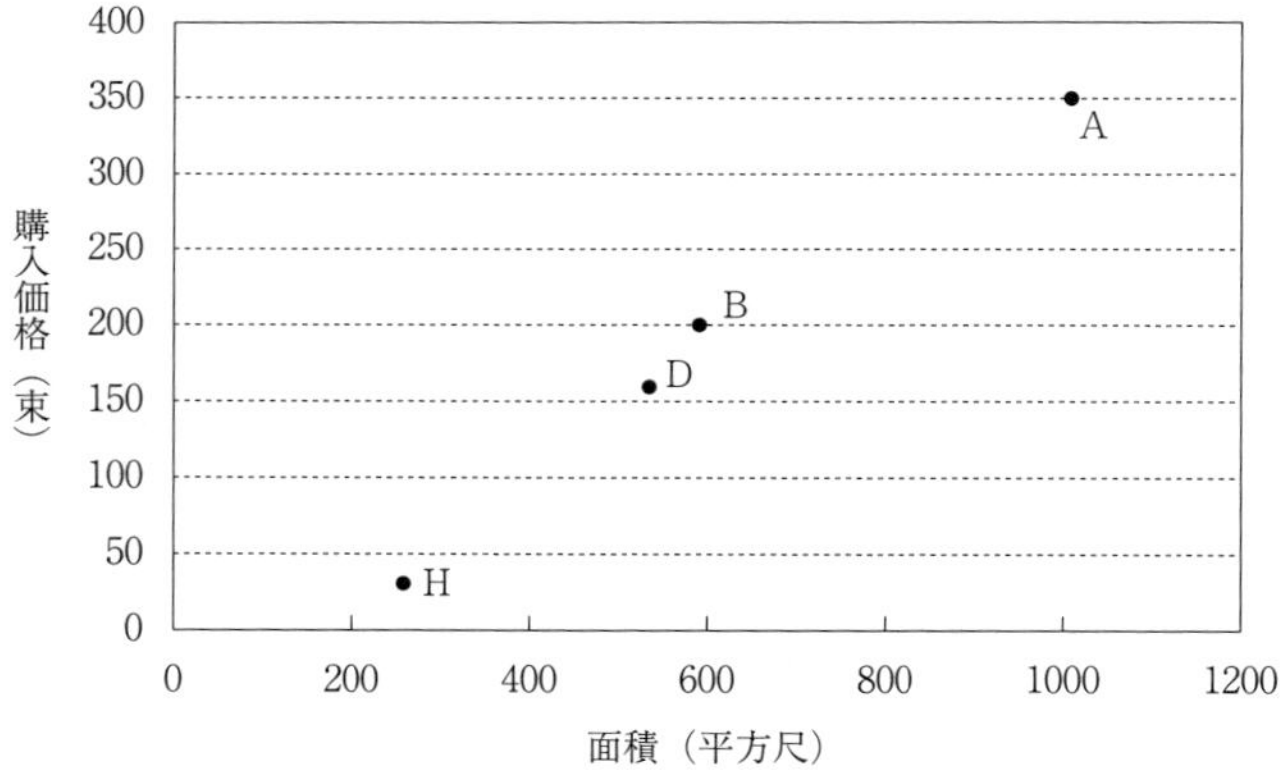

図５　建物規模と購入価格（筆者作成）

この中で注目すべきは、建物に庇を付ける作業が独立して数えられる点である。このことは身舎と庇の作業を分担することができた可能性を示している。少なくとも労働力を計算する観点では、庇をつける作業は身舎部分の作業とは分離して勘定したのである。また単功の人数から判断すると、柵の新造は建物の造作よりも容易であったと推察される。

これらをまとめたものが図4である。板倉の単功が突出しているが、板倉以外の建物については平面規模が増えるほど、単功が比例して増えるという関係が窺える。言い換えれば平面規模が修理の労働力に直接的に影響する傾向がある。そして葺材や板敷・板壁といった要素は単功に直結しておらず、このような要素は、修理や移築の労働力には大きな影響を与えなかったのである。(32) また板倉の新造には、通常の建物の修理以上に手間がかかったと判断できる。なお「桑原庄券」に記される建物の中で唯一、新造した板倉のみに技術者である様工が用いられたが、様工はあらかじめ定められた条件で作業を請負う技術者であるため、単功には影響しない。(33)

次に建物の購入価格について、四例と事例は少ないが検討したい。

購入した建物はA・B・D・Hの四棟で、その価格はそれぞれ順に三五〇束・二〇〇束・一六〇束・三〇束であった。その建物の平面規模と価格を比較したものが次の図5である。(34) わずか四棟であるため一般化をすることはできないが、桑原庄において建物の購入価格には建物の平面規模と関係がみられる。具体的には建物の平面規模が増加するにつれて、購入価格が上昇する。

これに対して、草葺・板敷・庇付のBと板葺で無庇のDを比べると、明確な価格差はみられない。言い換えると葺材や屋根・床・壁の形状、庇の有無による大きな価格差はみられないのである。このことから板敷・板壁・葺材・屋根の形状といった要素は価格には大きく影響せず、平面規模が建物の価格に直結したと考えられる。(35) このように、

「桑原庄券」に記される建物の購入価格に対し、壁や床や屋根の形状、葺材といった要素は大きな影響を与えず、建物の規模が増加すると購入価格が上昇するという関係があるのである。

五　草葺板敷東屋

1　草葺板敷東屋の問題点

「桑原庄券」には、八棟の建物が記され、その中の一棟は庇付の建物である。古代において庇付の建物は中心施設であり、地方ではその傾向は顕著である。そこで、桑原庄の庇付建物で、中心施設とみられる草葺板敷東屋について検討したい。この草葺板敷東屋は「桑原庄券」第一によると、足羽郡から移築したものである。

草葺板敷東屋に関する記述は、四つの「桑原庄券」すべてに存在する。しかし四つの「桑原庄券」のすべてで草葺板敷東屋に関する記述が一致しているわけではない。この草葺板敷東屋に関する部分を抽出し、比較したものが次の記述である。

天平勝宝七歳「桑原庄券」第一

草葺板敷東屋一間長三丈三尺五寸 広一丈七尺六寸　……a

更作著庇二間各長二丈三尺五寸 広一丈二尺　……b

天平勝宝八歳「桑原庄券」第二

草葺板敷東屋一間長三丈三尺五寸 広一丈七尺六寸 前後在レ庇

天平勝宝九歳「桑原庄券」第三

草葺板敷東屋一間長三丈五尺広一丈七尺六寸在二前後庇一

天平宝字元年「桑原庄券」第四

草葺板敷東屋一間長三丈五尺広一丈七尺六寸在二前後庇一

これらのうち、「桑原庄券」第一が草葺板敷東屋について最も詳しく記述する。以下、「草葺板敷東屋一間長三丈三尺五寸広一丈七尺六寸」をa、「更作著庇二間各長二丈三尺五寸広一丈二尺」をbとする。[36]「桑原庄券」第一は購入時の文書で、その際に移築・修理を行ったため、建物の庇についても、その詳細が記述されたのであろう。[37]

この「桑原庄券」第一を中心に、これらの記述をもとに建物の形状を考察するにあたって、以下、「桑原庄券」第一・二と第三・四に記される建物規模の差異、草葺板敷東屋の復元、建物規模の表記方法の三点について検討しよう。

2　建物規模の差異と桑原庄券の作成方法

「桑原庄券」第一・二では、草葺板敷東屋の桁行は三丈三尺五寸と記されるが、「桑原庄券」第三・四では三丈五尺と記される。この第二と第三の間の建物規模の差異の原因を明らかとしたい。

「桑原庄券」は収支決算報告書であるため、費用の掛かる修理の際には修理の箇所に建物名が記される。しかし「桑原庄券」第三に修理の箇所はないため、第二と第三の間に修理は行われておらず、「桑原庄券」第二と第三の間に修理を行って、寸法を変更したとは考えられない。

「桑原庄券」第四の修理の箇所には寸法が「長三丈□尺五寸」と記され、これは三丈三尺五寸を示している可能性が高い。実際に建っている建物の寸法が修理なしに一尺五寸も変わることや一尺五寸もの実測誤差は考えにくく、

「桑原庄券」第三に記される「三丈五尺」の寸法の記述が誤っていると考えられる。つまり実際の寸法は三丈三尺五寸の可能性が高いのである。

この三丈三尺五寸と三丈五尺の誤記をもとに、文書の作成過程について検討しよう。「桑原庄券」の文書作成時に毎回実測をしたとすると、一尺五寸の実測誤差は考えにくい。むしろこの低い精度で実測したと仮定すると、「桑原庄券」第一と第二で三丈三尺五寸、第三と第四で三丈五尺と一寸の狂いもなく記述される点と矛盾するため、実測の可能性はほぼないと判断できる。よって「桑原庄券」を作成する際には、逐一、実測して寸法を得るのではなく、以前の「桑原庄券」の寸法を写したと考えられるのである。

このように草葺板敷東屋の桁行は、「桑原庄券」の第一・二に記されるように三丈三尺五寸であり、「桑原庄券」第三の文書作成時、文書作成者（曽祢連乙万呂）が三丈三尺五寸を三丈五尺と写し誤った。そして収支決算報告書である「桑原庄券」に記述する際には、建物を実測して寸法が記入されたのではなく、それ以前の「桑原庄券」を参照して文書が作成されたと判断できる。

3　草葺板敷東屋の復元

草葺板敷東屋の平面を復元するにあたって、まず「桑原庄券」における建物規模の記載方法について検討しよう。草葺板敷東屋の形状については、「桑原庄券」第一の記述が詳しい。まずbの庇が二面に付くと庇の梁行方向の長さは二丈四尺となり、aの部分の梁行一丈七尺六寸よりも大きくなる。そのためbの庇の寸法はaには含まれない。つまり「桑原庄券」において建物規模は身舎の寸法で表したのである。「桑原庄券」第二から第四についても、梁行は一丈七尺六寸で異同はなく、記載方法は同じである。

よって草葺板敷東屋は、身舎（梁行一丈七尺六寸、桁行三丈三尺五寸）の前後に庇（各梁行一丈二尺）が付いた形に復元できる。またbの部分に「更作㆔著庇㆒二間」、すなわち「更めて、庇を作り着けること二間」とあることから(38)、移築以前の建物に付いていた庇を撤去して、新たに身舎の前後に庇を付け加えたことがわかる。なお移築以前の建物については、勾配の急な草葺建物に庇が付いていたことから(39)、かなり高さのある建物であったと考えられる。

次に身舎の桁行が三丈三尺五寸と記されるのに対して、二面庇の桁行方向の長さが二丈三尺五寸と記される点について検討しよう。

山中敏史氏の古代官衙に関する研究を通して、庇付建物の割合が示されている。発掘された国衙一〇三六棟、郡衙一〇五八棟の発掘遺構の分析によると、その庇付建物の割合は国衙で二八・六％、郡衙で二六％となり、二面庇の建物は、国衙で二・八％、郡衙で一・二％である(40)。

郡衙や国衙の二面庇建物の発掘遺構と「桑原庄券」に記された草葺板敷東屋の比較を試みたいが、「桑原庄券」には国の史生である安都宿祢雄足の名が記されるものの、桑原庄は国レベルの規模ではなく、最大でも坂井郡程度である。これより、桑原庄の草葺板敷東屋は、郡衙の中心施設である正殿相当の建物と考えられる。現に草葺板敷東屋は足羽郡から購入しており、もともと郡衙の建物であった可能性もある。よってこの草葺板敷東屋を現在までに発掘されている郡庁正殿の庇付建物と比較することには一定の妥当性があろう。これらの発掘遺構では多くの遺構で身舎と庇の桁行は一致しており(41)、草葺板敷東屋の庇も桁方向の寸法は、身舎の桁行と同じと考えられる。

これを踏まえて、再度「桑原庄券」に立ち戻ると、「桑原庄券」に記されるように、実際に庇と身舎で桁方向の長さが異なったとすると、「桑原庄券」第二以降の文書にこの特殊な形状について注記がなされてしかるべきである。しかし単に「前後在庇」や「在前後庇」と書かれるのみであることから、草葺板敷東屋の庇が特殊な形状をしていたとは考えにくい。むしろ、郡庁正殿の二面庇で桁方向の長さが身舎の桁行と一致することからも、庇の桁行方向の寸法は「二」丈三尺五寸ではなく、「三」丈三尺五寸であったと考えられる。(42)

六　ま　と　め

以上、「桑原庄券」の建築に関する記述を通して、古代の地方建築である桑原庄の建物について検討し、以下の五点が判明および推定された。

(一)「桑原庄券」では四通の文書で建物の名称や記述順が統一されていないが、寸法を比較することでそれぞれの建物を比定し、編年的に整理した。その結果が表12である。

(二)安都宿祢雄足は榀榑の地域間価格格差を利用して利益を得ており、生江臣東人は私功力をもって開墾や用水路の開発を行った。この二人は事務官人であったが、造営に深く関与しており、材木や労働力の見積り、在地技術者の統率といった能力を備えていた。実際に桑原庄では毎年のように建物の修理が行われ、修理項目を「桑原庄券」に記述する必要があり、東大寺側は曽祢連乙万呂の独断を禁じ、安都宿祢雄足と生江臣東人の協力と署名を求めた。

(三)「桑原庄券」において造営の項目では建物の数が数えられ、さらに庇は身舎と別項目で数えられた。ただし庇が同一の建物に複数付く場合においても、建物の数を数えるため、一つと数えた。また身舎と庇の労働力が別項目で数えられており、作業を分担した可能性が考えられた。少なくとも単功を数える観点では、庇の付加の労働力は、身舎と分離して数えられた。

(四)「桑原庄券」において、造営の単功は板倉新造を除いて、建物の平面規模が大きくなるにつれて単功が増えるという関係がみられた。また価格については、屋根の形状、葺材・板壁・板敷といった要素ではなく、建物の平面規模が増加すると価格が上昇するという関係がみられた（図4・5）。

(五)草葺板敷東屋の平面を復元し、移築時に、旧状の庇を撤去して、身舎（梁行一丈七尺六寸、桁行三丈三尺五寸）、その身舎の前後に庇（各梁行一丈二尺）を付けた形であったことが判明した。また「桑原庄券」において建物規模に庇の寸法を含めず、身舎の寸法を示したことが明らかとなった。

このように、奈良時代の「桑原庄券」という文献史料を解読することによって、古代建築を解明する余地が大いに残されていることや地方建築の検討の可能性を再認識した。これらの点については今後とも継続して検討していくべき課題である。

註

（1）大岡實『南都七大寺の研究』中央公論美術出版、一九六六年。
（2）大伴宿祢麻呂についての詳細は不明であるが、岸俊男氏は「おそらく天平勝宝六年正月七日孝謙天皇が東院に御し、五位已上を饗宴した時、「勅」により正五位下多治比真人家主とともに御前に召され、とくに四位の当色を賜い、四位に列せられ、従四位下を授けられた大伴宿祢麻呂その人であろう」としている（岸俊男「越前国東大寺領荘園の経営」『史林』三五―二〈『日本古代政治史研究』塙書房、一九六六年所収〉）。
（3）『国史大辞典』桑原荘（くわばらのしょう）の項。
（4）『大日本古文書』編年四ノ五二。
（5）『大日本古文書』編年四ノ一一一。
（6）『大日本古文書』編年四ノ二一九。
（7）『大日本古文書』家分け十八―二ノ一四九。

使者のこと。

（8）『日本国語大辞典』田司（でんし）の項によると、令制で、畿内の宮内省直営田（官田）の営農のため派遣される臨時の使者のこと。

（9）竹内理三『奈良時代に於ける寺院経済の研究』大岡山書店、一九三二年、同『日本上代寺院経済史の研究』大岡山書店、一九三四年、藤間生大『日本荘園史』近藤書店、一九四七年、舟越康寿「初期荘園の労働力について」『横浜大学論叢』一―一～三合併号、一九四九年、岸俊男「越前国東大寺領荘園の経営」（註(2)前掲論文）、同「越前国東大寺庄園をめぐる政治的動向」『古代学』一―四、一九五二年（註(2)前掲書所収）、同「東大寺領庄園の復原と口分田耕営の実態」『南都仏教』一、一九五四年（『日本古代籍帳の研究』塙書房、一九七三年所収）、東晶「東大寺領越前国庄園について―特に天平宝字五年の闘争を中心として―」『歴史学研究』一六二、一九五三年、原秀三郎「八世紀における開発について」『日本史研究』六一、一九六二年、亀田隆之「古代水利問題の一考察」『律令国家の基礎構造』大阪歴史学会、一九六〇年（『日本古代用水史の研究』吉川弘文館、一九七三年所収）、吉田孝「律令時代の交易」『日本経済史大系』一、東京大学出版会、一九七一年（『律令国家と古代の社会』岩波書店、一九八三年所収）、櫛木謙周「初期荘園の成立と経営」『福井県史』通史編一、福井県、一九九三年。なお櫛木謙周氏は建物および雑物の編年的な整理を行っているが、個別の建物の比定や平面の変遷については指摘していない。

（10）亀田隆之「天平宝字元年の「越前国使解」について」『南都仏教』一二、一九六二年（『日本古代制度史論』吉川弘文館、一九八〇年所収）、奥田尚「越前国桑原庄券をめぐる二、三の問題」『日本歴史』二九五、一九七二年。

（11）竹内理三「条里制の起源」『日本歴史』二三、一九五〇年（『律令制と貴族政権』第一部、御茶の水書房、一九五七年所収）。

（12）註(2)前掲書、三二二頁。

（13）『東大寺要録』雑事章第十之二（筒井英俊校訂『東大寺要録』三二二頁、国書刊行会、一九三四年）。

（14）『国史大辞典』足羽郡（あすわぐん）の項によると、足羽郡の名は天平二年（七三〇）の「越前国正税帳」に初めてみえる。「正倉院文書」に道守荘関係者として足羽郡大領生江臣東人や同少領阿須波束麻呂などがみえ、足羽山古墳群はこれらの豪族関係のものであろうとしている。

また足羽郡は東大寺の大工である益田縄手の出身地であり、東大寺と深いつながりのある地域である。

(15)「越前国足羽郡司解」『大日本古文書』編年五ノ五四三。

(16)『大日本古文書』編年四ノ四九。

(17)『国史大辞典』単功（たんこう）の項によると、一人一日の労働のこと。諸種の造営工事・物品製作などに要する延べ人数を単功何人と記す。令制では雇役民などの労働を、季節による労働時間の違いから、長功・中功・短功のそれぞれについてあげる場合と、区別せずに単功としてあげる場合とがある。

(18)『国史大辞典』安都雄足（あとのおたり）の項。

(19)「高島山作所解」（『大日本古文書』編年五ノ七二）。なお「雑材并檜皮和炭等納帳」（『大日本古文書』編年五ノ三九）では、勝屋主から購入した榑材は二九六材と記される。

(20)註(9)前掲論文。

(21)「雑材并檜皮和炭等納帳」『大日本古文書』編年五ノ三九。

(22)『国史大辞典』生江東人（いくえのあずまひと）の項。

(23)註(9)前掲論文。

(24)古代の建築造営には、地業・版築、掘立柱の柱穴掘削などの工程があり、これらは土木造営と関連する技術であると考えられる。竹内理三氏は、桑原庄における農具の設備を用水路設定のための用具（土木造営のための道具）であろうと推定している（竹内理三「荘園不輸性の根源」『律令制と貴族政権』註(11)前掲書）。

(25)『日本古代人名辞典』四、九九〇頁、吉川弘文館、一九六三年、曾祢連乙麻呂の項。

(26)竹内理三氏は、桑原庄の経営における奴隷的労働力について述べている（註(24)前掲論文）。

(27)この点については、鬼頭清明氏も同様の見解を示している（鬼頭清明「安都雄足の活躍」『日本古代都市論序説』法政大学出版局、一九七七年）。

(28)註(24)参照。

(29)「桑原庄券」第二・三は、東大寺側に信頼されず、受理されなかった。これは収支決算報告書としての記載内容に問題があったためではなく、「桑原庄券」第四に記されるように、安都宿祢雄足と生江臣東人の署名がないためである。よって「桑原庄券」第二・三の収支決算報告書としての記載内容について、史料として信頼性を欠くということにはならない。

(30)「桑原庄券」第二は各棟の単功については不明であり、「桑原庄券」第三には修理の記述がない。「桑原庄券」第四については記載内容が修理であり、「桑原庄券」第一に記される単功と比べて非常に少ない。
なお「桑原庄券」第一のBについては、庇ではなく身舎の移築を考察する。これは後述のように身舎と庇の作業は分担できた可能性があるためである。

(31) この造営項目に記される建物の名称が所有の項目と異なるため、それぞれ比定を行う。まず板倉・庇の付加はそれぞれ名称が一つなので判明する。また所有の項目で足羽郡から購入したBの草葺板敷東屋とDの板葺屋の二棟は移築であり、修理ではないため、それぞれの単功がBの草葺東屋の移築二〇〇人、Dの板葺屋の移築一六〇人であると判明する。
残りの三棟については、所有の箇所でGの草葺東屋、Eの草葺真屋、Fの草葺東屋の順で記述される。これに対し修理の項目では、東屋の修理一〇〇人、真屋の修理四〇人、東屋の修理五〇人と所有の箇所と同じ順番で記述される。よってGの東屋の修理一〇〇人、Eの真屋の修理四〇人、Fの東屋の修理五〇人と判断し、論を進める。

(32) ただし、葺材や板敷という要素による単功の差がないからといって、技術的に差がないということではない。

(33) この様工は、予算の作成や見積りを行い、そして材の採取から完成までのすべての作業を行ったと推察される。詳細については第Ⅰ部第二章参照。

(34) 各「桑原庄券」に記される寸法が異なるため、平面規模は購入年次の寸法を用いて算出した。

(35) 建物の平面規模に直結する軸部の大材は、それぞれ建物の平面規模に応じて作材する必要があり、この軸部の大材の量が建物の価格に影響を及ぼした一因と考えられる。

(36) 奈良文化財研究所所蔵の写真版（一九七二年二月四日撮影『大東急記念文庫所蔵文書』一、奈良文化財研究所所収）によると、『大日本古文書』の翻刻どおり「著」と記されている。内容から校訂すると、「着」であろう。

(37)「桑原庄券」第一には安都宿祢雄足と生江臣東人の署名があり、東大寺側の信頼を得ていた。

(38)「更」を「さらに」と解釈し、孫庇をさらに付加した可能性も考えられる。しかし「桑原庄券」第二以降の文書に孫庇という特殊な形状について全く記述がなされていないことから、これらの可能性は考えにくい。よって「更」は「あらためて」と解釈するのが適切であろう。

(39) 庇部分は勾配の緩やかな板葺であった可能性もある。

(40) 研究代表山中敏史『古代官衙の造営技術に関する考古学的研究』五九頁および二三四頁、奈良文化財研究所、二〇〇七年（平成十五～十八年度科学研究費補助金〈基盤研究（B）〉研究成果報告書、課題番号一五三二〇一一四）。

(41) 国庁正殿については四面庇建物がほとんどであるため、二面庇である草葺板敷東屋と比較する対象として相応しいとは言い難い。

郡庁と比定され、正殿が発掘された遺跡をみると、一面庇・二面庇の正殿は一〇例確認できる。具体的には神野向遺跡Ⅰ期（SB一〇二〇）・Ⅱ期（SB一〇三〇）・Ⅲ期（SB一〇四五）、上神主茂原遺跡Ⅰ期（SB九〇）、嶋戸東遺跡後期（SB一）、弥勒寺東遺跡Ⅱ期（正殿Ⅱ）・Ⅲ期（正殿Ⅲ）、万代寺遺跡（一三区・五九区）、御殿前遺跡Ⅴ期（SB〇一五D）、下本谷遺跡Ⅲ期（SB七五〇九）である。この一〇例では庇はすべて平側に付く。また神野向遺跡や御殿前遺跡の正殿は庇の端部が不明であるが、他の四遺跡については庇の桁方向の寸法は身舎の桁行と一致する。

(42) 註(36)にあげた奈良文化財研究所所蔵の写真版によると、この部分では、「二」の上部が欠損しており、「三」と記されていた可能性も十分に考えられる。

付章　道具の保有と技術

一　はじめに

奈良時代の造営を取り巻く状況、たとえば、杣（山作所）による材の切り出し、現場（足庭作）における木工による作材や壁塗り、檜皮葺といった作業の実態については、福山敏男氏の研究により明らかとされている。[1]またこれらの各作業に従事した技術者の造営体制については、渡邊保忠氏や太田博太郎氏の研究に詳しく、[2]筆者も第Ⅰ部で述べてきたように、検討を重ねてきた。これらの点が造営に大きく関わることはいうまでもないが、造営に必要な道具も保有しなければ、実際の作業は進行しない。そこで、この道具について保有という観点から技術の保有、あるいは管理・偏在について、文献史料・考古資料の両面から検討したい。

建物には、木材、瓦磚類、釘などの金物、彩色・塗装材料など、[3]数多くの材料が使用されており、これらの製作あるいは施工のための道具に範囲を広げるとその数は膨大である。特に出土遺物の多い瓦や金物については考古学の蓄積が多く、これらの研究を通じて、製作の技法や道具の解明、さらには生産組織の検討がなされており、[4]技術者による道具の保有への言及もみられる。[5]こうした道具と技術者の関係性は技術の保有・管理・偏在という点から重要である。しかし、これら瓦や金物の製作場所は瓦窯や工房などで、建物の造営現場と離れていることも多い。また武蔵国分寺に代表されるように各郡から瓦が寄進された例もあり、造営現場と製作場所が一対一対応とならない事例もある。

これに対し、木材を加工する大工道具は、後述のように基本的には造営現場で使用されている。また掘立柱建物の柱掘方や礎石据付穴、地業といった土木作業に用いる道具も、もちろん、造営現場で使用された。そこで、それぞれの道具について、どのような保管形態で存在し、造営現場で用いられたかという視点をもって、これらと技術の保有の関係を紐解きたい。またこうした道具は、儀式との関わりも重要で、「実際に使用されたか」という点を考古資料から検討する。

二　木材加工の道具（大工道具）

木造建築の造営に大工道具は不可欠であるが、その構成や所有は、どうであろうか。(6) 渡邉晶氏によると、大工道具は現存遺構の加工痕跡や出土遺物などからみて、八世紀には斧・鋸・鑿・鉋（槍鉋）という基本編成が確立しているという。(7) この構成は、一部の道具は形を変えるが、前近代を通じて継承され、現在も用いられている。

大工道具の使用を示す状況は、すでに多くの指摘があるように絵画資料

図6　「松崎天神縁起絵巻」に描かれた造営現場

（『古代の官衙遺跡』Ⅰ遺構編，95頁，奈良文化財研究所，2003年）

に描かれており、中世には木材が造営現場で加工され、ここで大工道具が使用されていたことが知られる。たとえば、「松崎天神縁起絵巻」（一三一一年成立）や「春日権現験記」（一三〇九年成立）には、足場の組み上げられた造営現場の脇で木材加工をする様子が描かれており、手斧・鑿・槍鉋・鋸などが確認できる（図6）。こうした造営現場における木材加工は、古代においても同様である。実際に鞠智城では貯木場から未成品の肘木とみられる部材が出土しており、加工場が造営現場の近くであったことが明らかになっている。(8)

このように造営現場における木材加工は示されているが、そこでの大工道具の保有や製作といった点の検討はなされていない。もちろん文献史料の記述、大工道具の出土遺物がともに少ないことがその一因であるが、検討材料は存在する。そこで、それぞれの道具について、どのような保管形態で存在し、造営現場で用いられたかという視点をもって、文献史料・発掘資料を検討したい。

1　文献史料

文献史料については、律令・六国史・『東大寺要録』に数例の大工道具に関する記述が確認できるが、その使用状況や保有を考察するには記述内容が乏しい。現場における大工道具の実態を示す文献史料としては、やはり「正倉院文書」が有用である。よって購入（流通）・管理（保有）・製作・修理・借用の観点からこれを主に検討したい。なお鉋に関しては、奈良時代には鉇や可奈（ともに「東大寺献物帳」『大日本古文書』編年四ノ一二一ほか）と呼ばれたとされるが、その詳細は不明である。(9) ここでは、史料上の記載を除き、現代の呼称である鉋と表記する。こうした状況を踏まえ、文献史料に関しては、鉋以外の斧・鑿・鋸を対象に道具ごとに述べよう。

斧の購入

まず斧に関しては、縦斧と横斧があり、「正倉院文書」に「横斧」という記述が確認できる。(10)横斧は加工用、縦斧は伐採用として用いられたことが知られるが、こうした縦斧・横斧を区別した記述はほとんどなされず、多くは斧や手斧という記述である。

これら斧・手斧の購入・保有に関しては、東大寺の初期庄園である越前国桑原庄における収支決算報告書「桑原庄券」(11)にみられ、鍬・鋤とともに手斧の購入の記述が確認できる。桑原庄の建物や田畑の整備が進む中で、造営のために、これらの道具が必要であった様子が窺える。同時に、手斧が購入可能、すなわち流通した道具であったことを示している。

斧の購入に関する記述は、天平宝字六年（七六二）十二月二十一日付の「二部般若銭用帳」（『大日本古文書』編年五ノ三一五）にも確認できる。この史料には、十一日に二〇文で横斧を購入した記述があり、やはり斧・手斧はある程度、流通する道具であった。

斧の製作

次に製作の面からみると、天平宝字六年閏十二月二十九日付の「造石山院所解」より、現場における道具の製作が確認できる。

「造石山院所解」（『大日本古文書』編年五ノ三三五）

（前略）

鉄工一百二十一人司工

作上雑釘二千六百四十二隻

（中略）

作上鉄物二百六物

工五十七人　　　　工三人三日

鎹九口

鉾一口　　手斧四口　　已上工二人

鎌二僧隻　　都岐佐備二隻　　已上工一人（後略）

司工である鉄工が石山の造営現場において、釘・鎹や大工道具・鍬などの鉄製品の製作に従事し、斧九挺、手斧四挺を製作したことが記されている。同様の造営現場における製作は天平宝字六年正月付の「田上山作所解」（『大日本古文書』編年十五ノ三四四）にも確認でき、「斧五口」「鋤二口」「釘八十九隻」などが製造された。石山寺の造営現場が特殊である可能性もあるが、道具を製作する技術者が造営現場におり、そこで大工道具を製作していたのである。こうした造営現場において製作された大工道具は斧・手斧のみであり、鑿・鋸・鉋の製作は確認できない。(12)

このほか、天平宝字六年「造石山寺所鉄用帳」（『大日本古文書』編年五ノ六〇）にも鉄製品が書き上げられており、正月十六日に斧や手斧の作製の記述が確認できる。また同年の「造石山寺所鉄充幷作上帳」（『大日本古文書』編年十五ノ二九二）は、年間の鉄製品の製造に関する書き上げであるが、ここに記される正月十六日の斧四挺、手斧四挺の製作に対し、正月二十四日に上寺鉄工の沸真時に和炭三斛七斗が支払われたことが、「造石山寺所雑物用帳」（『大日本古文書』編年十五ノ二九〇）に確認できる。ここでいう沸真時は和久真時のことで、後述のように同年の五月から八月にかけて造石山院所に出向したが、この史料に記された正月には上寺（造東大寺司）に所属していた。すなわち、石山で必要な道具の製作を上級官司である造東大寺司で行ったのである。これは後述するように、頻度の低い作業のための技術者を各現場に常駐させたのではなく、集中的に拠点に配していたことを示している。

斧の修理

斧については、製作のみではなく、修理に関する記述も散見する。まず次の天平宝字六年正月十二日付の「造石山院所符案」をみよう。

「造石山院所符案」(『大日本古文書』編年十五ノ一六三)

符　山作領三嶋豊羽玉作子綿等
充遣木印一柄　塩一斗　修理斧二口　滑海藻四斤八両　醬滓一斗
　右、附㆓廻仕丁広浜㆒、充遣如㆑件。
一仰遣長押七八寸　桁二丈　歩板五枚　一丈九尺板十枚　佐須料材、依
員今明日進上、但増成者、依㆓此符㆒耳。又器者、折十合蓋合麻二笥合、作了
者。宜㆓工早速進上㆒、今具状、以符。
　　　　　　　　主典安都宿祢　　案主下
　　　　　　　　　　六年三月十二日

木印とともに修理した斧二挺が、仕丁広浜によって造石山院所から山作所へ送られた。この斧が、元来、山作所のものではなかった可能性も否定できないが、この場合は「修理」とあえて記す必要性は薄いため、山作所の道具であり、それが造石山院所に送られ、修理されたと推察される。後述の天平宝字六年三月四日「造石山寺所符案」(『大日本古文書』編年十五ノ一五八)の状況と合わせて、修理する技術者の造石山院所の滞在が窺える。

実際、斧や釘などの金物を作る鉄工としては、物部根麻呂が正月から四月、和久真時が五月から八月に造石山院所に勤めたことが確認でき、両者の期間の重複は確認できない。俸禄を支給した三月二十一日付の「石山院禄物班給注

文」（『大日本古文書』編年五ノ一四五）や上日（出勤日）を記した四月七日付の「造石山院公文案」（『大日本古文書』編年五ノ二〇六）に収められる「造石山院所解」にも鉄工は物部根麻呂の名のみが記され、七月二十五日付の「造石山院所解」（『大日本古文書』編年五ノ二五六）の上日についても鉄工は和久真時の名のみが記される。これらより石山寺増築のために赴任した鉄工は定員一名と判断される。そして一名であるがゆえに山作所への修理技術者の派遣は困難であり、基本的には修理を要する道具を移動させたと考えられる。[13]

しかし、必ずしも現場に常駐したのではなく、次のように修理技術者を現地に派遣し、道具の修理を試みた事例も確認できる。次の天平宝字六年三月四日付の「造石山寺所符案」には斧の修理技術者に関する記述があり、その様相が窺える。

「造石山寺所符案」（『大日本古文書』編年十五ノ一五八）

　符山作□領玉作子綿等

　可レ作レ材事　方五寸桁各長一丈一尺（中略）

　　右材等、急可レ令レ作、依《仍附》鋘修理使付二調乙万呂一、故符。

　　　　　　　　　　主典安都宿祢

　一修理上鋘二口　　　三月四日下

案文であり、他の史料からも実際の派遣の有無は明らかではないが、桁・破風板・叉首などの部材を早急に作る必要があったため、「鋘修理使」を現場へ派遣し、乙麻呂に調べさせようとした。この「鋘修理使」の実態は不明であるが、製作と同様であれば、鉄工が修理にあたったと考えられ、その人物は時期からみて物部根麻呂であろう。

いずれにせよ、この史料は造石山寺所から山作所への斧の修理者の派遣に対する意思を示しており、石山寺の造営拠点に、不測の事態やメンテナンスに対応することのできる技術者が存在したことを表している。こうした状況から、作業の頻度が低く、常駐性の薄い道具の製作・修理作業に対応するため、造営拠点（造営現場）に技術者を集中して配したと推察される。そして道具の修理の際には、そこに道具を送って修理したが、場合によっては、そこから山作所をはじめとする、周辺の現場に、必要に応じて技術者を派遣する形態も含んでおり、柔軟な対応を試みていた。こうした形態は、技術者を集中的に管理する木工寮から、実際の造営実務を掌った造東大寺司や造法華寺司に技術者派遣がなされた状況に通じる。

斧の借用

借用に話を移すと、「上院僧正美請斧文」に、大工道具の借用が確認できる。

「上院僧正美請斧文」（『大日本古文書』編年十五ノ三〇六）

請レ借二斧一柄一

右、為レ用二暫之間一、所レ請如レ件。

正月十九日　僧　正美

この文書には年紀が記されていないが、「上院牒」（『大日本古文書』編年五ノ六七）等の内容を参考に、天平宝字六年の文書と推定されている。上院（東大寺）の「僧正美」が、しばらくの間、斧を借用しようとしたことが記されているが、詳しい状況は不明である。

この史料に加えて、次の天平宝字六年五月十八日付の「山作所解」には、斧の借用に加え、斧などの金属製品の修理・製作に必要な道具の借用が窺える。

「山作所解」（『大日本古文書』編年十五ノ四六三）

（前略）

鍬二口　釜一口　檜（槽）一口　明樻一合　折樻二合

笥三十三口　麻笥八口　木盤五枚　升一口

鑇五口　銷一口已上十一種返上了

以前、起㆓三月二十五日㆒、迄㆓五月十八日㆒所㆑請㆓雑物等㆒、顕□（注）具件如□（件）、以解。

天平宝字六年五月十八日三嶋豊羽

玉作子綿

ここでは山作所が斧や鍬のほか、釜・桶・「銷」[14]など一一種類の道具を三月二十五日から五月十八日まで借用し、これらを返却したことが記される。この釜・桶・「銷」といった金属の溶解に関わる容器などの記述から、山作所において、大工道具を含む金属製品が製作されたと考えられる。ただし、これにともなう技術者の山作所への派遣や復命は確認できない[15]。

私物の持ち込み

次の天平宝字六年二月五日付の「造石山院所符案」からは、工人の私物が持ち込まれたことが窺える。

「造石山院所符案」（『大日本古文書』編年十五ノ一五〇）

符　山作所領玉作子綿阿刀乙麻呂等　（中略）

一充遣斧二口　右、自㆓其所㆒為㆓修理㆒進上斧三口之内、一口穂積川内私者、仍給已訖

以前、先後条事等、依㆑符早速施行。今具状、故符。

主典安都宿祢

領下道（マヽ）

二月五日

この史料によると、修理し、進上した斧三挺のうち、一挺は木工穂積川内の私物であった。単なる私物を官の手で修理したとは考えにくく、この斧は、何らかの事情で(16)、石山寺の造営に使用された道具と推察できる。このように木工である穂積川内が自身の道具を持ち込んで、作業にあたった状況は、技術者と道具の保有の密接な関係を示す証左である。また木工が単なる労働者であったのではなく(17)、一部の木工は、個人で道具を保有する技術者であった可能性を示している。

同時に、この状況は道具の所有者自身が手入れするのではなく、別の専門技術者に修理を依頼したことを示している。もちろん、このことをもって、木工が道具の手入れをする能力がなかったとはいえないが、道具の保有・管理に対する意識が後世の大工と大工道具の密接な関係ほど、高くなかった可能性が窺える(18)。

同様の借用、もしくは個人所有の道具の持ち込みの可能性は、「石山院牒」にも窺える。

「石山院牒」（『大日本古文書』編年十五ノ二〇五）

石山院牒　木工所

木工丸部小公　上日七

右人、以㆓先日㆒返向已訖。但運㆓己私物㆒、請㆓彼暇日㆒於院退来。此依有㆓僧房板作敷事㆒。便頃日間留令㆓役使㆒、乞察㆓此状㆒、欲㆑預㆓彼例㆒。今顕㆓注状㆒、幷副㆓上日㆒、即附㆓小公㆒返赴如㆑件、以牒。

天平宝字六年五月十四日案主下

主典安都宿祢奈良

木工丸部小公は石山の作業場の任を離れ、その後に暇日、すなわち休暇を取って私物を取りに石山へ行ったという内容の史料である。ここでは僧房の板敷の作業に従事しており、この「私物」が大工道具であった可能性もある。いずれにせよ、斧に関しては、購入のほか、現場における製作・修理、借用、私有という状況が確認できるのである。

斧以外の道具

続けて、鑿について検討したいが、鑿それ自体の記述はみられず、天平六年（七三四）五月一日付の「造仏所作物帳」（『大日本古文書』編年二十四ノ二四）に「裁銅鑿刃等塗料」とあり、鑿の刃などに塗るための猪脂二合の記述がみられる程度である。この史料は鑿が現場に存在したこと、油を塗るメンテナンスが現場で行われたことを示しているが、この鑿は、造仏用など、建築造営用ではない可能性もあり、実態は不明である。

これに対して、鋸に関しては、史料は少ないが道具の管理や使用状況が天平宝字六年五月十七日付の「造石山所解」から窺える。

「造石山所解」（『大日本古文書』編年五ノ二三三）

造石山所解　申請緑事

（中略）

一請㆓鋸一柄㆒大　砥一顆

右、為㆑作㆓仏堂戸並板敷㆒、即便附㆓阿刀乙麻呂㆒、所㆑請如㆑件、

以前条物等、具件申送如㆑前、以解、

六年五月十七日案主下

主典安都宿祢（後略）

この史料によると、石山寺の仏堂の戸板と床板を作るため、造石山所の阿刀乙麻呂が鋸と「砥」(砥石カ)を上申し、それが許可された。この時期には石山寺の造営は活発であったが、こうした場所であっても、現場に常時、鋸が準備されていなかった。鋸の使用頻度が低いという事情もあろうが、必要に応じて、上級官司(造東大寺司)に道具を請求したのである。

この鋸の保管状況から、造営道具の保管場所や管理の厳重さが窺える。他の官司への請求文書の引用がなく、鋸の送付が許可されていることから、鋸は他官司より取り寄せたのではなく、造東大寺司に保管されていたと推断できる。そして戸板と床板の加工という使用目的を明示したうえで、道具を請求する点は、道具の乱用の禁止を暗に示しており、官司による管理の厳しさが表れている。[19] このように、この史料から奈良時代において、鋸を代表とする大工道具は官司によって管理されるもので、使用には官司の許可が必要であった。こうした道具の管理は技術の一元的管理の表出と捉えることができる。

このように石山寺など畿内の中央に近い地域では大工道具が造営現場で用いられたことが文献史料から確認できた。さて、これら斧・鑿・鋸はともに、古墳時代より各地で出土しており、一定の普及が確認できるが、果たして奈良時代にまで継続し、使用されていたのであろうか。また奈良時代の畿内以外の地方における普及については、越前国の事例を除き、文献史料では確認できない。よってこれらの点について、伝世品や発掘資料をもとに検討したい。[20]

2　伝世品・出土遺物

次に伝世品・出土遺物を検討しよう。現存する奈良時代の伝世品の大工道具は、正倉院宝物と法隆寺のものであるが、ともに先行研究に詳しい。鉋については正倉院の五点があげられており、宝物ではあるが茎が長く実用的な形状であるとされる。[21]鋸は正倉院と法隆寺のものがある。法隆寺の鋸については、柄が実用としては長大であり、やや装飾的であることや、鋸歯形が四・五世紀のものを踏襲していることなどから、実用性が求められたのではなく、儀礼的なものである可能性が指摘されている。[22]正倉院宝物の鋸は、象牙の柄、水牛の角の鞘を備えたもので、宝物の様相を呈すが、鋸歯は法隆寺のものに比べ、進歩しているという。[23]このように伝世品からは、本章の目的とする造営現場における実用という点の検討は困難である。

大工道具の出土品の多くは古墳からのものであり、副葬品としての要素も強く、斧・鑿・鋸・鉋といった道具は大工道具であるとともに、木製品の製作道具である。[24]これらの出土遺物は、道具の形状を復元する有力な情報であるが、実用性や建築用の道具であるかという点は不明である。そのため、出土遺物に関しては、奈良時代に絞り、「実用であるかどうか」という点から検討する。

中央における大工道具の存在は、伝世品や文献史料から、すでに明らかであるが、出土遺物はこれを裏付ける有力な根拠であり、この一部を示しておこう。平城宮跡から、斧・刀子・墨壺・墨刺し・鑿（柄）・鋸（柄）・槍鉋（柄）が出土している。[25]墨壺や墨刺しなどは、建築用に限定されるとは限らないが、高い精度の加工を窺わせる出土遺物である。

対して、地方においても、大工道具の出土は確認できるが、やはり斧が多い。斧以外の道具を先に述べると、奈良時代の鋸は、千葉県の長勝寺遺跡や群馬県の天引向原遺跡から、鑿は千葉県の尾上出戸遺跡から出土している。また鉋は岐阜県の尾崎遺跡から出土しているが、削る道具であると判断できるものの、これが建築部材を加工する道具であるかは不明である。これらの出土遺物の詳細は渡邉晶氏の研究に詳しく、これらの推定復元図が提示されている。[26]いずれにせよ、これらの出土遺物は奈良時代の地方における鉄製の大工道具の存在、すなわち地方への道具の普及を示している。

ただし、これらの道具の事例は、地方における普及を示しているが、造営時における実用はいまだ不明確であり、出土遺物による検証が必要である。この実用という点に関しては、八世紀の郡家遺跡とされる名生館官衙遺跡の正殿遺構SB〇一の柱穴から、廃棄された手斧（図7）と鋤の柄が共伴して出土しており（後述）、ともに造営の際に用いられた道具とみられる。(27) こうした造営途中に破棄された出土遺物は、現場における大工道具の使用を裏付けている。もちろん、一事例をもって一般化することは憚られるが、この資料からも、文献・絵画資料が示すように、現場において、大工道具を使用していたことが確認できる。

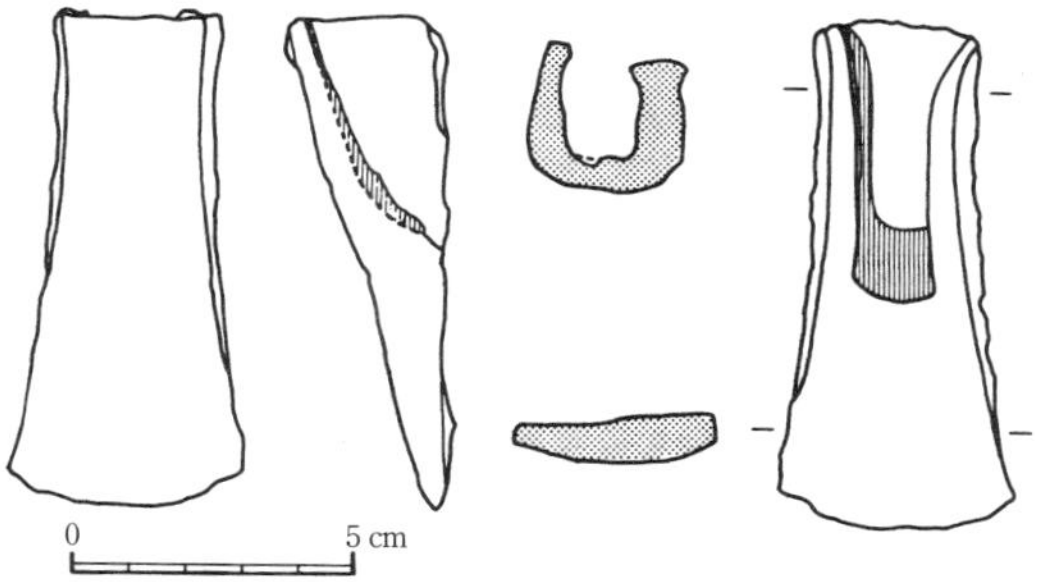

図7　名生館官衙遺跡出土の手斧
（宮城県多賀城跡調査研究所『多賀城関連遺跡発掘調査報告書』6，名生館遺跡Ⅰ，1981年より）

以上、非常に限られた資・史料の検討であるが、奈良時代における大工道具の購入・管理・製作・修理・借用の実態が明らかとなった。なかでも斧・手斧に関する記述が多くの史料にみられ、さらに後述の鋤・鍬とともに、造営の現場で製作された点は、基本的な加工道具かつ仕上げにも用いられる道具であること、すなわち使用頻度が高いことを窺わせる。

これに対し、継手・仕口など、細部の加工に主に用いられる鑿や、主に板材の加工に用いられる鋸に関する記述は少なく、現場での道具の製作が確認できない点は使用頻度の低さの裏返しであろう。さらに鋸に関しては、現場が上級官司に対し、借用を申し入れており、現場に支給されたのではなく、上級官司が管理していた。こうした状況は、道具の希少性と技術の一元的把握への志向性の証左である。

また出土資料により、道具の一定の普及が確認でき、特に手斧については、郡庁の造営における使用が窺えた。むろん、この資料のみから一般化することには問題があるが、文献史料に示された現場における道具の使用と合わせて鑑みると、当時の様相が窺える。

このように文献史料から道具の存在・管理・使用状況が確認でき、考古資料から奈良時代における一定の普及が確認できた。特に郡衙という律令体制下に組み込まれた官衙において、現場で手斧が使用されており、こうした官衙造営における道具は、文献史料から窺える官司や郡司などの在地有力者層による道具の管理とリンクするもので、奈良時代における造営技術の保有・管理・偏在の一端を示している。

三　土木・造営基礎作業の道具（掘削道具）

大工道具に関しては、現存遺構の加工痕跡をもとに、一定の道具の検討が可能である。対して、発掘遺構から柱掘方や土木作業に用いられた道具を検討することは、版築の撞棒などを除き、ほぼ不可能である。そのため掘立柱建物の柱掘方や礎石据付の掘削などの作業や道具については実証されていない。もちろん、同じく土を掘削し、開墾する農作業の道具、すなわち農耕具の使用の可能性は、造営現場の想定図などでも想定されているが(28)、これに対する理論的な説明は不十分である。よってここで、文献史料・絵画資料・発掘資料の面から、造営における鋤・鍬の使用、農工具の鉄器化、道具の保有と普及について検討したい。

1　文献史料からみた鋤・鍬の使用

儀式の道具としての鋤・鍬

鋤・鍬の造営の道具としての使用については、儀礼的に現在も行われている地鎮祭の鍬入れにおける、清めた斎鋤・斎鍬の使用があり、これに着目したい。古代の儀式においても斎鋤・斎鍬が用いられていることが『皇太神宮儀式帳』(29)や『止由気宮儀式帳』(30)に確認できる。

『皇太神宮儀式帳』

一新宮造奉時行事幷用物事

（中略）

用物九種。官庫之物請。造営使調行。

鉄十廷。鍬五口。鋤五口。五色薄絁五丈五尺。絹二疋。木綿十六斤。麻十六斤。已上造宮使受二官庫物一。用二新造正殿地鎮料幷山口祭。木本祭等一。

（中略）

右祭。告刀申。地祭物忌父仕奉。所侍造宮使。中臣忌部。然祭奉仕畢時。地祭物忌以二忌鎌一。宮地草刈始。次以二忌鋤一。宮地穿始奉。祢宜大物忌。忌柱立始。然後諸役夫等。柱堅奉。（後略）

『止由気宮儀式帳』

一新宮奉レ造時行事幷用物事

（中略）

限二常二十箇年一一度遷奉新宮造レ之。
造宮使罷来時。取二吉日一二所太神宮拝奉。
次使之宛二奉用物玖種一。官庫之物請二造宮使一所レ行。
鉄六廷。鍬三口。鋤三口。五色薄絁三丈五尺。絹一疋。木綿十六斤。麻十六斤。
右物等新造正殿地鎮料幷山口祭木本祭等料。

（中略）

其祭告刀菅裁物忌父申。祭供奉所侍造宮使。忌部中臣。然祭仕奉畢時。菅裁物忌以二浄鎌一宮地草刈始。次以二浄鋤一宮地穿始奉。祢宜。大物忌。忌柱立始。然後諸役夫等。諸柱竪奉。（後略）

豊受大神宮の新宮造営において儀式の際に鋤を用いて地面を穿ち、柱を立てるという手順が規定されていた。儀式であるために、すべての柱掘方の掘削に鋤を用いたのではなく、一部の柱穴のみ、儀礼的に鋤で掘ったという可能性も否定はできない。しかし、官庫に収めている貴重な鋤・鍬を用いており、その数が三口、五口と複数である点から、柱掘方は複数と考える方が妥当であろう。また掘削後に役夫による立柱が行われることからも、この鋤・鍬で立柱すべき柱穴の掘削を完了したと考えられる。同様に大嘗宮の造営においても掘立柱建物の柱穴を掘るために、鋤・鍬を用いることが、次の「延喜践祚大嘗祭式」に規定されている。

凡造二大嘗宮一者。前レ祭七日。神祇官中臣。忌部二官人依レ次立。率二悠紀国司及雑色人等一為二一列一。亦中臣。忌部相別。率二主基国司以下一。准レ上皆単行。各自二朝堂院東西腋門一入。至二宮地一。龍尾道南庭。分列二左右一。悠紀在レ東。主基在レ西。鎮二祭其地一。国別所レ備幣物。庸布四段。安芸木綿一斤。凡木綿二斤。麻二斤。鍬八口。米一斗。清酒二斗。濁酒八升。鰒四斤。堅魚十斤。海藻十斤。腊一斗六升。塩四升。瓶十口。坏十口。二国造酒児各執二賢木一着二木綿一。竪二於院四角及門処一。訖執二斎鍬一。国別四柄。納レ以二布袋一結レ以二木綿一。始掘二殿四角柱穴一。穴別八鍬。然後諸工一時起レ手。（後略）

悠紀国・主基国がそれぞれ四つの斎鍬を手に取り、建物の四隅の柱穴より掘削を始め、その後、諸工が同時に作業に着手することが定められた。

これら伊勢神宮・大嘗宮の造営における斎鋤・斎鍬の使用には、儀礼的要素を多分に含むが、実際の造営に全く関係のない道具が儀式の道具として使用されるとは考えにくく、鋤・鍬を使用した柱穴掘削の状況が儀式化したと考えられる(31)。

このように文献史料からみると、少なくとも平安時代には儀式として掘立柱の柱掘方の掘削に鋤・鍬を用いたと判断できる。また奈良時代においても、中央では、石山寺の大工道具とともに、鋤・鍬の製作や購入が確認でき、中央と関連の深い東大寺庄園においても、鍬の存在が確認できる。

絵画資料に描かれた使用の実態

絵画資料をみると、掘立柱の柱穴掘削の様子は描かれないが、前掲の「松崎天神縁起絵巻」には、土木作業における鋤・鍬の使用が確認でき、それぞれ、木製の柄の先端に金属製の鍬先が描かれている（図8）。この場面で建てられている建物は礎石建で、すでに礎石が据付けられているため、礎石据付穴や柱掘方の掘削に使用されたかについては判断できない。

図8　「松崎天神縁起絵巻」に描かれた鋤・鍬
（『古代の官衙遺跡』Ⅰ遺構編，95頁，奈良文化財研究所，2003年）

また「当麻曼荼羅縁起」（十三世紀中期、光明寺所蔵）には石の除去作業の脇で鋤・鍬を手にした人々が描かれており、整地とみられる作業が確認でき、やはり、この木製の柄の先端にも金属製の鍬先が描かれている。これより、少なくとも中世には礎石建物の整地作業に鋤・鍬が用いられたと判断できる。

このように、絵画資料から中世には掘立柱の柱穴掘削や造営のための整地作業などの土木作業に鋤・鍬が使用されていた。また文献史料から、少なくとも平安時代には伊勢神宮や大嘗宮の造営において、儀礼的に鋤・鍬が用いられており、これらの儀式は古式に則ったものと考えられる。ただし、奈良時代における実用の有無については、同時代の伝世品や出土遺物から検討する必要があろう。

2　伝世品・出土遺物

実用という点では、耐久性の面から鉄製農具の普及が課題である。絵画資料から中世には鉄製農具の普及とその使用が確認できるが、奈良時代については明らかではない。また「正倉院文書」に鉄工による鋤・鍬の製作が確認でき、奈良時代には、ある程度、鉄製農具が普及していたと判断できる。奈良時代の鍬は、正倉院宝物として伝世しており、この鍬は鉄製である。この鍬は宝物であり、言うまでもなく一般の鋤・鍬よりも、より高度な技術が用いられた高級農具で、一般のものとは異なる可能性がある。よって、鉄製農具の普及と使用については、出土遺物をもとに検討したい。

出土状況からみた鋤・鍬の使用

鋤の出土遺物の多くは完形であり、祭祀のための儀式的な道具とされてきた(32)。そのため実際の掘方の道具が鋤・鍬であるかどうかの議論はなされてこなかった。しかし使用によって破損した道具の出土により、柱穴の掘削の道具に鋤が用いられたと判断できるのである。

一例として、図9のように今小路西遺跡のI期郡庁（神奈川県、七世紀後半〜八世紀）の北長屋とみられる北側掘立柱建物の柱穴から鋤の柄とみられる木片が出土している。この鋤の柄の廃棄時期は造営当初の柱穴の掘削・立柱の最中、あるいは解体作業中であることから、掘立柱建物の柱穴の掘削に鋤が用いられたと判断される。また廃棄部分が柄に限られていることから、鋤先部分が破損しなかった可能性もある。鉄製農具であった場合、貴重材料であった鉄製の鋤先部分を再利用したことも考えられる。

名生館官衙遺跡の正殿の柱穴から出土した鋤も同様の状況であり、造営現場における実用が窺える。さらに、この事例では、前述のように手斧が共伴しており、造営における道具の実用性を強く示している。

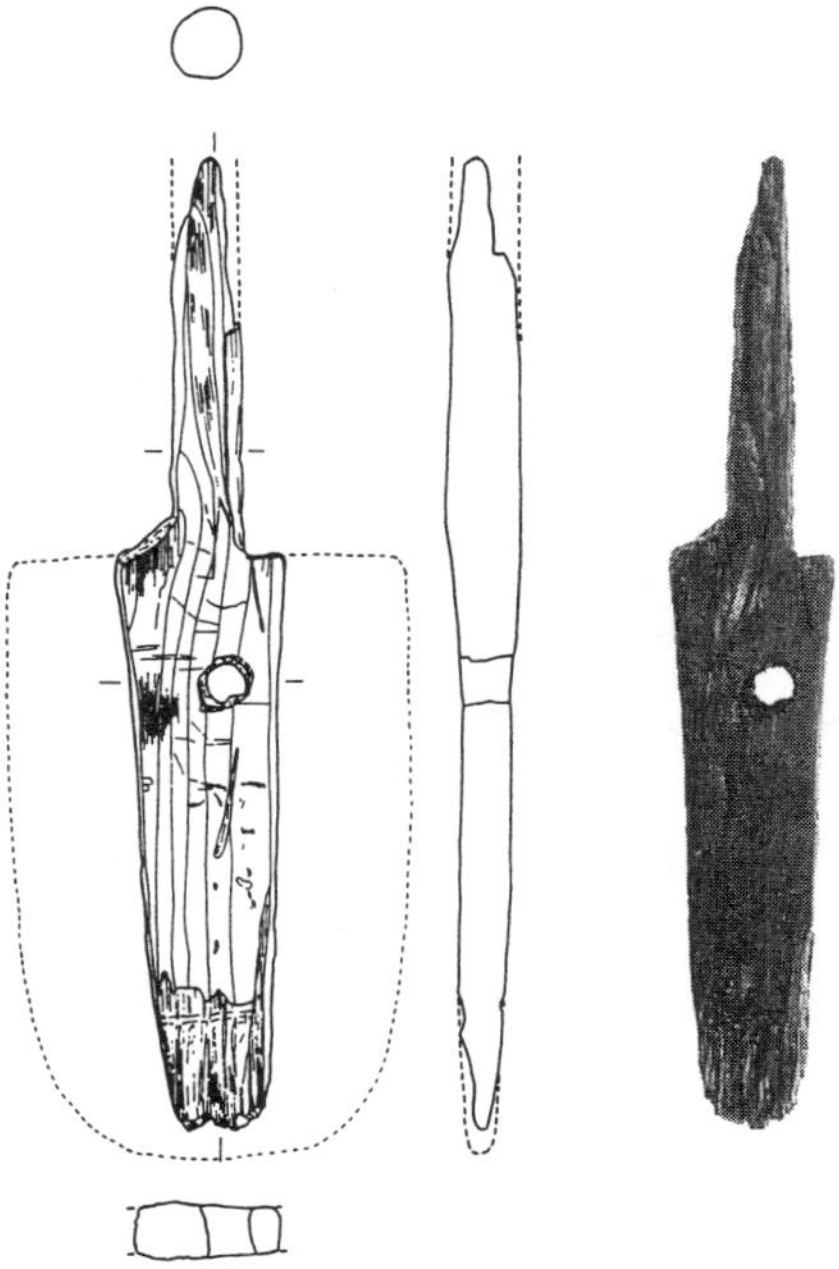

図9　今小路西遺跡北長屋出土の鋤の柄

（右＝今小路西遺跡発掘調査団『今小路西遺跡（御成小学校内）発掘調査報告書』第2分冊図版編，1990年，P. L. 203. 左＝『同』第1分冊本文編，1990年，618頁）

いずれにせよ、これらの出土遺物は地方における鋤による掘削を裏付ける事例であろう。また郡家遺跡からの出土は、在地において郡司層が農耕・土木作業に有用な鉄製の鋤・鍬を保持しており、郡司層の中心施設の造営では、技能を備えた技術集団が鋤・鍬を使用していたことが想定される。[33]さらに踏み込むと、郡司層の道具保有による技術の掌握という一面を示しているのかもしれない。限られた事例の中で、在地における農具の普及と造営における使用の一端を示したが、今後、出土遺物に対し、出土状況を合わせた考古学による全国規模の定量的な把握に期待したい。

鉄器化による実用化

では、これらの鋤・鍬は実用に耐えうる道具であったのであろうか。この点について、農具の鉄器化を通して検討しよう。農具の鉄器化については都出比呂志氏の研究に詳しく、鉄製農具の発展の画期として三つの時期をあげている。弥生時代の開始期に、普通の木製土掘具では掘削が不可能な部分について鉄器農具が投入され始め、弥生時代中期後葉から後期に入り、開墾に強い鉄製の打ちグワが使用される。古墳後期には日本の前近代の農具体系の基本形が出現したとする。[34]しかし、この指摘は鉄製農具の出現や一部の豊かな在地豪族や有力者などの鉄製農具の所有を示しているが、奈良時代における普及性については十分ではない。

特に律令制下の八世紀には、鍬は季禄、すなわち官人の給与として支給されており、鉄を産出する伯耆・美作・備中・備後の四ヵ国に対し、調として鍬を貢納させている。[35]これらの四ヵ国以外では、越前国桑原庄において、鋤・鍬・手斧などの道具の購入が確認できる。[36]この桑原庄の事例から、鋤・鍬が購入の対象として、ある程度、地方にも流通していたと理解でき、[37]また庄園開発の規模に対して、購入している数が少ないことから、鋤・鍬が大量に普及していたものではなく、高級であったことが推察される。すなわち、こうした農具が百姓にまで普及した、もしくは大量に保有されたとは考え難く、郡司層や一部の有力者層などが限定的に保持していた可能性が窺えるのである。

このように、文献史料・絵画資料・発掘資料の面から、奈良時代の中央・在地のいずれにおいても、鋤・鍬といった農具が掘立柱建物の柱穴の掘削に用いられたことは疑いなかろう。また実用性に富んだ鉄製農具が、ある程度、普及していたことが明らかとなった。ただし、これらの鉄製農具は八世紀段階においても、広く普及していたとは考えにくく、郡司層などの一部の有力者層が所有した可能性が窺えた。この有力者による限定的な保有の状況は大工道具と同様であり、道具の保有による技術の保有・掌握といった点が垣間みえる。

四　ま と め

以上、非常に限られた資・史料の検討であるが、奈良時代の造営に用いられた道具を検討し、これらの道具の購入・管理・製作・修理・借用の一端が明らかとなった。

大工道具のうち、斧については、売買によって流通していたが、鑿・鋸・鉋については確認できない。また流通していた斧については、技術者の個人所有および現場での使用や製作がなされていた。これに対し、使用頻度が低い鋸の事例では、使用目的を明示したうえで造営現場が上級官司に要求しており、道具の常備性の低さや厳格な集中管理の一端が窺われた。これらの奈良時代における官による道具の保有・管理や流通性の低い状況は、官による道具管理を介した技術の確保・専有に対する志向性の表れである。また一部の技術者が大工道具を私有し、それを現場で使用した状況は、技術者の専門性の高さや専業性を示している。また文献史料による記述は確認できないが、様工のように官から独立し、作業を請負った技術者が、彼ら自身で道具を保有していた可能性も推察される。

掘削道具に関しては、これまで想定されてきた状況と近い結果が導かれたが、文献史料・発掘資料の両面を通して、学術的根拠を示したことに一つの意義がある。もちろん、鋤・鍬は建設・治水などの造営の道具ではなく、農具としての役割が大きいが、大工道具と同様に、道具の購入や管理という面が窺えた。

このように官や支配者層による道具の保有・管理・製作は、これらが普及・一般化したものではなかったことの証左である。加えて、道具の流通性・普及性の低さは、利便性の高い道具の偏在、あるいは専有の表出とも捉えられ、建設を実現するために不可欠である大工道具や掘削道具の保有は、造営技術のあり方と密接に関連する、あるいは包含されるものであったといえる。これらの道具の保有・管理は、在地における有力者層の支配力や建物整備を考えるうえで、重要かつ有効な視点の一つであろう。

註

（1）福山敏男「奈良時代に於ける法華寺の造営」および「奈良時代に於ける石山寺の造営」『日本建築史の研究』桑名文星堂、一九四三年（綜芸舎、一九八〇年再版）。

（2）太田博太郎「上代の営繕官制」『日本建築学会研究報告』六、一九五〇年（『日本建築の特質』岩波書店、一九八三年所収）、同「造寺司と木工寮」（『日本建築史序説 増補第二版』彰国社、一九八九年所収）、渡邊保忠「律令的建築生産組織」『新訂 建築学大系』四―Ⅰ 日本建築史、彰国社、一九六八年、同「日本における古代的建築生産構造とその中世への発展過程について」『建築雑誌』六七―七八八、一九五二年（ともに『日本建築生産組織に関する研究 一九五九』明現社、二〇〇四年所収）。

（3）これ以外にも金物・彩色・塗装・左官など、造営に関わる作業は多数、存在するが、ここでは木材加工に絞って検討したい。たとえば、彩色・塗装に関しては、それ自体の遺存状態が悪く、現存遺構で確認できる事例も少ない。そのため技法や道具の解明も木材加工や土木掘削作業と比べて十分ではなく、こうした状況のもとで、道具の保有に関する考察を行うことは不適切と考えるため、ここでは対象から除外する。

奈良時代の彩色・塗装に関しては大山明彦氏や窪寺茂氏の研究に詳しい。また大山氏は、現存遺構の天井などの彩色を通じて、色料や配色・技法の検討を行っているが、道具については述べていない（「奈良時代の彩色」『平城宮第一次大極殿の復原に関する研究』三、彩色・金具、奈良文化財研究所学報第八二冊、奈良文化財研究所、二〇一〇年）。窪寺氏は奈良時代の色料に関する用語の整理を行っているが、同じく道具に関しては言及していない（「古代における彩色絵具の色料名」同書）。また本章とは直接、関係しないが、同氏からは近世における彩色・塗装の道具に関する助言を頂いた。

（4）建物に関する生産組織については、瓦の研究が盛んで、枚挙にいとまがないが、いくつかあげておく。五十川伸矢「古代瓦生産の復原」『考古学メモワール一九八〇』学生社、一九八一年、木立雅朗「造瓦組織の歴史的発展についての覚書」『北陸の古代寺院』桂書房、一九八七年、大川清『古代造瓦組織の研究』日本窯業史研究所、二〇〇二年など。これらの研究を通じて、道具の移動と工人の移動や工人の特定の道具の使用といった状況が推察されている。

（5）大橋泰夫氏によると、下野国分寺・宇瓦四形式の瓦窯を国衙の運営とみており、瓦范は国衙の管理、格子文の叩き板は瓦工の管理と推定している（「造瓦の叩き板に関する基礎的研究」『国士舘考古学』創刊号、二〇〇五年）。考古学から道具の所有形態を検討した、数少ない貴重な指摘である。

（6）単純労働に関する記述であるが、賦役令24丁匠赴役条では、匠丁が役に赴く場合は、道具を用意することが定められており、道具の保有と使用者の関係性を示している。これが造営に関わる専門の道具の場合、その保有が技術の保有に繋がると考えられる。

また太田博太郎氏は現場の道具として、斧・手斧・鑿・鋸・鉋・墨壺などがあり、鋸は縦挽きの大鋸、鉋は槍鉋と指摘するが、道具の所有・製作に対する言及はみられない（太田博太郎「建築と工匠」『日本建築の特質』岩波書店一九八三年。初出『奈良六大寺大観』九、東大寺一、岩波書店、一九七〇年）。

（7）渡邉晶「古代・中世における木の建築をつくる技術と道具」『日本建築技術史の研究—大工道具の発達史—』中央公論美術出版、二〇〇四年。

（8）海野聡「鞠智城の遺構の特徴と特殊性—建物の基礎構造と貯木場を中心に—」『鞠智城跡Ⅱ—論考編一—』熊本県、二〇一四年。このほか、西大寺金堂院の東面回廊付近においても、建築部材の未成品とみられる木材が出土しており、造営現場における建築材の加工の様相が知られる（「西大寺旧境内の調査—第五〇五次・第五二一次」『奈良文化財研究所紀要二〇一四』奈良文化財研究所、二〇一四年）。このほか藤原宮や平城宮東区朝堂院などにおいても、木材加工にともなう木端が出土している。
(9)「大安寺伽藍縁起幷流記資財帳」(『大日本古文書』編年二ノ六二四)などにもみられる。
(10)渡邉晶氏によると、正倉院の伝世品や出土遺物の刃の形状からいわゆるヤリガンナの存在は確認できるが、このヤリガンナという呼称は新しい時代に属するとする(註(7)前掲書)。本章の検討においても、鉋という用語は奈良時代の文書には確認できなかった。鉇の呼称については三木文雄氏(「古墳出土の鉇(やりがんな)について」『考古学雑誌』四二―三、一九五七年)、可奈の呼称については吉川金次氏が指摘している(吉川金次『斧・鑿・鉋』法政大学出版局、一九八四年)。また吉川氏は同書において、四〜五世紀の鉇は建築用の道具ではなく、建築用の道具としては八世紀に開花した可能性を指摘している。
(11)天平勝宝七歳(七五五)五月三日付「越前国使等解」(『大日本古文書』編年四ノ五二)、天平勝宝八歳二月一日付「越前国田使解」(『大日本古文書』編年四ノ一一一)、天平勝宝九歳二月一日付「越前国田使解」(『大日本古文書』編年四ノ二一九)、天平宝字元年(七五七)十一月十二日付「越前国使解」(『大日本古文書』家分け十八―二ノ一四九)。
(12)使用頻度の高い斧・手斧は、官有の道具として保有・保管するものではなく、現場ごとに製作された可能性がある。こうした状況は後述の鋸とは対照的である。
(13)前掲の「造石山院所解」(『大日本古文書』編年五ノ三三五)に記された人数と矛盾するが、この人数は、鉄工が一二一人と数が膨大であり、労働力を示す延べ人数と考えられる。
(14)金属を溶かした銷金のことであろう。
(15)山作所の道具の借用期間は三月二十五日から五月十八日と長期であるが、これらの鋳造の道具を用いる技術者は確認できない。また前述の鉼修理使が派遣され、これらの道具を使用した可能性もあるが、派遣開始予定の時期とも一致せず、不詳である。
(16)官有の道具が不足した可能性や木工が自身の道具の使用にこだわった可能性が考えられる。
(17)太田博太郎氏は功銭の支給額が土工や夫と同じであることから、後世の工匠のような特別の知識や技術を要したものではないとする(註(2)前掲論文)。
(18)近世の大工には、道具に対する執着心がみられ、彫刻を凝らした墨壺などにそれが窺える。

(19) 通説では、古代における板材の製材は、楔による割板と手斧による斫りであり、鋸による板製材は時期が降るとされる。しかしこの史料は板材の製作に鋸が用いられた可能性を示しており、ここに指摘しておきたい。

(20) 出土遺物に関しては、渡邉晶氏も述べているが（註(7)前掲書）、考古学者などの研究者による集成・分析の研究の蓄積がある。以下、代表的なものを列挙する。三木文雄「古墳出土の鉇（やりがんな）について」（註(10)前掲論文）、吉川金次『斧・鑿・鉋』（註(10)前掲書）、同『鋸』法政大学出版局、一九七六年、伊藤実「日本古代の鋸」『考古論集』潮見浩先生退官記念事業会、一九九三年、佐原真『斧の文化史』東京大学出版会、一九九四年など。

(21) 正倉院事務所編『正倉院の木工』日本経済新聞社、一九七三年。吉川金次氏によると、この鉋は実用に耐えうるとする（註(10)前掲書）。

(22) 吉川金次『鋸』（註(20)前掲書）。

(23) 吉川金次『鋸』（註(20)前掲書）。

(24) たとえば、鑿に関しては、五世紀の野山アリ山古墳出土の鑿をもって、四〜五世紀に木彫が開始されており、大きな彫刻はともかくとして、小型の彫刻的な仕事はできたとする（吉川金次『斧・鑿・鉋』（註(10)前掲書、一四六頁）。そして、時代の降った九〜十世紀の栗原住居跡出土の鑿を正確な柄穴を掘ることができると評価し、建築方面の造作もできるとする。

(25) 平城宮出土の大工道具の柄についての例は『木器集成図録』（近畿古代編、奈良国立文化財研究所史料第二七集、奈良国立文化財研究所、一九八五年）に詳しい。

(26) 註(7)前掲書。なお同書では、出土遺物からの形状復元を一つの主目的としており、出土状況に関する考察はみられない。これらの出土遺物は地方における大工道具の普及を示す点で貴重であるが、出土状況を加えることで、現場における使用という面から、新たに検討を試みたい。

(27) 宮城県多賀城跡調査研究所『多賀城関連遺跡発掘調査報告書』六、名生館遺跡Ⅰ、一九八一年。

(28) 宮本長二郎『平城京　古代の都市計画と建築』草思社、一九八六年。

(29) 『皇太神宮儀式帳・止由気宮儀式帳・太神宮諸雑事記』神道大系、神宮編一、神道大系編纂会、一九七九年。

(30) 註(29)前掲書。

(31) 伊勢神宮正宮は、現在も掘立柱建物であり、大嘗宮に関しては、平城宮の中央区朝堂院・東区朝堂院で掘立柱の遺構が検出されている。これらの遺構は掘立柱建物であり、柱穴の掘削、立柱という、ここでの記述と齟齬はない。
(32) たとえば、胆沢城東方官衙から木製の鍬の頭部が出土しているが、これは完形に近いため、破棄されたものではなく地鎮具と考えられており、斎鋤・斎鍬と同じく、掘立柱柱穴の掘削との関係性を窺わせる。ただし、この地鎮具としての意味を有す完形の木製鍬をもって、実際の在地の掘立柱の造営に木製農具が使われたと判断することはできない。
(33) 第Ⅰ部第四章参照。
(34) 都出比呂志「農具鉄器化の諸段階」『日本農耕社会の成立過程』岩波書店、一九八九年。
(35) 季禄は、在京の文武の職事官と大宰府・壱岐・対馬の職事官に対し、任ずる官職の相当位に応じて支給されたもので、その制度は大宝令において確立したが、類似の給法は飛鳥浄御原令にも存したことが知られる（『国史大辞典』季禄〈きろく〉の項）。
(36) 註(11)前掲史料。
(37) 発掘資料が少なかったこともあろうが、古島敏雄氏は「朝廷官僚の職禄、諸官省の年必要物資が直接班田農民の手に市場を通じて鉄鍬を普及させることは一般的とは思われない。朝廷から貴族・諸官庁に給付されたものが貴族の直営地や諸国の官田、それに付属する農民の手に渡る」程度であるとしており、流通を否定している（『日本の鎌・鍬・犂』四七八頁、農政調査委員会、一九七九年）。

終章　造営体制・維持管理と技術の存在形態

一　本書の概要

1　造営体制の理想と実態

第Ⅰ部において、文献史料をもとに、奈良時代の造営組織・技術者に焦点をあて、その体制を検討することで、奈良時代における中央と在地の造営体制の全体像を描いた。まずはその概略を述べよう。

奈良時代には律令制のもと、官が技術者の一元的な管理を目指していた。司工（大工・少工・長上工・番上工）などの官の専属の技術者や雇工などの官の直接雇用の技術者がこれにあたり、これらの技術者は、さまざまな造営官司に配属された。その要であった木工寮は、宮内の造営を中心に、官による造営の木材の準備、労働力の積算などを担ったが、実務には直接、携わらず、技術者をストック・差配し、現場に派遣していた。また官が技術者個々人の能力を把握しており、造営現場（造東大寺司やその下部組織）も高い能力を有した技術者を指名することがあった。なかでも造東大寺司によるさまざまな官司の技術者差配が確認でき、造営の実情に合わせて現場でかなり自由に技術者を動かし、柔軟に対応していた。ただし、活発な造営活動に対応するためには、こうした官の組織のみでは不十分で、様工という官に所属せずに、請負契約により活動した技術集団がこれを補完していた。

こうした官の技術者や造営を生業とする官から独立した様工のほかにも、氏族による技術の保有が確認できた。七世紀以来、氏族が造営技術集団を介して、技術を保有していたが、こうした状況が奈良時代まで継続していたのである。特に佐伯宿祢今毛人・大伴宿祢古麻呂・多治比真人広足・高麗朝臣福信らは造営に深く関与しており、緊急を要する状況において、皇族の陵墓の建設を担う山作司・作山陵司・造山司という職に複数回、任じられた。

個別にみていくと、佐伯宿祢今毛人は造東大寺長官を筆頭に、生涯の大半の期間、造営関係の職に従事しており、兄や息子も造営に関与していた。また佐伯氏は門号氏族であり、氏族単位で造営に秀でており、その能力を発揮していた。大伴宿祢古麻呂は、佐伯宿祢今毛人とは異なり、陵墓造営以外に造営への関与はみられず、氏族としても、佐伯氏と比べると、造営への関与は少ない。ただし、大伴氏にも造宮省や造西大寺司への補任者が確認でき、大伴氏が佐伯氏と祖を同じくし、ともに門号氏族であることから、氏族としての造営技術の保持の可能性が窺える。多治比真人広足は、陵墓建設と同じく、時間的制約の強い行宮の造営に従事しており、多治比氏もやはり門号氏族である。高麗朝臣福信は、門号氏族ではないが、高麗郡の設置された武蔵国と関係が深く、武蔵国分寺が完成した天平宝字二年（七五八）より二年さかのぼった天平勝宝八歳（七五六）に武蔵守に任じられており、国分寺の造営への関与が窺える。

さらに、彼らは軍事関係の氏族であり、軍事と造営の深い関係が推察でき、なかでも門号氏族の造営能力には特筆すべきものがある。門号氏族は七世紀より門を掌る十二の氏族で、門の守衛を行っていた。造営体制が確立しない時期には、門号氏族が各門の造営を担っており、氏族として造営の技術を蓄積していたと推察され、これらの氏族の一部には奈良時代にも造営の分野における活躍が確認できる。このように中央では官による造営組織と、氏族による技術集団が併存しており、この両者により、技術が継承・蓄積されていった。

これに対して、地方においても官営工房などの発掘を通して、技術体制の存在が想定されており、下野国府出土木箇には「造瓦倉所」という記述がみられ、国府における造営体制の存在が明らかになっている。本書で、これらを構成する技術者が国・郡に存在したことを文献史料から確認した。その実態は不詳であるが、中央と比べ、体制が整っていたとは考えがたい。この不十分な体制を補完するものに国司の技術集団の存在があげられる。地方に中央から国司が赴任したが、これに付随して、氏族の技術集団も移動し、国分寺や地方官衙の整備の一役を担った可能性が想定された。同時に在地豪族である郡司層による造営技術集団の保有やその構成人員となる国・郡・里の技術者の存在が確認された。また国府はともかく、国分寺の造営に際しては、天平宝字三年に中央から「国分二寺図」が諸国に頒布されており、中央主導であったといえる。これを実体化するために、「在地系技術」の協力も不可欠であり、実働にあたった。すなわち、地方、特に国府域には中央の影響を受けた「国司系技術」と在地の技術を継承した「在地系技術」が重層的に存在したのである。

また中央・地方とも技術者とは別に、技術を有した奴婢（技術奴婢）が存在した。その技術の程度や役割は明確ではないが、薬師寺造営の功による叙位や番上工による技術奴婢の獲得の意志から、彼らの一定の技術力が窺われる。その背後には彼らを保有することで、技術集団の技術力を維持する意図があった。

単純労働力に目を移すと、雇夫以外の労働力が存在し、中央・地方ともに兵役と力役の分化が実態としては十分になされておらず、軍団兵士や衛士などが造営に従事しており、彼らの造営従事は長期的、あるいは恒常的であり、ある程度の技術を習練する機会が存在した。これに対し、地方では雑徭の徴発による百姓が造営に従事したが、作業期間は基本的に農閑期中心の限定的なものであった。

こうした技術者や単純労働者以外にも、良弁・実忠をはじめ、僧の造営への関与が知られるが、国分寺造営においても、僧である国師が関与していた。国分寺の造営では計画立案・経済的枠組み・設計・選地・監理・実務・維持管理と段階を踏んで、事業が進み、このうち選地・監理・実務・維持管理の面で、国師が活躍した。

このように律令制のもとで、技術者と単純労働者の両面において、組織化は進んだが、依然として七世紀以来の体制も継続して存在していた。すなわち、八世紀に入り、律令的な造営体制に一新・統合されたのではなく、旧態も連綿と続き、これを補完したのである。この重層的な技術体制が、大量造営、あるいは造営量の変動に対して、効果的に機能した。また僧が一定の造営に関する能力を保持しており、中央・地方の両方でこれも活かされた。地方については文献史料が少なく、造営体制の実態や全体像は明らかではないが、その体制は中央と比べ、不十分かつ脆弱であったと推察される。こうした状況に対し、「国司系技術」と「在地系技術」の重層的な存在が相互に補完することで、地方の造営が機能していたのである。なかでも作業量の多い下部労働や単純労働については、「在地系技術」である在地豪族の技術集団に依存する部分が多く、こうした中央と地方の造営体制や技術者の差が、発掘遺構に表出している施工精度や建物の形に、少なからず影響を及ぼしたと考えられる。

2　維持管理の概念と実態

第Ⅱ部では、建築の維持管理の法的規定やその意識の萌芽、さらには修理内容・対象による職務の変化を明らかとした。そして管理台帳としての資財帳の性格、さらには維持管理時の資財帳の利用方法、収支決算報告書たる「桑原庄券」における不動産の管理から、維持管理の実態をみると、それにともなう技術の恒久性がみえてきた。また付章では、技術の基盤となる道具を通して、大工道具（木工道具）や掘削道具（土木道具）の流通性や保有・製作・借用から、道具の保有と技術の保有に関する一定の関係が窺えた。これらの概略は以下の通りである。

建物の維持管理に関する法的規定は律令にはみられず、その後の「太政官符」など、個別の通達によって、補足されていった。すなわち、八世紀前半には建物の恒久性に対する配慮が窺えず、東大寺や国分寺などの恒常的な建物が整備された八世紀後半に規定が増加したのである。こうした奈良時代前半における恒常建築である礎石建物の希少性は、平城宮朝堂院の礎石化が遷都から遅れるという状況とも合致する。その後の規定も、中央の維持管理に関するものはほとんどみられず、多くは地方を対象としており、まず寺院・国司館・正倉を維持管理の対象とし、神社や正倉以外の官衙は遅れた。実務においては、維持管理の対象の定量的把握を第一とした。また維持管理の経済的枠組みとして、東大寺や国分寺では造寺料を修理料に充当することで、新造から維持管理へとシフトしていった。官衙では、その責任者たる国司らを中心に、不履行の責任・賠償を求めた。そして具体的な維持管理の主旨として、木造建築の維持に最も適切な、小破のこまめな修理により、大破を防ぐという方針が示された。

こうした維持管理に対する概念は天平期に表出し、主に地方の個別の災害に一時的に対応するために、「使」や修理専門の「専知官」が設置され、奈良時代後半になり、維持管理のための組織（「修理司」）が設置された。この組織の実態は不明であるが、少なくとも、神護景雲二年（七六八）から天応元年（七八一）頃まで存続していた。

また平安時代には修理に関わる職務を木工寮・修理坊城使・修理職で分掌しており、これらの組織も統廃合を繰り返し、最終的には、修理の職務をすべて修理職に集約し、木工寮が新造に専従することで、安定した体制が構築された。ただし、これらの中央の維持管理組織は、宮殿や坊城を対象としており、中央の大寺、地方の寺社は対象に含まれなかった。こうした状況は、特に中央大寺において、造寺司の廃止以後、平安時代に有力寺院内に独自に造寺所が形成されていく下地となったと推察される。

維持管理に関しては、一つの画期として、天長二年（八二五）頃があげられる。中央では、この頃に修理職を廃止し、木工寮に宮殿修理の職務を委譲した。すなわち、この時期に中央において維持管理の体制の整理がなされたのであり、維持管理に対する中央の意志が強く表れている。

また貞観九年（八六七）の『貞観交替式』によって、修理の判断基準となる破損の程度判断が示され、この頃以降、実質的な維持管理が開始した。

維持管理の実態の一端を示す資料としては、資財帳・正税帳・「桑原庄券」があり、これらは、管理者が建物を含む財産の把握を目的として作成されたもので、永続的な管理の基礎資料であり、一定の建築形式が書き分けられていた。さらに資財帳には検校を通して維持管理に使われた様子が確認でき、また桑原庄では定期的な建物の状態の報告がなされていた。

九世紀以前の資財帳と「桑原庄券」における建物の記載方法を整理し、基礎資料を提示した。その記述内容を分析すると、助数詞に一定の書き分けが確認できた。また建築形式については、多重建築である塔・重層建築（楼と二重）・「双建築」・倉と類型化され、これらに分類されない「屋」は、主に葺材によって区別されていた。記述内容は庇・床・屋根形状・建具といった部位におよび、床を除いて、外観意匠を中心としていた。こうした外観意匠による分類や部位の記述は、建物の区別・把握・管理に必要な項目で、維持管理・修理において、これらの点が重視されたのである。

また時代の降った史料であるが、実際に維持管理に使用された「広隆寺資財交替実録帳」や「観世音寺資財帳」をみると、建物の維持管理において、財産管理として、建物の存在の有無はもちろんのこと、屋根・柱・懸魚などの破損部位に対する指摘がなされ、修理の必要な部位の把握がなされた。また屋根の破損から軸部の破損に至るという破損の進行が確認でき、木造建築の破損のメカニズムを当時の人々が理解していたと推察された。こうした背景から小破の補修による維持管理を目指したが、現実には十分な修理がなされず、大破することも少なくなかった。また軸部の傾斜といった半解体・解体修理を必要とする破損はほとんど修理されておらず、修理技術の未熟さが窺われた。

さらに奈良時代の不動産管理に実用された「桑原庄券」から、庇と身舎に対する意識の違いと、建物価格に与える影響が明らかになった。財産管理上、身舎と庇が別項目で数えられ、労働力も身舎と庇を別項目で数えており、作業を分担した可能性が考えられた。さらに建物の規模には庇の寸法を含めず、身舎の寸法のみを示していた。また「桑原庄券」の記述から、屋根の形状、葺材、板壁、板敷などによる建物の価格や造営に必要な労働力に対する影響は少なく、基本的に平面規模との相関関係が強いことが示された。越前国の東大寺庄園という一事例であるが、造営費用・建物価格、建物に対する類型化や区別といった当時の実態が表れている。

こうした造営や維持管理を支えるための技術には、道具やその保有が大きく関与する。この点に関する史料は限られるが、道具の流通・所有・製作・借用を示すものがある。造営に関わる道具は造営技術を支える根幹であり、その保有は技術の保有に繋がる。

斧・鋤・鍬は売買によって流通していたが、これらとは異なり、鑿・鋸・鉋については売買による流通が確認できない。大工道具の中でも斧は、流通に加え、技術者の個人所有および現場における使用や製作が行われていた。一方で鋸は強い特殊性を示しており、使用目的を明示したうえで造営現場が上級官司に借用の要求をしており、道具の常備性の低さや厳格な集中管理の一端が窺われた。これらは、官による道具管理を介した技術の確保と管理の一端を表している。同時に、一部の技術者が大工道具を私有した状況は、技術者の専門性の高さや専業性を示している。また掘立柱の掘削道具として鋤・鍬が用いられており、郡司など一部の有力豪族が集中して保持していた可能性が窺えた。このように官による道具の保有・管理・製作は、利便性の高い道具の偏在、あるいは専有の表出で、これらは在地における有力者層の支配や建物整備を考える一つの指標となろう。

二　造営過程

第Ⅰ・Ⅱ部を通して、造営や維持管理の体制の全容が明らかとなったが、組織的な造営の中で、どのような造営過程が経られたのであろうか。組織的造営と造営過程の検討は、その有効性と分業、さらには技術の伝播・蓄積を考える試金石となる。

中央における石山寺・法華寺などの寺院造営、地方における国分寺の造営の過程を鑑みると、奈良時代の造営には①計画立案、②経済的枠組み、③選地、④設計、⑤監理、⑥実務、⑦維持管理の段階がある。(1) このうち、⑥の実務はさらにA材料の確保、B材料の運搬、C建築部位工事、D単純作業に分けられる。(2) 国分寺以外の地方の造営過程については、史料に限りがあるが、一定の推察は可能である。そこで、実証的な論述は困難であるが、これらの造営過程を軸に、中央と地方の差異について、その概念を述べたい。こうした概要の提示は、特に地方に対して有効で、発掘遺構を解釈する前提として重要である。

1　中央における造営過程

①計画立案は、造営過程の中でも特殊であり、建物の性格や個々の造営を取り巻く状況・情勢に依存するところが大きい。特に宮都あるいは中央大寺の造営の計画の主体は、天皇や有力貴族などの権力者であり、聖武天皇の数々の遷都や東大寺大仏殿、称徳天皇の西大寺、あるいは藤原不比等の興福寺などが、こうした造営の代表例である。むろん、国家事業と有力氏族の造営は混同できず、後者の文献史料は少ないため、ここでは史料がある程度、豊富で、そ

の一端を知ることのできる官の造営に焦点を絞り、②以下について、その過程を検討したい。

②経済的枠組みは、①の計画立案との関連が強い。遷都における計画的な財政対策は、平城京の造営にみられ、この時には官の主導で、和同開珎の鋳造収入を財源としたことが知られる。また大寺では、経営のための財源として、官や国衙から支給された封戸・寺田および出挙稲の一部が造営に充てられた。たとえば、東大寺では五〇〇〇戸の封戸のうち、五分の一にあたる一〇〇〇戸が造営料であった。

これらの経済的枠組みのもと、中央において、造営に即した積算、木材の使用量、技術者の差配といった総合マネージメントを行ったのが木工寮である。財源の確保はともかくとして、木工寮は予算作成や労働力、物品の見積りを立てる会計官司的性格を有し、造営に関する②経済的な枠組みを掌っていた。

では③選地は、どのようになされたのであろうか。選地については不明な点が多いが、宮都の選地の一例として、長岡京への遷都時の状況をみると、藤原朝臣種継・佐伯宿祢今毛人らに加え、陰陽助外従五位下の船連田口が遷都地の選定に同行した。これらは選地のための臨時派遣で、陰陽師の派遣は注目に値する。陰陽道は私人の所有の禁じられた国家機密であり(3)、陰陽師による地相占いという特殊技能が都の選地に寄与したのである。一方、大寺の選地の方法の実態やその能力の詳細は明らかではない。ただし寺地の規模は、金堂・塔などの主要建築の規模に大きく影響することから、造営の全体像を把握した専門性の高い作業といえる。また選地は一部の大規模な範囲の造営に対して求められるもので、一般的な数棟の「屋」などの個別の造営においては、こうした能力は不要であろう。このように選地は①~⑦の造営過程の中でも、とりわけ特殊かつ限定的な能力とみられる。

④設計は、既往の研究でも注目されつつ、未解明の部分である。本書では中央の設計について、新たな知見を示していないが、木工寮の大工らの技術官人以外にも、東大寺の良弁・実忠らの僧も細部に及ぶ具体的な設計検討が可能

であり、道慈の大安寺造営への関与の例も知られる。

設計は細部意匠や構造のみではなく、造営全体の把握が求められる作業である。総合的に造営を把握するという点では、②の予算作成や物品の見積りを行う木工寮は、その根拠となる設計を担った可能性がある。三手先組物を用いた金堂や塔などの主要建物はともかくとして、大量生産されるような建物、いわば文献史料上、「屋」とされる建物について、ある程度の標準的な設計を行ったのではなかろうか。(4) 後述の大量生産と規格化を目指すうえで、総合マネージメントを担う木工寮による設計は非常に有効である。また設計が可能であろう指導的技術者を木工寮が意図的に確保したことは、この一端を示しているのかもしれない。

また⑤監理に関しては、技術者以外の活躍もみられた。たとえば、高麗朝臣福信や多治比真人広足など、軍事関係の人物が造営の指揮の面で活躍したことが確認できる。これは、すなわち、彼らが監理において、技術者を含む人員を効率的に動かすことに長けていたことを裏付けている。また佐伯宿祢今毛人は、この能力に加えて、造東大寺長官を全うしており、技術総括・マネージメント能力も有していたと推察される。

⑥実務に関しては、先行研究に詳しく、本書でも多くを指摘しているため、改めて詳述しないが、A材料の確保（木材・石材・屋根材など）、B現場までの材料の運搬、C現場における建築部位工事（基礎・木部・屋根・壁塗り・彩色・金物など）、D現場における単純労働という作業があり、A〜Dの各分野で、それぞれ技術者や単純労働者が従事していた。すなわち、分業体制の確立と専業化であり、これらの特徴は、中央における大量生産の産物である。そして⑤⑥を総括的に把握する技術者として、大工・少工・長上工らが実務を担っていた。

そして⑦維持管理については、第Ⅱ部第二章で述べたように、元来、担うべき木工寮や造宮省では対応できず、修理司・修理職・修理坊城使などの修理の専門職が置かれた。ただし、これらの設置自体は、修理対象の膨大さという中央特有の状況に起因するものである。

2 地方における造営過程

地方については、国分寺以外の造営過程に関する史料の記述に限りがあるが、地方官衙については一定の推察が可能である。よって、国分寺と地方官衙の造営過程について、中央と同じく①～⑦ごとに述べよう。

①計画立案については、国司館などを除くと、官衙の諸施設・正倉など、地方官衙の機能に必要な施設がほとんどで、個々の建物はともかくとして、国府の整備は、地方が独自に計画したものではなく、中央が建設を意図したものと推察される。(5)

②経済的枠組みのうち、国分寺の造営費用については、中央の主導で出挙が定められたが、これ以外の新規造営に対しては、中央からの費用の支給は基本的に行われず、地方の整備にあたっては、国府の財政の中で、その造営費用を工面したと考えられる。現に延暦年間に出された正倉の新造・整備に関する「太政官符」にも造営費用に関する記述はなされていない。(6) 実際に駅家の運営や修繕には、当初、駅稲が充てられ、官稲混合後には、当該国の出挙利稲が財源に充てられていた。ただし、これらの経済的枠組みも、地方で独自に規定したものではなく、基本的に、中央の主導で定められていた。

③選地については、国師がその能力を有していたことが確認でき、国師の協力なしには、十分な選地ができなかったことから、国司・郡司らあるいは「国司系技術」「在地系技術」の技術者が、この能力を欠いていたと推察できる。中央においても、選地は特殊技能で、限定的なものであったが、地方でも同様であったのである。また東大寺越前国の庄園の選地として、天平神護二年（七六六）に「寺家野占寺使」（「越前国足羽郡司解」『大日本古文書』編年五ノ五四三）

として東大寺僧、平栄や造東大寺司史生大初位上生江臣東人などの名も一部みられるが、この時には、国府から国医師六人部東人、郡家から擬主帳槻本老があたっており、東大寺の僧、造東大寺司の官人、「国司系」「在地系」の官人が選定にあたった。地方官衙の選地に関しては、考古学・歴史地理学などの分野からの成果があり、地形的特徴や官道などの立地条件が配慮されたことが知られる。特に交通の要である駅家には官道に沿って、三〇里（約一六キロ）ごとに設置することという選地の基準が提示されたが、その選地者は不明である。駅家以外の地方官衙の選地についても、詳細は明らかではないが、正倉の立地については、中央から一定の指導、あるいは規範が提示されており、同様の規定があった可能性もある。(7)発掘調査成果を対象に、各地方官衙の立地状況や周辺環境を比較・分析することで、今後の研究が期待される部分である。

④設計については、中央以上に明らかではないが、国分寺の造営では設計時期に国師が関与していたことから、伽藍内の機能に通じた国師の設計への関与が窺われた。ただし、国分寺金堂には七×四間という一定の規範が窺えるが、国ごとに柱間寸法も大きく異なり、設計に詳細な共通点は見出しがたい。(8)地方官衙には、国分寺以上に設計の共通点や概念が窺えないが、同じ機能を有した建物、たとえば正税を納めるための正倉の大量生産では、標準設計の可能性が想起しうる。実際、発掘遺構の検討を通じて、この正倉には、柱間数に一定の設計基準がみられることが指摘されている。(9)

⑤監理の実態も、史料に明示されないが、国分寺の造営では国司・郡司に対して造営の催促しており、彼らが造営の進捗の責任を追及された。ここから監理に関して、少なくとも責任の所在は国司・郡司にあったと判断できる。また在地の技術者や労働力を使役する監理については、「国司系技術」ではなく、既存の「在地系技術」の系統で指揮されたと推察される。ただし軍団兵士を造営の単純労働力として使役する際には、軍団を統べる軍毅らの軍事的指導

者が監理の一部を担ったのであろう。

⑥実務のうち、国分寺造営では百姓の辛苦に言及し、国司と使工が実務褒賞者としてあげられ、これらの人々が実務にあたったとみられる。地方官衙についても、基本的な下部労働力として雑徭による百姓が存在し、軍団兵士が使役されることもあった。実際に百姓の疲弊を理由に国府の移転が困難とすることから（『続日本後紀』承和十一年〈八四四〉十月戊子〈九日〉条）、国府の造営が百姓の労動力に依存していたことが確認できる。技術者の存在は明らかではないが、「造瓦倉所」（下野国府出土木簡）など、造営を担当する官司が確認でき、また国府周辺には郡家よりも高い技術を有した技術者のほか、国司に付随した「国司系技術」の技術者も存在しており、[10]国府造営ではこうした技術者が活躍したとみられる。これらの地方造営の実務は、「国司系技術」と「在地系技術」の両者が交錯する部分であるが、詳しくは後述する。

⑦維持管理の法的規定や体制の概要は、第Ⅱ部第一・二章で述べた通りであるが、基本的に国分寺を含む地方の建物の維持管理に対し、国司・郡司に責任を負わせ、修理のための専門職は置かれなかった。この背景には、修理対象となる建物の数が膨大ではないこと、新規造営が中央に比べ少ないこと、新規造営自体、「在地系技術」に依存する部分が大きく、さらに新規造営と修理に技術者を振り分けるほどの人的余裕が十分にないことがある。なお修理の実務には、百姓のほか、国府の技術者や郡司の造営技術集団が従事していた。

三　大量生産と分業

1　大量生産と分業・規格化の有効性

奈良時代の造営を大きく特徴付ける要素として、大量生産があげられる。もちろん、大極殿や東大寺大仏殿をはじめ、主要な建物が奈良時代の建築を華やかに彩る主役であることはいうまでもないが、全国規模の律令施設の整備にともなう大量生産という舞台裏も、奈良時代の建築情勢を映している。これらは既存の建築史研究で不足している視点である。

組織的な造営と大量生産・分業について、中央に関して一部、指摘してきたが、地方に関しては史料に限りがあるため、実証は困難である。発掘遺構と絡めて検討することで、組織的な造営と大量生産・分業、中央と地方の造営の違いの検証は可能と考えるが、本書では、これに至っていない。ただし、本書の論考を踏まえて、大量生産と分業の枠組み、あるいは概念の検討は可能である。

中央では、宮内おける大極殿・朝堂院・内裏などの主要区画、官衙・都城における条坊の整備、宅地・大寺など多くの造営が進行し、国家の顔たる都市の整備にともなう大量生産の必要に迫られた。こうした状況は地方にもみられ、国府・郡家をはじめ、国分寺・駅家など、律令国家の整備に必要な施設の数は膨大であった。

これらの大量生産には規格化が有効である。本書では論じていないが、平城宮内裏や西宮における十尺方眼によるグリッド設計や筑後国府風祭地区Ⅲ期などのように柱間の規格はその最たるものであり、現存建築にみられる校倉の平面規格もその一例である。(11) これら平面の規格化は、設計のマニュアル化、部材の規格化、材料や労働力の積算の標準化、技術的要求の平均化へと波及する。すなわち造営過程のうち、②④〜⑥が単純化・省力化できるのである。さらに⑥実務では、個別の対応ではなく、分業化することで、A〜Dのすべての過程において、建物の部材製作を中心に、効率化できる。ただし、この分業化・専業化は高度に流通が整備された社会的背景に基づいて、成立しうる概念で、明確に体系化・分業化された造営体制は中央特有であろう。その造営体制や分業については第Ⅰ部で述べた通りで、これとともに小回りの利く、独立した技術者が多元的に存在することで、大量生産および生産調整に円滑に対応したのである。

2　地方における分業・大量生産・施工精度

中央では、木工に関わる作業に限定しても、木材を切り出す山作所、現場作業の足庭作のほか、檜皮葺を専業とする様工など、一定の分業が進んでいた。これに対し、地方における分業は明確ではないが、国府には「国司系技術」と「在地系技術」の両者が重層的に存在し、それぞれ造営を分担したと考えられる。これを踏まえ、国府の造営にともなう大量生産という観点から、地方における分業について、二つの技術体系の関係を含めて考えたい。

地方において、国府と郡家では造営を取り巻く状況が大きく異なり、国府には、その前身たる既存の施設が存在しなかった。すなわち七世紀には、国宰（国司）の赴任は一時的で、常駐のための施設は設けられず、国府にはその基盤が存在しなかった。そのため、国府は新造する必要があり、短期間の大量生産が求められた。この大量生産には、設計、精度の高い施工、分業、採材・運搬方法の確立という中央と同じ枠組みが有効である。また国府には、地方の中でも、ある程度、高度な技術者が集められ、さらに国司付随の造営技術集団も存在した。ただし国司付随の技術者や国府の技術者のみでは、国司館などの国府周辺の整備には数的に不足であり、そのため実務上、在地の単純労働力はもちろん、技術者の協力が不可欠で、在地豪族たる郡司に協力が求められたのである。

これに対し、郡家では、既存の施設を使用することが可能であり、正税の貯蔵施設たる正倉についても、既存の在地の倉で対応可能である。そのため郡家の整備にあたって、国府のように一度に大量の造営を迫られることはなく、正倉の建設も、貯蔵量の増加に合わせて、一年に数棟を農閑期に建てる程度で十分であった(12)。つまり郡家では、一時的な大量生産の必要がなく、規格化や大量生産の概念は不要と考えられる。郡家にも郡司が氏族として保有する技術者は存在したが、その技術は国府の技術者には及ばず(13)、また国府のように、中央官人に付随した技術者も存在せず、基本的には七世紀以来の在地の技術者・労働力によって、構成されていたのである。そのため高い精度の施工は困難で、規格化に対応する下地も整っていなかったと推察される。

3 「国司系技術」と「在地系技術」の交錯

律令制、特に国府の整備以前の地方では、律令儀式のための空間、文書をベースとする行政のための施設、あるいは徴税による貯蔵施設などの律令制にともなう数多の施設は求められず、地方の行政組織の支配範囲も限定的であった。こうした状況では、大量生産、あるいは組織的・体制的な造営の必要性は低かったが、国府の整備は、こうした地方の状況に一石と投じた。

国府の広大な整備には大量の造営が求められ、その大量生産には、設計、精度の高い施工、分業、採材・運搬方法の確立という新しい概念が求められ、中央と類似した新しい造営の枠組みが必要であり、この四つの概念は、中央の律令的な造営、あるいは分業を含む組織的・計画的造営によって持ち込まれたと考えられる。

これらの基礎となる施工精度についてみると、国府と郡家では大きく異なる。政庁域のみを比較しても、国府ではグリッドによる柱配置がある程度、確認できるのに対し、郡家では向かい合う脇殿どうしが並行にならない事例や政庁を囲む回廊や塀などの遮蔽施設の平面が正方形にならず、平行四辺形となる事例もある(14)。こうした状況は「国司系技術」と「在地系技術」の大きな違いを示している。

施工精度の差異は設計・大量生産・分業にも影響を及ぼす。すなわち設計・規格化によって、②⑤⑥の簡略化が見込まれるが、低い施工精度では⑥実務の面で、材料の規格化や分業が困難となる。材を規格化できないことで、現場合わせの必要性が生じ、これが造営期間の長期化へと問題は波及し、ひいては人件費、すなわち予算にも大きく響いてくるのである。現に、中央の様工は造営の一部を分担して請負ったに過ぎないが、越前国桑原庄の様工は板倉の造営を一括で請負っていた。もちろん、東大寺庄園の一事例であるが、地方において分業が進んでいないことを端的に示す好例であろう。

このように低い施工精度では、大量生産、標準的な設計、規格化といった概念は成立しがたく、効率的・組織的な造営とは、ほぼ無縁である。こうした状況のもと、国府の造営にともなって「国司系技術」により、新しい造営概念が地方に導入されたと推察されるのである。こうした点を踏まえ、国府の造営における「国司系技術」と「在地系技術」の役割を通して、両者の交錯する場を検討し、技術伝播の可能性を推察したい。

規格化された設計、あるいは分業の必要性は大量生産という要求によって生じる。これらの概念的な部分、すなわち大量生産に基づいた設計・規格化、分業という点については、中央の大量生産・組織的造営を知る「国司系技術」の範疇である。そして、これらの要素は、「国司系技術」の高い施工精度に裏付けられて、初めて成立する概念である。すなわち「国司系技術」には中央的な大量生産をともなう造営を、総合的に把握し、マネージメントすることが求められ、中央における木工寮に近い役割が想定される。むろん、官の技術者である国府の技術者も存在したが、その構成員は地方の技術者で、中央の大量生産に適した概念や有効な手段を有していた可能性は低かろう。

ただし概念的・技術的には優れた「国司系技術」も、実務の面、特に地方特有の状況に対する有効な情報は有していないと推察される。すなわち中央から赴任した「国司系技術」には、造営に適した材を産出する杣やその運搬のための交通状況などの情報は持ちえず、これを補完するため「在地系技術」が有用であり、材の確保や流通、その加工・施工という面で利用したと考えられる。国分寺造営における郡司への協力要請の背景にはこうした状況もあろう。もちろん、時代が降れば、国司交替の引き継ぎにより、情報の蓄積も考え得るが、特に国府造営の初期段階には、こうした情報の掌握は想定しがたい。後者の加工や施工に関しては、精度の低い「在地系技術」を実労働力として有効に使役するために、「国司系技術」による指導が重要と考えられる。また分業により、特定の作業に専従することは、技術の上昇にも効果的である。こうした状況は、中央において地方から集められた技術者を、長上工らの上級技術官人が指導した状況とリンクする。

以上の大量生産にともなう概念のうち、施工精度と分業の二つは、「国司系技術」と「在地系技術」の接点と考えられる。本来、在地の建築に高い精度は要求されなかったが、グリッドによる柱配置が示すように、国府の建設には、計画的な設計と高い施工精度が要求され、さらに礎石化がこれに拍車をかける。これらを可能とするためには、高い加工精度・施工精度を有した「国司系技術」の指導のもとで、「在地系技術」の技術者が加工・施工を行ったと考えられる。ここに「国司系技術」と「在地系技術」、あるいは中央と在地の技術集団の交錯の機会、すなわち技術伝播の機会が存在しうるのである。

四　技術の保有・偏在・伝播・受容・継続性

1　技術の保有と偏在

第Ⅰ・Ⅱ部の奈良時代の造営体制や維持管理に関する考察を通して、官の組織、氏族、独立した技術集団、僧侶、下部労働力などに技術が蓄積・保有されていた様子がみえてきた。これらの成果を受けて、在地を中心に、技術の保有と偏在に言及したい。

奈良時代の技術保有の根底には、官による技術の一元的な管理志向があった。この技術の掌握は平城宮・京の造営にともなう大量生産に対して、官による造営体制を通じて有効に機能した。大工・少工・長上工ら、指導的立場にある技術者を官司に集約することで、技術が一般化、あるいは普遍化せず、官に偏在し、一元的な技術の保有という状況が生じていた。加えて、下位の技術者や労働力も管理することで、一層、その傾向を強めていた。一方で官から独立した様工のような技術集団や律令制以前からの氏族による技術集団などが存在し、これらが小回りの利きにくい官の造営を補完していたのである。

地方では、国府には官保有の国府の技術者のほか、中央から赴任した国司にともなう「国司系技術」と郡司らの保持する造営技術集団の「在地系技術」が重層的に存在した。すなわち地方における技術としては、官の保有する国府の技術者、中央氏族（国司）の保有する技術者、郡司らの保有する技術者の三者による技術の保有形態が想定できるのである。

2　技術の伝播と受容

これまでの議論を踏まえ、奈良時代における技術の伝播と受容について検討したい。中央と地方の技術伝播の機会は、第一に直接的な交流があげられる。もちろん、瓦・金具・土器・文字資料といった運搬の容易なものについては、それ自体が運搬されることで、技術の伝播の可能性がある。対して、建物も移築による移動は可能ではあるが、小型の物品に比べ、そのハードルは高い。むしろ建築技術の習得には、高級技術を用いた造営に参加することが有効である(15)が、地方においては前者・後者ともに機会が多いとは言い難い。では、このほかの可能性として、どのような技術の発展が考えられるであろうか。

概念的には技術の発展の形態には大きく以下の三つの形態が考えられる。①外的要因がなく、内部要因によってのみ、発展する段階、②交流等によって外的要因を受ける段階、③外的要因を受けて、さらなる内部展開をする段階の三つである。この点を踏まえ、中央と地方の技術の伝播と受容を通して、地方の技術の発展に言及したい。地方には、「国司系技術」と「在地系技術」の両者が併存したが、その実務主体は「在地系技術」で、これを中心に、「国司系技術」との関係性から、地方における技術の発展の可能性を述べよう。なお本書で現存建築や発掘遺構の検討を行っていないため、ここで述べる技術は、概念に留まることをはじめに断っておきたい。

まず内部発展の段階をみると、国府よりも造営時期の早い初期郡家は、その内的な自己発展の技術をもって、造営されたのであろう。すなわち①の内的要因によってのみ、技術発展する段階である。ただし、大量生産という概念が存在しない在地では、施工精度の上昇や分業による専業化は見込めず、さらに礎石建物に求められる高い精度の設計や施工も在地には内在せず、低い施工精度から脱却する内的要因はみられない。

そこに大きな変化を与えたのが、国府や国分寺の整備時における在地技術者の造営への参加である（第I部第三・五章参照）。この機会に国府や国分寺の大量生産に関与し、さらに礎石建物や四面庇建物などの高い造営技術に触れる機会を獲得した。すなわち②外的要因による技術発展、すなわち技術の受容の段階と位置づけられる。

その後、中央の造営技術を在地で消化し、さらに発展させ、国府付近に集住し、専業化することによって、在地の中でも比較的、高い技術を有した技術者が誕生したのである。現に、九世紀の駅家の修理に関する記載から、国府周辺に有能な技術者が存在したことが確認でき、この想定をある程度、担保する。こうした技術者が中世の地方大工を生み出す素地となった可能性も想起しうる。つまり八世紀の国府や国分寺の造営による「国司系技術」との接触という外的要因の誘発により、「在地系技術」が新たな技術の自己発展の段階、すなわち③の技術発展の最終段階に至ることが可能となるのである。

また時間軸の観点からみると、「国司系技術」は、中央から期間を限って赴任した国司に付随したもので、在地においては異例の存在であり、一時的に、さらに国府域に集中・限定して存在したにすぎない。換言すると、「国司系技術」は長期間にわたって継承されるものではなく、実質的に「在地系技術」が技術の主流あるいは基盤として存在し、「国司系技術」がこれを有効に利用することで地方、特に官衙や国分寺における造営が成立したのである。すなわち、在地による「在地系技術」の継承と「国司系技術」の受容である。こうした状況を経て、九世紀以降の維持管理を担う技術の下地や造営体制が徐々に整ったのである。

3　技術の継続性

維持管理は時間軸の面で新規造営と異なる影響を技術に与える。すなわち立柱・上棟といった新造は、一時的、あるいは瞬間的な事象であるのに対し、維持管理は連続的・継続的な事象である。この違いは技術の継続性、あるいは技術者の存在形態、すなわち一時的な赴任と常駐といった問題に発展する。

中央では、官の造営体制を確立し、技術者を集めることによって、「組織」として技術を継続的に保持し、継承することが可能である。また多数の技術者が中央に存在するため、技術の継承も、さほど困難ではない[16]。いわば技術者の常駐と集中的管理によって技術の継続性が確保されているのである。

これに対し、国府、あるいは郡家では、造営体制が中央ほど確立したものではなく、技術者を集中的にストックする機能や役割は十分とは言い難い。さらに行政組織の造営体制を補完する「国司系技術」は、国司交替とともに入れ替わるため、技術的影響は一時的であり、その継続性は担保されない。

こうした状況のもとで、維持管理に対応すべく、郡司の技術者集団という形で、地方における技術の継続性を確保したのである。これは、天平十九年（七四七）の国分寺の維持管理における継続的な郡司職の保証にも明確に表れており、特定氏族に維持管理を期待する様子は九世紀の鹿嶋神宮寺の事例にも確認できる[17]。このように地方では、国や郡といった行政組織に対して技術の継続性を期するのではなく、常駐性の高い地方豪族である郡司の「氏族による技術の継承」という形態、すなわち七世紀以来、在地に継承されてきた方法に依存することで、技術の継続性を担保し、長期的な維持管理に現実的な方法で対応したのである[18]。

このように維持管理は、新規造営ほど、華やかではないものの、長期的な時間軸の点で、技術者の常駐性や保有という新造とは異なる側面を通して、奈良時代における技術の保有・継続性に大きな影響を与えており、その実態を映しているのである。

五　結　語

以上、中央と地方の造営体制あるいは技術を取り巻く状況について検討した。史料の残存状況により、議論の精度に粗密がある点、パッチワーク的な面、仮説的な部分があることは否めないが、既往研究の不足していた、律令制外の造営の様子や地方における造営の実態について、あるいは奈良時代における建築技術の蓄積の形態について、一面を描くことには成功した。さらに新造に集中しがちな建築史学に、維持管理という建築のライフサイクル、すなわち長期的な時間軸の視点を導入したことで、技術の継承性や地方への技術の波及を検討する素地が形成でき、有効であったと考える。

こうした造営や維持管理の体制は、奈良時代の建築の形やその意味を考察するうえで、一つの指標となろう。特に地方の発掘遺構あるいは遺跡の解釈に対して有効であり、すでに規格性あるいは高い施工精度という点から、大野城や鞠智城の発掘遺構について述べたことがある(19)。本書のバックグラウンドを踏まえつつ、こうした発掘資料に対する検討を重ねることで、今後、中央と地方の技術的な関係性や差異、あるいは具体的な技術の伝播について、明らかにしたい。また将来の発掘調査によって、本書を裏付ける資料や修正すべき成果が増加することを期待したい。

註

（1）第Ⅰ部第五章参照。
（2）第Ⅰ部第二章註(5)参照。
（3）『国史大辞典』陰陽道（おんみょうどう）の項。

（4）平城宮内裏の十尺方眼などの規格性が知られている。
（5）実証はなされていないが、国庁の形態に関して、「国庁図」のような形での規格の指示や技術指導がなされたことも想定されている（山中敏史「国庁の構造と機能」『古代の官衙遺跡』Ⅱ遺物・遺跡編、奈良文化財研究所、二〇〇四年）。また国庁が前庭空間という共通点があることから、これを核に設計されたことを実証的に述べている（海野聡「古代地方官衙政庁域の空間構成」『日本建築学会計画系論文集』六四五、二〇〇九年）。
（6）延暦十年（七九一）二月十二日付の「太政官符」（『類聚三代格』所収、『続日本紀』延暦十年九月癸卯〈十三日〉条）、延暦十四年九月十七日付の「太政官符」（『類聚三代格』所収）など。
（7）倉庫令1倉於高燥処置条により、倉庫は高所で、乾燥したところに置くこと、館舎から五〇丈の距離を離すことが定められる。
（8）石田茂作『東大寺と国分寺』至文堂、一九五九年、角田文衞編『国分寺の研究』考古学研究会、一九三八年（角田文衞「国分寺の設置」など）、同編『新修国分寺の研究』吉川弘文館、一九八六～一九九七年など。
（9）松村恵司「正倉の存在形態と機能」『古代の稲倉と村落・郷里の支配』奈良国立文化財研究所、一九九八年、海野聡「古代の倉庫建築の規格に関する試論」『二〇一一年度関東支部審査付き研究報告』七、二〇一二年。
（10）第Ⅰ部第三章参照。
（11）海野聡「古代日本における倉庫建築の規格と屋根架構」『日本建築学会計画系論文集』六九二、二〇一三年。
（12）「太政官符」（貞観十八年〈八七六〉三月十三日『類聚三代格』所収）。第Ⅰ部第三章参照。
（13）第Ⅰ部第三章参照。
（14）上神主・茂原遺跡（栃木県）・神野向遺跡（茨城県）・岡遺跡（滋賀県）など。
（15）藤井恵介氏は、大官大寺金堂・講堂と藤原宮大極殿の規模が同じであることから、標準規模の可能性を指摘している（『日本建築様式史』二〇頁、美術出版社、一九九九年）。こうした大規模建物の規格性からも、官にとっても、大規模な建物の建設経験が有効であった可能性が窺える。
（16）瓦製作に従事した仕丁について、造瓦所における技術の伝習に関する指摘がなされている（寿福隆人「八世紀民衆徴発と教育―とくに造瓦所仕丁をめぐって―」『教育学雑誌』一七、一九八三年）。この指摘は瓦工人に集中した指摘であるが、組織および、造営への参加による技術伝承の一面を示している。

(17) 「太政官符」(天安三年〈八五九〉二月十六日『類聚三代格』所収)。第I部第四章参照。

(18) 修理の中心は屋根の葺替えや破損の補修などの小修理である。また顚倒後の再建は確認できるが、軸部の傾斜など、半解体や全解体を必要とする修理は技術的に困難であったとみられる。これより新造とは異なる修理技術については、別の技術を必要とし、修理技術は未成熟な段階であった。

(19) 海野聡「鞠智城の遺構の特徴と特殊性—建物の基礎構造と貯木場を中心に—」『鞠智城跡II—論考編一—』熊本県、二〇一四年。

あとがき

本書の大きな二つのテーマである「地方」と「維持管理」は、約十年前に、建築史研究の扉を叩いたころから抱いていた疑問である。いうまでもなく、奈良時代は鎌倉時代の大仏様や明治維新の西洋建築の導入と並ぶ建築技術の大きな画期である。また中央集権のもと、地方官衙の整備や国分寺造営にともなって、中央から地方への技術の伝播が想起される時代でもある。

けだし、既往の奈良時代建築史の研究対象は、いわゆる中央の高級建築を対象としており、地方の造営に関する状況は手付かずの状態であった。むろん、地方の奈良時代の現存建築はなく、文献史料の記述も限られ、内容も多くが中央に関するものであるため、いわば当然である。こうした状況で、律令制とともに建築技術が中央から地方へ伝播したという大きな流れは一つの有効な解釈であったが、こうした中央の技術を受容する在地技術の素地が明らかではなかった。

同じく、先行研究では、時代を問わず、研究対象の主眼が新規造営という建築の特殊な一時期に置かれ、「維持管理」という建築の日常が描かれることは稀であった。むろん、奈良時代の地方において、こうした新造に対しては、在地の協力が必要であるが、中央の技術者の一時的な派遣によっても対応可能である。しかしながら、「維持管理」は、長期的かつ恒常的な取り組みであり、在地の技術者や造営体制に計画や実務が求められる。特に長寿命化した礎石建物が稀であった地方においては、建築形式とともに、「維持管理」が新しい概念として、導入されたのである。

こうした「地方」「維持管理」という視座は、既往研究の不足する部分であるが、高級技術ではなく、普及技術、あるいは新造という一時的かつ象徴的な事象ではなく、恒常的かつ常態の造営状況を紐解く鍵である。さらには、この二つの概念は、中央の技術を受容する素地としての在地の技術を解明するうえで重要な位置を占めている。奈良時代の建築に関して、「地方」「維持管理」という概念を示せた点は、日本建築史研究においても、一つの意義があろう。

本書の刊行にあたっては、日本学術振興会より、二〇一五年度科学研究費補助金（研究成果公開促進費・学術図書、課題番号一五HP五二一六）の交付を受けた。また研究にあたっては、以下の四つの科学研究費による恩恵が大きい。

①奈良時代における中央と在地の建築技術（特別研究員奨励費、二〇〇九年度）

②奈良時代の中央と地方における建築技術の研究（若手研究B、二〇一〇〜二〇一三年度）

③古代東アジアにおける建築技術の重層性と日本建築の特質（若手研究A、二〇一四〜二〇一七年度）

④「復元学」構築のための基礎的研究（挑戦的萌芽研究、二〇一四〜二〇一六年度）

本書の成果は古代日本における中央と地方の関係性という点で、①②の成果によるところが大きい。さらに東アジアにおける日本建築の特質の解明、あるいは建築の社会的背景を明らかとするための基礎にあたる点で、現在進行中の③④の成果の一部であり、第Ⅱ部は第五章を除き、この成果である。

本書は巻頭で述べたように、東京大学に提出した学位請求論文の前半部分を基礎としており、審査を通じて、藤井恵介先生をはじめ、佐藤信先生、伊藤毅先生、村松伸先生、加藤耕一先生、村田健一先生にさまざまなご教授を頂いた。また本書では発掘遺構を通した建築技術の実態に関する言及は行っていないが、奈良文化財研究所において、発掘調査や建築調査に従事でき、得られた知見も大きい。特に特別史跡平城宮跡の中枢部である第一次大極殿院の中軸部分を発掘できたことは、至福の極みである。さらに国宝薬師寺東塔の解体修理という貴重な機会に恵まれ、奈良時代の建築技術に直接、触れることができた。これらは前掲の科学研究費②③に直結するものであり、技術やその伝播のみならず、建築の形の有する意匠的機能に波及する極めて大きな問題を抱えている。浅学非才の筆者には荷の重い課題であるが、特別史跡の中枢部の発掘と国宝の修理の両者に従事できた数少ない研究者として、研究の責務と考えており、貴重な機会を頂いた恩に報いるよう、いつの日か成果をまとめたい。

またさまざまな人との出会いによって、多くの刺激を頂戴したことで、本研究の視座が養われた。藤井研究室では、角田真弓氏、中村琢巳氏、韓志晩氏、加藤悠希氏、鈴木智大氏、稲垣智也氏ら、多くの先輩や後輩らに恵まれ、研究姿勢を学びとり、研究意欲を掻き立てられた。また研究発表での議論を通して、建物の歴史をとらえるだけではなく、その背景となる社会状況に対する視座を獲得できた。時代は異なるが、建築における維持管理という視点は中村氏の研究に影響を受けたところも大きい。

奈良文化財研究所では、鈴木嘉吉氏、山中敏史氏、林良彦氏、島田敏男氏、箱崎和久氏、清水重敦氏、黒坂貴裕氏、小澤毅氏、吉川聡氏、馬場基氏、児島大輔氏、青木敬氏、小田裕樹氏、星野安治氏をはじめ、多くの方に助言を頂いた。併せて御礼を述べたい。

野村俊一氏、小岩正樹氏、米澤貴紀氏、満田さおり氏らは、古代・中世建築史を研究対象としており、数少ないこの分野の若手研究者と、活発な議論を交わせたことは、貴重であった。小岩氏は、近年、佐伯宿祢今毛人を通した造営体制に対する論考を発表しており、本書に近い興味を持たれている。満田氏は、平安時代と奈良時代という違いはあるものの、宮殿や内裏といったテーマを対象としており、疑問や課題を共通し、良い刺激を受けた。これらの近い世代の方々と、今後も、古代建築史の発展に向けて、ともに議論を交わしていきたい。

また薬師寺東塔の修理現場では、猪又規之氏、竹口泰生氏らをはじめ、皆さんには修理現場の右も左もわからぬ筆者を温かく迎えていただき、この場を借りて、御礼申し上げたい。ここでの経験は、ほかに得難いものであり、古代建築研究に活かしていきたい。

このほか、東京大学大学院工学系研究科建築学専攻歴史系研究室および佐藤信研究室で机を並べた方々、官衙・集落研究会、日本建築史研究会、日本宗教建築史研究会、古代中世建築史懇話会、建築史談話会、実忠研究会、寺院史料研究会、古代建築を読む会などのさまざまな研究会でともに議論し、ご指導頂いた方々は枚挙にいとまがないが、これらの方々にも感謝を申し上げたい。

そして吉川弘文館の石津輝真氏・並木隆氏には、出版に関する諸々の助力とスケジュール管理の面で、大変お世話になり、作成にあたっては重田秀樹氏に協力いただいた。また史料の校訂に際しては、半田愛実氏（奈良女子大学舘野研究室）の助力を得た。ここに記し、感謝したい。

最後になったが、片目がほとんど見えなかった視力を回復させるために、視能訓練の苦労を共にし、その後、研究という先の見えない道に進むことを応援してくれた家族に感謝したい。

二〇一五年八月

海　野　聡

索　　引

Ⅰ 事　　項

あ　行

か　行

さ　行

た　行

な　行

は　行

ま　行

や　行

ら　行

II 史　　料

あ　行

か　行

さ　行

た　行

な　行

は　行

ま　行

や　行

ら　行

Ⅲ　研究者名

あ　行

か 行

さ 行

た 行

な 行

は 行

ま 行

や 行

わ 行

著者略歴

一九八三年　千葉県に生まれる

二〇〇九年　東京大学大学院工学系研究科建築学専攻博士課程中退

現在　奈良文化財研究所研究員・博士（工学）

〔主要著書・論文〕

『比叡山延暦寺　建造物総合調査報告書』（共編著、比叡山延暦寺、二〇一三年）

「古代地方官衙政庁域の空間構成」（『日本建築学会計画系論文集』六四五号、二〇〇九年）

「古代における裳階の類型化と二重金堂の変遷に関する試論」（『仏教芸術』三二七号、二〇一三年）

奈良時代建築の造営体制と維持管理

二〇一五年（平成二十七）十二月一日　第一刷発行

著者　海《うん》野《の》　聡《さとし》

発行者　吉川道郎

発行所　株式会社　吉川弘文館

郵便番号一一三―〇〇三三

東京都文京区本郷七丁目二番八号

電話〇三―三八一三―九一五一〈代〉

振替口座〇〇一〇〇―五―二四四番

http://www.yoshikawa-k.co.jp/

印刷＝株式会社 理想社

製本＝株式会社 ブックアート

装幀＝山崎　登

ISBN978-4-642-04626-8